사 진 과 함 께 보 는

日本事情入門

일 본 사 정 입 문

사 진 과 함 께 보 는

日本事情入門

일 본 사 정 입 문

金津日出美 · 桂島宣弘 공저 | 김영근 편저 | 정희순 번역

다락원

はじめに

　本書の初版本が刊行されたのは2005年4月のことです。日本への留学生が急増した時期にあたっており、その切実なニーズに応える『日本事情』のテクストとして初版本は刊行されたのでした。

　本書の最大の特質は、当時の3〜4年生だった日本人学生と数多くの留学生が話し合いを行い、何度も推敲を重ねて作成された点です。幸いなことに本書の初版本は大変な好評を博し、多くの大学のテクストとして採用されるに至りました。さらに韓国語版・中国語版も刊行され、とりわけ韓国ではもっとも定評ある『日本事情』テクストの一冊となっています。著者としては大変名誉なことであると思っています。

　もっとも、既に十余年を経ったにもかかわらず、今もそのまま好評を博していることは、最新の『日本事情』テクストとしては問題があるのではないかという思いを募らせることにもなりました。とりわけ、日本では民主党への政権交替や東日本大震災などの看過しえない出来事が起こりました。また、改定作業を行う過程で、格差の拡大、高齢社会の本格的到来など日本社会に深刻な変化が起こっていることにも気づかされました。

　今回の改定版は、データをできるだけ現在にふさわしいものに更新したことに加え、こうした事情・事態を可能な限り反映させるように努めました。無論、生活・慣習・年中行事など、初版本と大きな変化のない内容もあります。それらは基本的に改定する必要がないと判断したことに加え、何よりも初版本が有していた学生・留学生の合作という特質を損なわないようにしたいという配慮も働いています。大方のご理解をいただければ幸いです。

　なお、本書は高麗大学校で長い間教鞭を執った金津日出美が韓国での大学事情を考慮して改定をリードし、立命館大学の桂島宣弘が最終的な監修を行いました。本書も初版本同様に最良の『日本事情』テクストとして活用されるならば、著者としてこれに勝る喜びはないと思います。

金津日出美・桂島宣弘

이 책의 초판본이 발행된 것은 2005년 4월입니다. 일본에 가는 유학생이 급증한 시기에 해당되며, 그 절실한 요구에 부응하여 『일본사정』 교재로 초판본이 간행되었습니다.

이 책의 가장 큰 특징은, 당시 3~4학년이었던 일본인 학생과 많은 유학생이 이야기를 나누고 여러 번 퇴고를 거듭해 작성된 점입니다. 다행스럽게도 이 책의 초판본은 대단한 호평을 받고 많은 대학의 교재로 채택되기에 이르렀습니다. 게다가 한국어판·중국어판도 간행되어, 특히 한국에서는 가장 정평 있는 『일본사정』 교재 중 한 권이 되었습니다. 저자로서는 대단히 명예로운 일이라고 생각합니다.

무엇보다, 이미 십여 년이 지났음에도 불구하고, 지금도 변함없이 호평을 받고 있는 것은, 최신 『일본사정』 교재로서는 문제가 있지는 않을까 하는 생각도 하게 되었습니다. 특히 일본에서는 민주당 정권 교체와 동일본대지진 등 간과할 수 없는 일이 일어났습니다. 또한 개정작업을 하는 과정에서 양극화 확대, 고령사회의 본격적 도래 등 일본사회에 심각한 변화가 일어나고 있다는 사실도 깨달았습니다.

이번 개정판은 자료를 가능한 한 현재에 걸맞은 것으로 변경했을 뿐 아니라, 이러한 사정·사태를 가능한 한 반영시키도록 노력했습니다. 물론, 생활·관습·연중행사 등, 초판본과 큰 변화가 없는 내용도 있습니다. 이것들은 기본적으로 개정할 필요가 없다고 판단한 것 외에, 무엇보다도 초판본이 가졌던 학생·유학생의 합작이라는 특성을 해치지 않게 하고 싶다는 배려도 작용하고 있습니다. 많은 분들이 이해해 주시면 좋겠습니다.

또한 이 책은 고려대학교에서 오랫동안 교편을 잡은 가나즈 히데미(金津日出美)가 한국에서의 대학 사정을 고려하여 개정을 주도하고, 리쓰메이칸대학교(立命館大学)의 가쓰라지마 노부히로(桂島宣弘)가 최종 감수를 했습니다. 이 책도 초판본처럼 가장 좋은 『일본사정』 교재로 활용된다면 저자로서 이보다 더한 기쁨은 없을 것입니다.

가나즈 히데미(金津日出美)·가쓰라지마 노부히로(桂島宣弘)

日本事情入門

目次

일본사정입문

목차

*이 교재에 쓰인 인명 및 지명 등의 한글표기는 국립국어원의 일본어 표기법을 따르고 있습니다.

日本事情入門

1章

日本 ●

日本の国土・資源・人口・特産品

南北に細長く、四季の変化に富んでいる日本列島は国土の大部分が山地で、わずか
の平野から主食の米などの作物を栽培しているため、食料自給率は低いほうです。環
太平洋造山帯に位置していて火山や地震も多く、狭い国土でありながらも、各地には
それぞれ固有の風習や文化が存在しています。

1 | 日本の国土

日本は大きく北海道、本州、四国、九州などの４つの主要な島でできています。そ
れに沖縄など6,900余の小さい島があります。東経122度から154度、北緯20度から46
度の間に位置し、全国土の面積は約38万㎢で、韓国の４倍になります。日本の国土の
約70％以上は山地になっていて、大部分が山林地帯をなしています。
そして火山地帯にある日本の大きな心配は地震です。これに備えるいろいろな防災対
策が立てられて、国民もこういう緊急状況に対処できるよう努力と訓練をしていま
す。しかし火山によって作られた温泉と美しい景観は日本の多彩な文化を育んできま
した。

일본의 국토·자원·인구·특산품

남북으로 길게 뻗어 있고, 사계절의 변화가 뚜렷한 일본열도는 국토의 대부분이 산지이며, 좁은 평야에서 주식인 쌀 등의 농작물을 재배하고 있기 때문에 식량 자급률은 낮은 편입니다. 환태평양조산대에 위치하고 있어 화산이나 지진도 많으며, 좁은 국토임에도 각지에는 각각 고유의 풍습이나 문화가 존재하고 있습니다.

●● 일본의 가장 높은 산인 후지산
杉橋隆夫씨 제공

1 | 일본의 국토

일본은 크게 홋카이도, 혼슈, 시코쿠, 규슈 등 4개의 주요 섬으로 구성되어 있습니다. 여기에 오키나와 등 6천 9백여 개의 작은 섬이 있습니다. 동경 122도에서 154도, 북위 20도에서 46도 사이에 위치해 있으며, 전 국토 면적은 약 38만㎢로, 한국의 4배가 됩니다. 일본 국토의 약 70% 이상은 산지로 되어 있어, 대부분이 산림지대를 형성하고 있습니다.

그리고 화산지대에 있는 일본의 큰 걱정거리는 지진입니다. 이에 대비한 여러 가지 방재 대책이 세워지고, 국민도 이러한 긴급상황에 대처할 수 있도록 노력과 훈련을 하고 있습니다. 그러나 화산에 의해 만들어진 온천과 아름다운 경관은 일본의 다채로운 문화를 키워 왔습니다.

▶ 日本の地形

	面積(km²)	山地(%)	丘陵地(%)	台地(%)	低地(%)	内水域等(%)
全国	377,971	61.0	11.8	11.0	13.8	2.4
北海道	83,424	48.9	14.4	18.4	11.7	6.4
東北	66,947	64.9	14.9	9.3	14.9	0.6
関東	32,430	46.5	10.1	23.2	19.4	2.0
中部	66,806	74.8	8.6	6.7	15.4	0.9
近畿	33,126	64.2	11.5	4.0	16.8	3.7
中国	31,922	74.2	14.3	0.7	9.6	1.3
四国	18,803	79.8	5.1	3.4	10.3	0.8
九州	44,513	65.9	11.7	13.2	12.9	1.5

国土交通省『国土統計要覧』(2000)、国土地理院『全国都道府県市区町村別面積調』(2015)

▶ 日本の土地利用(2014年全体)

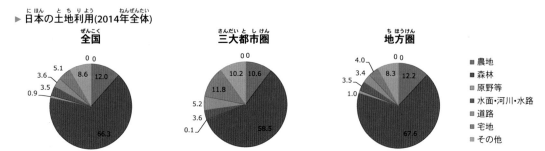

※三大都市圏：埼玉県、千葉県、東京都、神奈川県、岐阜県、愛知県、三重県、京都府、大阪府、兵庫県、奈良県

国土交通省『土地白書』(2016)

▶ 日本の土地利用(民有地)

	民有地面積(km²)	宅地(%) 住宅	宅地(%) 非住宅	田	畑	山林	牧場	原野	雑種地
全国	161,802	6.7	3.6	16.1	14.9	49.0	0.8	5.2	3.4
北海道	27,366	2.0	1.8	8.7	31.3	39.9	3.6	9.8	2.7
東北	28,748	4.4	2.2	21.7	10.4	51.9	0.5	6.8	2.1
関東	17,893	15.8	7.1	19.3	18.8	29.3	0.2	2.4	7.0
中部	26,720	8.0	4.9	18.5	10.3	49.9	0.1	4.2	3.8
近畿	14,351	9.4	5.7	17.0	5.9	56.1	0.0	1.3	4.5
中国	16,329	4.8	2.7	13.6	6.1	67.1	0.1	3.0	2.5
四国	9,334	4.5	2.3	11.0	9.8	69.8	0.1	0.7	1.8
九州	21,061	7.3	3.5	16.3	17.7	44.4	0.2	6.9	3.5

総務省統計局『日本統計年鑑』(2016)

▶ 일본의 지형

	면적(km)	산지(%)	구릉지(%)	대지(%)	저지(%)	내수역 등
전국	377,971	61.0	11.8	11.0	13.8	2.4
홋카이도	83,424	48.9	14.4	18.4	11.7	6.4
도호쿠	66,947	64.9	14.9	9.3	14.9	0.6
간토	32,430	46.5	10.1	23.2	19.4	2.0
주부	66,806	74.8	8.6	6.7	15.4	0.9
긴키	33,126	64.2	11.5	4.0	16.8	3.7
주고쿠	31,922	74.2	14.3	0.7	9.6	1.3
시코쿠	18,803	79.8	5.1	3.4	10.3	0.8
규슈	44,513	65.9	11.7	13.2	12.9	1.5

국토교통성 「국토통계요람」 (2000), 국토지리원 「전국도도부현시구정촌별면적조사」 (2015)

▶ 일본의 토지 이용 (2014년 전체)

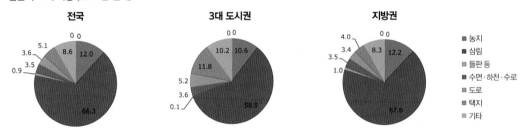

※ 3대 도시권 : 사이타마현, 지바현, 도쿄도, 가나가와현, 기후현, 아이치현, 미에현, 교토부, 오사카부, 효고현, 나라현

국토교통성 「토지백서」 (2016)

▶ 일본의 토지 이용 (사유지)

	사유지 면적 (km)	택지(%)		논	밭	산림	목장	들판	잡종지
		주택	비주택						
전국	161,802	6.7	3.6	16.1	14.9	49.0	0.8	5.2	3.4
홋카이도	27,366	2.0	1.8	8.7	31.3	39.9	3.6	9.8	2.7
도호쿠	28,748	4.4	2.2	21.7	10.4	51.9	0.5	6.8	2.1
간토	17,893	15.8	7.1	19.3	18.8	29.3	0.2	2.4	7.0
주부	26,720	8.0	4.9	18.5	10.3	49.9	0.1	4.2	3.8
긴키	14,351	9.4	5.7	17.0	5.9	56.1	0.0	1.3	4.5
주고쿠	16,329	4.8	2.7	13.6	6.1	67.1	0.1	3.0	2.5
시코쿠	9,334	4.5	2.3	11.0	9.8	69.8	0.1	0.7	1.8
규슈	21,061	7.3	3.5	16.3	17.7	44.4	0.2	6.9	3.5

총무성 통계국 「일본통계 연감」 (2016)

▶ 日本の川の長さベスト3

順位	名称	長さ(km)	所在地
1	信濃川	367	長野県、新潟県
2	利根川	322	群馬県、埼玉県、茨城県、千葉県、栃木県、東京都
3	石狩川	268	北海道

国土地理院『日本の山岳標高一覧－1003山』

▶ 日本の山の高さベスト3

順位	名称	高さ(m)	所在地
1	富士山	3,776	山梨県、静岡県
2	北岳	3,193	山梨県
3	奥穂高岳	3,190	長野県、岐阜県

国土地理院『日本の山岳標高一覧－1003山』

2 | 日本の地形

日本国土の約70%は山地であり、その多くは高く険しいものとなっています。そして日本には火山が数多く存在し、時には噴火して人びとに災害をもたらすことがあります。また、日本は地震の多い国でもあります。しかし、火山が多いということは災害ばかりをもたらすのではなく、日本人がたびたび旅行に訪れる温泉など、多彩な文化も育んできました。

❶ 地震

日本列島の周辺では太平洋プレート、フィリピン海プレート、ユーラシアプレート及び北米プレートの4枚のプレートが相接しており、それらの境界が日本海溝、相模トラフ、南海トラフとなっています。太平洋プレート及びフィリピン海プレートは、毎年数cmの速さで西に動き、日本列島の下に潜りこんでいます。これによりユーラシアプレートなどの大陸プレートの端が引きずりこまれ、歪みのエネルギーがだんだん蓄積されています。この歪みが限界に達し、もとに戻ろうとすると破壊が起こり巨大なエネルギーが放出されます。これが、日本の太平洋沿岸で発生する巨大地震(海洋型地震)です。

▶ 일본 강의 길이 베스트 3

순위	명칭	길이(km)	소재지
1	시나노강	367	나가노현, 니가타현
2	도네강	322	군마현, 사이타마현, 이바라키현, 지바현, 도치기현, 도쿄도
3	이시카리강	268	홋카이도

국토지리원 「일본의 산악표고 일람 1003산」

▶ 일본 산의 높이 베스트 3

순위	명칭	높이(m)	소재지
1	후지산	3,776	야마나시현, 시즈오카현
2	기타다케	3,193	야마나시현
3	오쿠호타카다케	3,190	나가노현, 기후현

국토지리원 「일본의 산악표고 일람 1003산」

2 | 일본의 지형

일본 국토의 약 70%는 산지이며, 그 대부분이 높고 험난합니다. 그리고 일본에는 수많은 화산이 존재하고, 때로는 분화해서 사람들에게 재해를 초래하는 경우가 있습니다.

또한 일본은 지진이 많은 나라이기도 합니다. 그러나 화산이 많다는 것은 재해만을 초래하는 것이 아니라, 일본인이 여행으로 즐겨 찾는 온천 등 다채로운 문화도 키워왔습니다.

1 지진

일본열도의 주변에서는 태평양판, 필리핀해판, 유라시아판 및 북아메리카판의 4개의 판이 서로 접해 있고, 그것들의 경계가 니혼해구, 사가미 해구, 난카이 해구입니다. 태평양판 및 필리핀해판은 매년 수 ㎝의 속도로 서쪽으로 움직여 일본열도 밑으로 들어가고 있습니다. 이 때문에 유라시아판 등의 대륙판의 끝자락이 끌려 들어가면서 변형에너지[1]가 점점 축적되고 있습니다. 이 변형이 한계에 달하여 원래로 돌아가려고 하면 파괴가 일어나 거대한 에너지가 방출됩니다. 이것이 일본의 태평양 연안에서 발생하는 거대 지진(해양형 지진)입니다.

●● 1995년 한신·아와지 대지진을 보도하는 아사히신문

---

1 변형에너지 외부의 힘이 작용하여 변형된 탄성체에 저장되는 에너지

また、このエネルギーは内陸部にも及び、日本の各所にある断層で歪みが生じ、エネルギーが放出されます。これが内陸部の活断層などを震源として発生する浅発地震です。内陸の地震(直下型地震)は、太平洋沿岸の地震と比較して規模は小さいのですが、震源が浅い場合には局地的に大被害を及ぼす可能性があることが特徴です。

地震は有感地震(やや大きい地震)と体に感じない小さな地震(微小地震)を合わせると、毎日無数に発生しています。

都市部においては、木造建築物の多い密集市街地が広い範囲で存在し、都市域が地震に見舞われると、大火災発生のおそれがあります。1923年の関東大震災では、東京と横浜を焼きつくすような大火災が発生し、被害が甚大なものとなりました。現代の都市は巨大化し、情報通信網、交通網と多量の車両、ガスや電気などのライフラインなど、都市のネットワークが複雑かつ高密に発達しています。さらに石油コンビナートなどの危険物施設や不安定な地盤での住宅開発など、地震の被害を大きくする可能性を秘めているものも少なくありません。

1995年の阪神・淡路大震災は、社会経済的な諸機能が高度に集積する都市をはじめて直撃した直下型地震であり、死者・行方不明者6,000名を超える甚大な被害をもたらしました。行政機関などの中枢機能が自ら被災するとともに、道路・鉄道などの交通施設やガス・水道などのライフライン施設が寸断されたほか、被災者は長期にわたる避難所生活を強いられることとなりました。

2011年の東日本大震災は、津波による被害をとまない、死者・行方不明者20,000名を超える有史以来最大級の地震となりました。また、福島第一原発の被災は今後長期にわたる影響を与えるものといわれています。2016年の熊本地震など、今後も大きな地震が日本列島を襲うことが予想されます。

●● 阿蘇山

또한, 이 에너지는 내륙부에도 도달되어, 일본 각지에 있는 단층에 변형이 생기고 에너지가 방출됩니다. 이것이 내륙부의 활성단층 등을 진원으로 하여 발생하는 천발지진[2]입니다. 내륙의 지진(직하형 지진)은 태평양 연안의 지진과 비교하면 규모는 작지만, 진원이 얕을 경우 국지적으로 큰 피해를 끼칠 가능성이 있는 것이 특징입니다.

지진은 유감지진[3](약간 큰 지진)과 몸으로 느껴지지 않는 작은 지진(미소지진)을 합하면 매일 수없이 발생하고 있습니다.

도시에서는 목조건축물이 밀집된 시가지가 넓게 분포되어 있으며, 도시 지역이 지진 재해를 입게 되면 큰 화재가 발생할 우려가 있습니다. 1923년의 관동대지진에서는 도쿄와 요코하마를 거의 태울 정도의 큰 화재가 발생하여 그 피해가 몹시 컸습니다. 오늘날 도시는 거대해지고, 정보통신망, 교통망과 다량의 차량, 가스나 전기를 포함한 라이프 라인 등 도시의 네트워크가 복잡하고 고밀도로 발달하고 있습니다. 게다가 석유 콤비나트[4] 등의 위험물 시설이나 불안정한 지반에서의 주택 개발 등 지진 피해를 키울 가능성을 내재하고 있는 것도 적지 않습니다.

1995년의 한신·아와지대지진[5]은 사회 경제적인 여러 기능이 고도로 집적된 도시를 최초로 직격한 직하형 지진이며, 사망자·실종자가 6,000명이 넘는 막대한 피해를 가져왔습니다. 행정기관 등의 중추기능의 직접 피해는 물론, 도로·철도 등의 교통시설이나 가스·수도 등의 라이프 라인 시설이 마비된 것 외에, 이재민들은 장기간에 걸친 피난소 생활을 해야 했습니다.

2011년 동일본대지진은 쓰나미에 의한 피해를 수반해, 사망자·실종자 (수치가) 20,000명을 넘는 유사 이래 최대 규모의 지진이 되었습니다. 또 후쿠시마 제1원전의 피해는 앞으로 장기간에 걸친 영향을 미칠 것으로 알려져 있습니다. 2016년의 구마모토지진 등 앞으로도 큰 지진이 일본 열도를 덮칠 것으로 예상됩니다.

▶ 일본 열도 및 주변의 지진 횟수(연평균:2001~2010년)

규모	횟수(1년간 평균)
M8.0 이상	0.2(10년에 2회)
M7.0~7.9	3
M6.0~6.9	17
M5.0~5.9	140
M4.0~4.9	약 900
M3.0~3.9	약 3,800

기상청 website(http://www.jma.go.jp/)

●● 2011년 동일본대지진을 보도하는 아사히 신문

---

2 천발지진 지하 70km 이내에서 지층이나 지각간의 마찰, 충돌, 운동으로 인하여 발생되는 지진　3 유감지진 지진계는 물론 사람도 뚜렷이 느낄 수 있을 정도의 다소 큰 지진　4 석유 콤비나트 석유정제업을 중심으로 모이는 석유화학 관련 산업체의 밀집 지역
5 한신·아와지대지진 1995년 1월 17일에 발생한 대지진으로 고베대지진으로 불리기도 한다.

▶ 20世紀の日本の主な地震

年度	地震名	マグニチュード	年度	地震名	マグニチュード
1923	関東大震災	7.9	1925	北但馬地震	6.8
1927	北丹後地震	7.3	1930	北伊豆地震	7.3
1931	西埼玉地震	7.3	1933	三陸沖地震	8.1
1936	宮城県沖地震	7.4	1938	茨城県沖地震	7.0
1938	福島県沖地震	7.4	1940	積丹半島沖地震	7.5
1941	日向灘地震	7.2	1943	鳥取地震	7.2
1944	東南海地震	7.9	1945	三河地震	6.8
1945	青森県東方沖地震	7.1	1946	南海地震	8.0
1947	与那国島近海地震	7.4	1948	福井地震	7.1
1952	十勝沖地震	8.2	1953	房総沖地震	7.4
1961	日向灘地震	7.0	1961	釧路沖地震	7.2
1961	北美濃地震	7.0	1963	択捉島沖地震	8.1
1964	新潟地震	7.5	1968	日向灘沖地震	7.5
1968	十勝沖地震	7.9	1972	八丈島東方沖地震	7.2
1973	根室半島南東沖地震	7.4	1978	伊豆大島近海地震	7.0
1978	宮城県沖地震	7.4	1983	日本海中部地震	7.7
1993	釧路沖地震	7.5	1993	北海道南西沖地震	7.8
1994	北海道東方沖地震	8.2	1994	三陸はるか沖地震	7.6
1995	阪神淡路大震災	7.3	2000	鳥取県西部地震	7.3
2003	宮城県沖地震	7.1	2003	十勝沖地震	8.0
2004	新潟県中越地震	6.8	2005	福岡県西方沖地震	7.0
2005	宮城県沖地震	7.2	2007	能登半島地震	6.9
2007	新潟県中越沖地震	6.8	2008	岩手宮城内陸地震	7.2
2011	東日本大震災	9.0	2011	宮城県沖地震	7.1
2011	福島県浜通り地震	7.0	2015	小笠原諸島西方沖地震	8.1
2016	熊本地震	7.3	2016	福島県沖地震	7.4

国立天文台編『理科年表』(2016)

東海地震

コラム　日本列島の南側にあり伊豆半島をのせた「フィリピン海プレート」が、その北西側の陸側のプレートの下に向かって沈みこむプレート境界を震源域として、近い将来南海トラフ巨大地震など、大規模な地震(マグニチュード8程度)が発生すると考えられています。これが東海地震です。

▶ 20세기 일본의 주요 지진

연도	지진명	규모(M)	연도	지진명	규모(M)
1923	간토 대지진	7.9	1925	기타타지마 지진	6.8
1927	기타탄고 지진	7.3	1930	기타이즈 지진	7.3
1931	니시사이타마 지진	7.3	1933	산리쿠 앞바다 지진	8.1
1936	미야기현 앞바다 지진	7.4	1938	이바라키현 앞바다 지진	7.0
1938	후쿠시마현 앞바다 지진	7.4	1940	샤코탄 반도 앞바다 지진	7.5
1941	휴가나다 지진	7.2	1943	돗토리 지진	7.2
1944	도난카이 지진	7.9	1945	미카와 지진	6.8
1945	아오모리현 동쪽 앞바다 지진	7.1	1946	난카이 지진	8.0
1947	요나구니섬 근해 지진	7.4	1948	후쿠이 지진	7.1
1952	도카치 앞바다 지진	8.2	1953	보소 앞바다 지진	7.4
1961	휴가나다 앞바다 지진	7.0	1961	구시로 앞바다 지진	7.2
1961	기타미노 지진	7.0	1963	에토로후섬 앞바다 지진	8.1
1964	니가타 지진	7.5	1968	휴가나다 앞바다 지진	7.5
1968	도카치 앞바다 지진	7.9	1972	하치조섬 동쪽 앞바다 지진	7.2
1973	네무로 반도 남동 앞바다 지진	7.4	1978	이즈 오시마 근해 지진	7.0
1978	미야기현 앞바다 지진	7.4	1983	일본해 중부 지진	7.7
1993	구시로 앞바다 지진	7.5	1993	홋카이도 남서 앞바다 지진	7.8
1994	홋카이도 동쪽 앞바다 지진	8.2	1994	산리쿠 먼바다 지진	7.6
1995	한신 · 아와지대지진	7.3	2000	돗토리현 서부 지진	7.3
2003	미야기현 앞바다 지진	7.1	2003	도카치 앞바다 지진	8.0
2004	니가타현 주에쓰 지진	6.8	2005	후쿠오카현 서쪽 앞바다 지진	7.0
2005	미야기현 앞바다 지진	7.2	2007	노토반도 지진	6.9
2007	니가타현 주에쓰 앞바다 지진	6.8	2008	이와테 · 미야기 내륙지진	7.2
2011	3.11동일본대지진	9.0	2011	미야기현 앞바다 지진	7.1
2011	후쿠시마현 하마도리 지진	7.0	2015	오가사와라 제도 서쪽 앞바다 지진	8.1
2016	구마모토지진	7.3	2016	후쿠시마현 앞바다 지진	7.4

국립천문대편「이과연표」(2016)

컬럼

도카이 지진

일본열도의 남쪽에 있으면서 이즈 반도를 떠받치고 있는 '필리핀해판'이 그 북서쪽의 육지측 판의 아래 쪽으로 파고들어 판 경계가 진원지가 되어, 가까운 장래에 난카이대지진 등, 대규모 지진(규모 8정도)이 발생할 것으로 예측되고 있습니다. 이것이 도카이 지진입니다.

❷ 火山

日本は火山の多い島国であり、火山の噴火により溶岩、火山弾、火山灰、水蒸気などが噴出されます。このため、火山周辺には地熱を含む土地が多く存在し、平均以上に熱せられて湧き出る泉も数多く存在します。それが温泉です。温泉地の数は、宿泊施設があるところだけでも約3,000ヵ所以上もあります。温泉がない都道府県は一つもありません。

3 | 日本の人口

総務省の調査によると、2015年現在の日本の総人口は127,110,047人でした。日本は人口密度がとても高く（1㎢あたり336人）、世界のなかで11番めに人口の多い国です。しかし現在、少子高齢化が進んでおり、地方では若年層の減少により、地場産業などは大きな打撃を受けています。

また、国内在住の外国人は2,232,189人となり（法務省発表、2015年12月末現在）、総人口に占める割合は1.7％を超えています。

4 | 日本の特産品

日本は南北に細長い列島であり、北の寒い地域から南の温暖な地域まで多種多様な産物が得られるのが大きな特徴です。

❶ 農畜産物

日本の国土の面積は約38万㎢ですが、その約70％は山地や丘陵であるため、耕地はせまくなっています。しかし、かつては「農の国」といわれるほど、農業が盛んでした。米を収穫した後に同じ土地で麦類を作る二毛作や水利施設の整備などによって、土地の生産性をあげてきたためです。日本の農業は米作を中心に発展してきましたが、近年では日本人の食生活の変化により、米・野菜・豆類の消費が減少し、畜産物や油脂類の消費が増加するという傾向が見られ、これにしたがって生産物も変化してきました。

❷ 화산

일본은 화산이 많은 섬나라이고, 화산 분화에 의한 용암, 화산탄[6], 화산재, 수증기 등이 분출됩니다. 이 때문에 화산주변에는 지열이 높은 땅이 많고, 평균이상으로 가열되어 솟아나는 샘도 많이 존재합니다. 그것이 바로 온천입니다. 온천지의 수는 숙박시설이 있는 곳만 해도 약 3,000개소 이상이나 됩니다. 온천이 없는 지방은 하나도 없습니다.

●● 온천

3 │ 일본의 인구

총무성의 조사에 의하면, 2015년 현재 일본의 총인구는 127,110,047명이었습니다. 일본은 인구밀도가 대단히 높아(1㎢당 336명), 세계에서 열한 번째로 인구가 많은 나라입니다. 그러나 현재 저출산고령화가 진행되고 있고, 지방에서는 젊은층의 인구 감소로 지역 산업 등 큰 타격을 받고 있습니다.

또한 일본 거주 외국인은 2,232,189명으로(법무성발표, 2015년 12월말 현재), 총 인구 대비 차지하는 비율이 1.7%를 넘어섰습니다.

4 │ 일본의 특산품

일본은 남북으로 가늘고 긴 열도이고, 북쪽의 추운 지역부터 남쪽의 온난한 지역까지 다양한 생산물을 얻을 수 있는 점이 큰 특징입니다.

❶ 농축산물

일본 국토의 면적은 약 38만㎢입니다만, 그 중 약 70%는 산지나 언덕이기 때문에 경작지는 적습니다. 그러나 한 때는 '농업 국가'라고 불릴 만큼 농업이 융성했습니다. 벼를 수확한 뒤 같은 땅에 보리 종류를 재배하는 이모작이나, 수리시설의 정비 등을 통해, 토지의 생산성을 높여 왔기 때문입니다. 일본의 농업은 벼 경작을 중심으로 발전해 왔습니다만, 근래에는 일본인의 식생활 변화에 의해, 쌀·채소·콩 종류의 소비가 감소하고, 축산물이나 유지류의 소비가 증가하는 경향을 보이고 있으며, 이에 따라 생산물도 변화해 왔습니다.

---

6 화산탄 화산 분화시 용암의 깨어진 조각으로, 구형·타원형·방추형을 이루는 것

▶ 食料自給率の推移

単位:%

		1965	1975	1985	1995	2005	2010	2011	2012	2013	2014	2015
品目別自給率(主要農水産物)	米	95	110	107	104	95	97	96	96	96	97	98
	小麦	28	4	14	7	14	9	11	12	12	13	15
	豆類	25	9	8	5	7	8	9	10	9	10	9
	野菜	100	99	95	85	79	81	79	78	79	79	80
	果実	90	84	77	49	41	38	38	38	40	42	40
	肉類(鯨肉を除く)	90	77	81	57	54	56	54	55	55	55	54
	鶏卵	100	97	98	96	94	96	95	95	95	95	96
	牛乳及び乳製品	86	81	85	72	68	67	65	65	64	63	62
	魚介類	100	99	93	57	51	55	52	52	55	55	54
	砂糖類	31	15	33	31	34	26	26	28	29	31	33
穀物全体の自給率(飼料用を含む)		62	40	31	30	28	27	28	27	28	29	29
主食用穀物自給率		80	69	69	65	61	59	59	59	59	60	60
総合食料自給率(供給熱量ベース)		86	83	82	74	69	69	67	67	65	64	66
総合食料自給率(生産額ベース)		55	34	27	26	25	25	26	26	26	27	28

※2015年度は概算値

農林水産省大臣政策課食料安全保障室『食料需給表』(2015)

▶ 主要品目の自給／輸入率

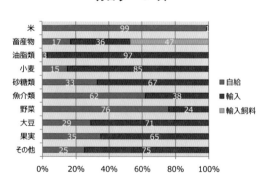

カロリーベース

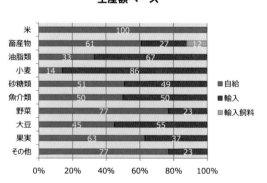

生産額ベース

農林水産省大臣政策課食料安全保障室『食料需給表』(2015)

▶ 식량 자급률의 추이   단위:%

		1965	1975	1985	1995	2005	2010	2011	2012	2013	2014	2015
품목별 자급률 (주요 농수산물)	쌀	95	110	107	104	95	97	96	96	96	97	98
	밀	28	4	14	7	14	9	11	12	12	13	15
	콩류	25	9	8	5	7	8	9	10	9	10	9
	채소	100	99	95	85	79	81	79	78	79	79	80
	과일	90	84	77	49	41	38	38	38	40	42	40
	육류(고래 고기 제외)	90	77	81	57	54	56	54	55	55	55	54
	계란	100	97	98	96	94	96	95	95	95	95	96
	우유 및 유제품	86	81	85	72	68	67	65	65	64	63	62
	어패류	100	99	93	57	51	55	52	52	55	55	54
	설탕류	31	15	33	31	34	26	26	28	29	31	33
곡물 전체 자급률(사료용 포함)		62	40	31	30	28	27	28	27	28	29	29
주식용 곡물 자급률		80	69	69	65	61	59	59	59	59	60	60
종합 식량 자급률(공급 열량 기준)		86	83	82	74	69	69	67	67	65	64	66
종합 식량 자급률(생산액 기준)		55	34	27	26	25	25	26	26	26	27	28

※2015년도 추정치   농림수산성 대신 정책과 식량안정보장실 「식량수급표」 (2015)

▶ 주요 품목의 자급/수입률

공급 열량 기준

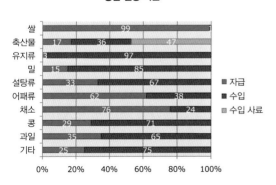

생산액 기준

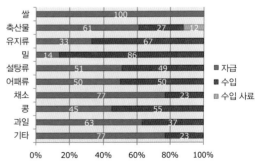

농림수산성 대신 정책과 식량안정보장실 「식량수급표」 (2015)

❷ 水産物

日本は漁業が盛んな国で、かつては長い間、世界一の漁獲量を誇っていました。しかし近年、その漁獲量は低下しつづけ、今では世界で7番めとなっています。世界的に200海里水域が定められ、漁場は狭められて、日本の漁業も大きな打撃を受けました。そのような中、海面養殖が発達し、「獲る漁業」から「育てる漁業」へと転換していきました。海面養殖業の生産量は、ホタテ貝やカキ、ブリ、ノリなどが多くなっています。

❸ 特産物

日本には各地域によりさまざまな特産物が存在します。そのなかでも鉄道の駅や電車内などで販売されているお弁当のことを「駅弁」といい、現在全国各地で2,000〜3,000種もあります。その多くには、各地でとれた特産物が盛り込まれています。また、地域ごとに昔から食べられてきた郷土料理もたくさんあります。

●● いろいろな駅弁

 質問

Q 日本でとれた果物でフルーツサラダを作るとき、どのような果物を入れることができますか。

A 日本は南北に細長い地形を成しているため、北の寒い地域でとれるものから南の温暖な地域でとれるものまで、多種多様な果物を手に入れることができます。たとえば、ナシ、リンゴ、モモ、ブドウ、マスカット、ミカン、イチゴ、メロン、スイカ、サクランボなどです。

② 수산물

▶ 어패류의 국내생산량 추이(단위:만톤)

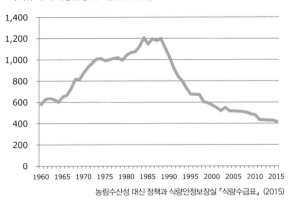

농림수산성 대신 정책과 식량안정보장실 「식량수급표」 (2015)

일본은 어업이 왕성한 나라로, 한때는 세계 제일의 어획량을 오랫동안 자랑해 왔습니다. 그러나 최근 그 어획량은 계속 줄어들어, 현재는 세계에서 7번째에 머물러 있습니다. 세계적으로 200해리 수역이 적용되어 어장이 좁아지자, 일본의 어업도 큰 타격을 받았습니다. 이러한 과정에서, 해면 양식이 발달되어 '잡는 어업'에서 '키우는 어업'으로 전환되었습니다. 해면양식업의 가리비나 굴, 방어, 김 등의 생산량이 많아지고 있습니다.

③ 특산물

일본에는 각 지역에 따라 여러 가지 특산물이 존재합니다. 그중에서도 철도역이나 전철역 안에서 판매되고 있는 도시락을 '에키벤'이라고 하는데, 현재 전국 각지에 2,000~3,000종이나 있습니다. 그 대부분은 각지에서 생산되는 특산물을 포함하고 있습니다. 또 지역마다 옛날부터 먹어 오던 향토요리도 많습니다.

질문

Q 일본에서 생산되는 과일로 과일샐러드를 만들 때 어떤 과일을 넣을 수 있습니까?

A 일본은 남북으로 가늘고 긴 지형이기 때문에, 북쪽의 추운 지역에서 수확할 수 있는 것부터, 남쪽의 따뜻한 지역에서 수확할 수 있는 것까지 다양한 과일을 구할 수 있습니다. 예를 들어 배, 사과, 복숭아, 포도, 머스캣, 귤, 딸기, 멜론, 수박, 버찌 등입니다.

日本の春・夏

日本には春夏秋冬の四季があり、季節ごとの過ごし方や行事があります。韓国の過ごし方や行事を思いうかべて、その違いを比べてみましょう。

1 | 春(3月〜5月)

❶ 春の訪れと新生活のはじまり

暦の上では立春(2月4日ごろ)から立夏(5月6日ごろ)の前日までが春ですが、一般的には実際に暖かくなる3月から5月ごろを春としています。「春一番(春にはじめて吹く南寄りの強い風)」が吹くころから気温が徐々に上昇し、動植物が活動しはじめます。3月は冬の寒さの名残から寒暖の差があって風が強く、4月に入ると短い周期で天候が変わります。

일본의 봄·여름

일본에는 봄·여름·가을·겨울의 사계절이 있고, 계절별 즐길 수 있는 방법이나 행사가 있습니다. 한국의 계절을 보내는 방법이나 행사를 떠올리면서 그 차이점을 비교해 봅시다.

●● 마쓰리를 즐기는 모습

1 　봄(3월~5월)

❶ 봄의 방문과 새 생활의 시작

달력 상으로는 입춘(2월 4일경)부터 입하(5월 6일경) 전날까지가 봄이지만, 보통 실제로 따뜻해지는 3월부터 5월경을 봄으로 합니다. '하루이치방(봄에 최초로 부는 강한 남풍)'이 불 때부터 기온이 서서히 상승하고, 동식물이 활동하기 시작합니다. 3월은 겨울의 추위가 가시지 않아 일교차가 심해 바람이 강하고, 4월에 들어서면 짧은 주기로 날씨가 변합니다.

●● 졸업식
효고현립대학 부속고등학교 제공

3月は卒業、4月は入学や入社、人事異動などのために引越しが多く、また新学年となりクラス替えがあるので「春は別れと出会いの季節」といわれます。

❷ 春の行楽

暖かい気候は行楽に適し、色とりどりの花が咲く公園や植物園、各地の行楽地は見物客でにぎわいます。4月末から5月上旬にかけては祝日が集中し、「ゴールデンウィーク」と呼ばれています。人びとはその期間に休暇をとり、帰省や行楽に出かけるため、一年のなかでも特に人出が多い時期となります。毎年、6,000万人以上の人出が予想されています。JTBの推計によると、2016年には国内旅行者は約2,395万人、海外旅行者は約54万人となっています。「ゴールデンウィーク旅行動向2016」によると、国内旅行の主な目的は、自然や風景を楽しむ(16.4%)、帰省(13.8%)、テーマパークやレジャー施設(11.8%)、リラックスする・のんびりする(10.3%)、温泉(9.7%)などとなっています(JTB 2016年3月調査、全国の1,200人を対象)。

花見

桜がきれいに咲くころ、各地で花見が行われます。人びとは、桜の下で酒を飲んだり弁当などを食べたりしながら桜を観賞して楽しみます。花見は、家族連れや友人同士、会社や学校の仲間たちと集まる宴会・親睦会にもなっています。桜は明治時代から人びとに親しまれてきました。桜の名所は国内各地にあり、毎年多いところでは何十万人もの人出があります。

▶ 花見の名所(一例)

見ごろ	名所（所在地）
1月下旬	名護城公園(沖縄)
3月下旬〜4月上旬	新宿御苑、上野恩賜公園、隅田公園(東京)、熊本城(熊本)
3月下旬〜4月中旬	大村公園(長崎)、根来寺(和歌山)
4月上旬	嵐山(京都)、大阪城公園(大阪)、岡崎公園(愛知)、清水公園(千葉)、高岡古城公園(富山)、高田公園(新潟)
4月上旬〜4月中旬	熊谷桜堤(埼玉)、打吹公園(鳥取)
4月上旬〜4月下旬	吉野山(奈良)
4月中旬〜4月下旬	造幣局桜の通り抜け(大阪)、兼六園(石川)、高遠城公園(長野)、三春滝桜(福島)
4月下旬〜5月上旬	弘前公園(青森)、武家屋敷(秋田)
5月上旬	松前公園(北海道)

公益財団法人日本さくらの会「さくら名所100選」

3월은 졸업, 4월은 입학이나 입사, 인사이동 등으로 이사가 많고, 또 새 학년이 시작되어 반 편성이 있기 때문에 '봄은 헤어짐과 만남의 계절'이라고들 합니다.

❷ 봄나들이

따뜻한 날씨는 놀러다니기에 적합하여, 울긋불긋(형형색색) 꽃이 피는 공원이나 식물원, 각지의 행락지는 나들이객으로 떠들썩합니다. 4월 말에서 5월 상순에 걸쳐서는 경축일이 집중되어 '황금연휴(Golden Week)'라고 불립니다. 사람들은 그 기간에 휴가를 내어 귀성하거나 나들이를 떠나기 때문에, 1년 중에서도 특히 인파가 많은 시기입니다. 매년 6,000만 명 이상의 인파가 예상됩니다. JTB의 추산에 의하면, 2016년에는 국내 여행자는 약 2,395만 명, 해외여행자는 약 54만 명으로 되어 있습니다. '황금연휴 여행 동향 2016'에 의하면 국내 여행의 주된 목적은 자연이나 풍경을 즐긴다(16.4%), 귀성(13.8%), 테마파크나 레저시설(11.8%), 느긋한 휴식(10.3%), 온천(9.7%) 등의 순으로 되어 있습니다(JTB 2016년 3월 조사, 전국 1,200명 대상).

하나미(벚꽃 구경)

벚꽃이 예쁘게 필 무렵, 각지에서 하나미가 시작됩니다. 사람들은 벚꽃 아래에서 술을 마시거나 도시락 등을 먹으면서 벚꽃을 감상하며 즐깁니다. 하나미는 가족 동반이나 친구들끼리, 회사나 학교의 동료들과 모이는 연회·친목회가 되기도 합니다. 사람들은 메이지시대부터 벚꽃에 친근함을 느껴 왔습니다. 벚꽃 명소는 국내 각지에 있으며, 매년 많은 곳에는 몇 십만 명이나 되는 인파가 모입니다.

●● 도쿄 우에노공원의 하나미 풍경
'도쿄 프리사진 소재집' 제공
http://www.shihei.com/tokyo_001.html

▶ 하나미 명소(일례)

개화 시기	명소(소재지)
1월 하순	난구스쿠 공원(오키나와)
3월 하순~4월 상순	신주쿠교엔, 우에노온시 공원, 스미다 공원 (도쿄), 구마모토성(구마모토)
3월 하순~4월 중순	오무라 공원(나가사키), 네고로지(와카야마)
4월 상순	아라시야마(교토), 오사카성 공원(오사카), 오카자키 공원(아이치), 시미즈 공원(지바), 다카오카 고성 공원(도야마), 다카다 공원(니가타)
4월 상순~4월 중순	구마가야 강둑 벚꽃 길(사이타마), 우쓰부키 공원(돗토리)
4월 상순~4월 하순	요시노산(나라)
4월 중순~4월 하순	조폐국 벚꽃 터널(오사카), 겐로쿠엔(이시카와), 다카토성 공원(나가노), 미하루타키자쿠라(후쿠시마)
4월 하순~5월 상순	히로사키 공원(아오모리), 부케야시키(아키타)
5월 상순	마츠마에 공원(홋카이도)

공익재단법인 일본사쿠라회 「벚꽃 명소 100선」

❸ 春の代表的な行事

雛祭り(3月3日)

雛祭りには、女の子のいる家庭では雛人形を飾り、白酒や雛あられ、散らし寿司や蛤の吸い物などを食べて女の子の幸福を祈ります。雛人形は15人揃い(女雛・男雛・三人官女・右大臣・左大臣・五人囃子・衛士三人)の七段が正式な形ですが、高価で場所をとるために、女雛と男雛だけの一段を飾る家庭も多いです。鳥取県用瀬町などの流し雛の行事には、紙や草木を人の形にした「人形」に厄を移して川に流す古代の行事の様式が残っています。

端午の節句・子どもの日(5月5日)

端午の節句には、男の子のいる家庭では外に鯉のぼりをあげ、室内に五月人形(武者人形)を飾り、粽や柏餅というお菓子を食べて男の子の無事な成長を祈ります。五月人形は鎧と兜を中央に飾り、向かって右に太刀、左に弓矢を立て、背後に屏風を立てます。季節の変わり目に体調を崩さぬよう、魔除けの力があるという菖蒲の葉を湯に浮かべた菖蒲湯に入浴します。

春彼岸

先祖供養のため、家族連れでお墓参りをしたり、僧侶を招いて法事を行ったりします。お寺では「彼岸会」という法事が行われます。

NEWS **コラム**

春先に猛威を振るう花粉症

春先になると、花粉症対策のため、マスク姿の人を見かけます。花粉症とは花粉に対するアレルギーのために鼻水やくしゃみ、目のかゆみなどが起こる症状のことです。一説には日本国内で3,000万人以上が発症しているといわれる国民病です。欧米では牧草やブタクサが原因ですが、日本では特に2月から4月に飛ぶ杉や檜の花粉が原因といわれています。花粉以外にも、排気ガスの微粒子やダニ、動物の毛、ストレスなども症状の原因となり、近年、患者が増加しつづけています。

(『花粉症の科学』を参考)

③ 봄의 대표적인 행사

히나마쓰리/3월 3일

히나마쓰리에는 여자 아이가 있는 가정에서는 히나인형을 장식하고, 시로자케[1]나 히나아라레[2], 지라시즈시[3]나 대합을 넣은 맑은 장국 등을 먹으며 여자 아이의 행복을 기원합니다. 히나인형은 15인 한 조(여자 히나인형·남자 히나인형·궁녀 3명·우대신·좌대신·연주자 5명·경비병 3명)의 7단이 정식 형태이지만, 가격이 비싸고 자리를 차지하기 때문에, 여자 히나인형과 남자 히나인형만으로 1단을 장식하는 가정도 많습니다. 돗토리현 모치가세초 등의 나가시비나[4] 행사에는 종이나 초목을 사람의 모습으로 만든 '히토가타'에 액을 옮겨 강에 흘려보내는 고대의 행사 양식이 남아 있습니다.

●● 히나인형

단오절(단고노셋쿠)·어린이날/5월 5일

단오절(단고노셋쿠)에는 남자 아이가 있는 가정에서는 밖에 고이노보리[5]를 올리고, 실내에 5월 인형(무사인형)을 장식하고, 지마키[6]나 가시와모치[7]라는 과자를 먹으며 남자 아이의 무사 성장을 빕니다. 5월 인형은 갑옷과 투구를 중앙에 장식하고, 마주하여 오른쪽에 큰 칼, 왼쪽에 활과 화살을 세우고, 배후

●● 5월 인형 갑옷 장식

●● 고이노보리

에 병풍을 세웁니다. 환절기에 건강을 유지하기 위해, 부적의 힘이 있다고 하는 창포 잎을 물에 띄운 창포물에 목욕을 합니다.

춘분절(하루히간[8])

조상 공양을 위하여 가족 동반으로 성묘를 하거나 승려를 초대해 제사를 지내거나 합니다. 절에서는 '히간에'라는 법회를 가집니다.

컬럼

이른 봄 맹위를 떨치는 꽃가루 알레르기

이른봄이 되면 꽃가루 알레르기 대책으로 마스크를 쓴 사람들이 눈에 띕니다. '화분증'이란 꽃가루에 대한 알레르기 때문에 콧물이나 재채기, 눈의 가려움 등이 일어나는 증상을 말합니다. 흔히 일본 국내에 3,000만 명 이상이 발병하고 있다고 하는 국민병입니다. 서구(유럽이나 미국 등)에서는 목초나 돼지풀이 원인이지만, 일본에서는 특히 2월에서 4월에 날아다니는 삼나무나 노송나무의 꽃가루가 원인이라고 합니다. 꽃가루 이외에도 배기가스의 미립자나 진드기, 동물의 털, 스트레스 등도 증상의 원인이 되어 근래에 환자가 계속해서 증가하고 있습니다. ('꽃가루 알레르기의 과학」 참고)

---

1 시로자케 희고 걸쭉한 단술 2 히나아라레 찹쌀(뻥튀기) 과자 3 지라시즈시 일본식 회덮밥
4 나가시비나 히나인형을 강이나 바다에 띄워 보내는 행사 5 고이노보리 잉어 모양의 깃발 6 지마키 띠나 대나무 잎에 말아 찐 떡
7 가시와모치 흰떡 속에 으깬 팥을 넣고 떡갈나무 잎으로 싼 떡 8 하루히간 춘분과 추분을 중간 날로 하여, 앞뒤 7일간을 말함

2 | 夏(6月～8月)

❶ 夏の訪れ

暦では立夏(5月6日ごろ)から立秋(8月8日ごろ)の前日までが夏ですが、実際には6月から8月ごろを夏としています。5月は五月晴れといわれるように晴天の多い初夏で、6月に入ると雨が何日もつづく梅雨と呼ばれる時期が来ます。梅雨の終わりには雷を伴う大雨が降ることが多く、梅雨が明けると蒸し暑い夏が到来します。最高気温が30℃以上の真夏日や最低気温が25℃以上の熱帯夜がつづきます。近年では地球温暖化の影響もあり、猛暑日と呼ばれる最高気温35℃以上の日が多くなっています。一時的に激しい雷雨を伴う夕立があるのも夏の特徴です。

▶ 梅雨入り・梅雨明けの平年値(1981～2010)

地域	東北北部	東北南部	関東甲信	北陸	東海	近畿
梅雨入り	6月14日	6月12日	6月8日	6月12日	6月8日	6月7日
梅雨明け	7月28日	7月25日	7月21日	7月24日	7月21日	7月21日

地域	中国	四国	九州北部	九州南部	奄美	沖縄
梅雨入り	6月7日	6月5日	6月5日	5月31日	5月11日	5月9日
梅雨明け	7月21日	7月18日	7月19日	7月14日	6月29日	6月23日

国立天文台編『理科年表』(2016)

❷ 梅雨どきの心なごむ行事

この時期には花菖蒲や紫陽花が咲き、寺社や植物園などで観賞できます。たとえば、菖蒲は東京の堀切菖蒲園、紫陽花は神奈川の明月院や京都の三室戸寺などの名所があります。また、蛍を観賞する「蛍狩り」も楽しみの一つです。大阪の万博公園で開かれる蛍の観賞会には、2週間の開催期間に毎年約3万人が訪れます。

七夕(7月7日)

竹の笹に色とりどりの短冊や飾りをつけ、その短冊に願い事を書きます。牽牛(ワシ座のアルタイル)と織女(琴座のベガ)の伝説に因んだ行事で、晴天であれば、二つの星と天の川を夜空に見つけられます。また、仙台七夕祭り(8月6日～8日)のように、盛大な催しの七夕もあります。

2 | 여름(6월~8월)

❶ 여름의 방문

달력으로는 입하(5월 6일경)부터 입추(8월 8일경) 전날까지가 여름이지만, 실제로는 6월부터 8월 경을 여름으로 합니다. 5월은 사쓰키바레[9]라고 하듯 맑은 날이 많은 초여름이고, 6월이 되면 비가 며칠씩 계속되는 장마라고 불리는 시기가 옵니다. 장마가 끝날 무렵에는 천둥을 동반하는 호우가 잦으며, 장마가 끝나면 무더운 여름이 도래합니다. 최고 기온이 30℃ 이상인 한여름날이나 최저 기온이 25℃ 이상인 열대야가 계속됩니다. 최근에는 지구 온난화의 영향도 있어, 폭염이라고 불리는 최고 기온 35℃ 이상인 날이 많아지고 있습니다. 일시적으로 심한 뇌우를 동반한 소나기가 내리는 점도 여름의 특징입니다.

▶ 장마 시작/장마 종료 시기의 평균치(1981~2010)

지역	도호쿠 북부	도호쿠 남부	간토·고신	호쿠리쿠	도카이	긴키
장마 시작	6월 14일	6월 12일	6월 8일	6월 12일	6월 8일	6월 7일
장마 끝	7월 28일	7월 25일	7월 21일	7월 24일	7월 21일	7월 21일
지역	주고쿠	시코쿠	규슈 북부	규슈 남부	아마미	오키나와
장마 시작	6월 7일	6월 5일	6월 5일	5월 31일	5월 11일	5월 9일
장마 끝	7월 21일	7월 18일	7월 19일	7월 14일	6월 29일	6월 23일

국립천문대편 『이과연표』, (2016)

❷ 장마철에 마음을 차분하게 해 주는 행사

이 시기에는 창포꽃이나 수국이 피어 절과 신사나 식물원 등에서 감상할 수 있습니다. 예를 들면, 창포는 도쿄의 호리키리 쇼부엔(창포공원), 수국은 가나가와의 메이게쓰원이나 교토의 미무로토 사 등의 명소가 있습니다. 또한, 반딧불이를 감상하는 '반딧불이 잡기 놀이'도 즐거움의 하나입니다. 오사카의 반파쿠공원에서 열리는 반딧불이 감상 모임에는 2주간의 개최 기간 동안에 매년 약 3 만 명이 방문합니다.

다나바타/7월 7일

대나무 잎에 형형색색의 단자쿠[10]나 장식을 달고 그 단자쿠에 소원을 적습니다. 견우(독수리자리의 견우성)와 직녀(거문고자리의 직녀성) 전설에 연유한 행사로, 날씨가 맑을 때면 두 개의 별과 은하수를 밤하늘에서 볼 수 있습니다. 또 센다이 다나바타 마쓰리(8월 6일~8일)와 같이 성대한 행사의 다나바타도 있습니다.

●● 다나바타 장식

9 사쓰키바레 5월 장마철 사이의 갠(맑은) 날씨　10 단자쿠 시구나 글을 쓴 가늘고 긴 색종이

質問

Q 牽牛(彦星)と織女(織姫)の伝説はどのような話ですか。

A もともとは中国の伝説で、奈良時代に伝来したといわれています。機織りの名手である織女と牛飼いの青年である牽牛は、天帝のはからいで結婚します。しかし、織女は機織りを怠けるようになったので、天帝は二人を天の川を隔てて引き離し、一年に一度、7月7日の夜にだけ会えるようにしました。

❸ 夏の暮らし

早朝からセミの鳴き声が響き、一日をとおして暑い季節です。暑さで食欲が落ちる夏は、そうめんやスイカといった冷たい食べ物が好まれます。風に揺れる風鈴の涼しげな音色を聞いたり、うちわで扇いで風を送ったりして、涼しさを感じます。家の前の道に水をまく打ち水もあります。紫外線や日差しが強いため、多くの女性が外では日傘をさします。夜は、百貨店やホテルの屋上などで開かれるビアガーデンで、会社の同僚や友人とビールを飲んで暑さをしのぐ姿が見られます。また、この時期は蚊が多く、蚊取り線香を焚いて蚊に刺されないようにします。

❹ レジャー・イベントでにぎわう夏

学生は夏休みに、社会人も連続夏期休暇を取ります。人びとは仲間同士や家族連れで海や山へ出かけ、海水浴やキャンプを楽しみます。各市町村では夜、夏祭りを開催します。かき氷や金魚すくいなどの夜店が立ち並び、盆踊りが行われて人びとでにぎわいます。最近は浴衣姿が復活し、祭りの雰囲気も一層華やかになっています。

夏を彩る花火

夏の風物詩としては花火があげられます。毎年7月から8月にかけて全国各地で500以上の花火大会が開かれます。キャラクターや植物をかたどるなど、形に趣向を凝らした花火が楽しめます。大阪のPL花火芸術は花火の質・量ともに盛大で(約2万発、約30万人の人出)、東京の隅田川花火大会は江戸時代以来の伝統があります(約2万発、約100万人の人出)。家の庭先や公園でも家族連れや若者たちがロケット花火や線香花火など、手軽な花火を楽しみます。

●● PL花火芸術の花火
岩井芙由子氏 提供

질문

Q　견우(히코보시)와 직녀(오리히메)의 전설은 어떤 이야기입니까?

A　원래는 중국의 전설로 나라 시대에 전래된 것으로 알려져 있습니다. 베짜기의 명수인 직녀와 소키우는 청년인 견우는 천제의 주선으로 결혼합니다. 그러나 직녀는 베짜기를 게을리 하게 되어서, 천제는 은하수 사이에 두 사람을 갈라 놓고, 1년에 한 번 7월 7일 밤에만 만날 수 있게 했습니다.

❸ 여름 나기

이른 아침부터 매미 울음소리가 들리고 하루 종일 더운 계절입니다. 더위로 식욕이 떨어지는 여름에는 소면이나 수박 같은 시원한 음식을 즐깁니다. 바람에 흔들리는 풍경의 시원한 음색을 듣거나 부채로 부채질해서 바람을 보내거나 하며 시원함을 느낍니다. 집 앞 길에 물을 뿌리는 우치미즈(물 뿌리기)도 있습니다. 자외선이나 햇살이 강하기 때문에 여성들은 밖에서 양산을 많이 씁니다. 밤에는 백화점이나 호텔 옥상 등에서 열리는 비어 가든에서 회사 동료나 친구들과 맥주를 마시며 더위를 견디는 모습을 볼 수 있습니다. 또한 이 시기는 모기가 많아 모기향을 피워서 모기에 물리지 않도록 합니다.

❹ 레저·이벤트로 활기찬 여름

학생은 여름 방학으로, 회사원도 여름휴가를 냅니다. 사람들은 동료끼리 혹은 가족동반으로 바다나 산으로 떠나 해수욕이나 캠프를 즐깁니다. 각 시정촌[11]에서는 밤에 여름 마쓰리를 개최합니다. 빙수나 금붕어 뜨기 놀이 등 밤거리 노점상이 늘어서고, 본오도리가 열리어 사람들로 떠들썩합니다. 최근에는 유카타 차림이 다시 인기를 끌어 마쓰리의 분위기도 한층 더 화려해지고 있습니다.

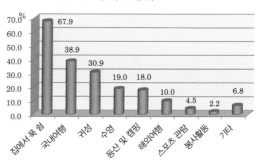

▶ 여름을 나는 방법(복수응답)

「메이지야스다생명 여름에 관한 앙케트 조사」 (2015)

여름을 수놓는 불꽃놀이

여름의 풍물시로는 불꽃놀이를 들 수 있습니다. 매년 7월부터 8월에 걸쳐 전국 각지에서 500회 이상의 불꽃놀이 대회가 열립니다. 캐릭터나 식물의 형상을 본뜨는 등 모양에 취향을 살린 불꽃놀이를 즐길 수 있습니다. 오사카의 PL 불꽃예술은 양적으로나 질적 모두 성대하며(약 2만 발, 약 30만 명의 인파), 도쿄의 스미다가와 불꽃놀이 대회는 에도시대부터의 전통이 있습니다(약 2만 발, 약 100만 명의 인파). 집의 앞뜰이나 공원에서도 가족동반 혹은 젊은이들이 로켓 불꽃놀이나 센코하나비[12] 등 손쉬운 불꽃놀이를 즐깁니다.

---

11 시정촌 한국의 시읍면에 해당하는 일본 행정 구획명　12 센코하나비 종이를 꼬아 만든 끈의 끝에 화약을 비벼 넣어 만든 불꽃

❺ 故人や先祖をしのぶお盆

8月13日に先祖や近親者の霊を精霊棚(盆棚)に迎え、供え物をして供養し、16日に送りだします。お盆にはお墓参りをするのが一般的で、人びとはこの期間に数日間の休暇(盆休み)をとります。駅や空港、高速道路は都会から故郷へ戻る人や車で大変混雑します。この現象を「帰省ラッシュ」といいます。最近は国内外の旅行に出かける人びとも増加するなど、お盆の過ごし方は多様化してきています。

盆踊り

盆踊りには500年の歴史があり、今も多くの人に親しまれる民俗芸能です。歌や踊りは地域ごとに特色があり、各地に残る伝統的な盆踊りは100種類以上に上ります。元来、盆踊りとは死霊を供養する宗教的意味をもつものですが、現在では祭り囃子や歌に合わせて華美な衣装で踊るなど、娯楽の要素が濃くなり、観光イベントにもなっています。なかでも、約120万人の人出がある徳島県の阿波踊りが有名です。

⑤ 고인이나 조상을 기리는 추석(오본)

8월 13일에 조상이나 가까운 친척의 넋을 쇼료다나[13] (본다나)로 맞아들여 공물로 공양하고 16일에 보냅니다. 오본에는 성묘를 하는 것이 일반적이며, 사람들은 이 기간에 며칠 동안 휴가(본야스미)를 냅니다. 역이나 공항, 고속도로는 도시에서 고향으로 돌아가는 사람과 차로 매우 혼잡합니다. 이 현상을 '귀성 전쟁'이라고 합니다. 최근에는 국내외여행을 떠나는 사람들도 증가하는 등 오본을 보내는 방법은 다양해지고 있습니다.

●● 교토 5산의 오쿠리비

본오도리

본오도리에는 500년의 역사가 있고, 지금도 많은 사람들에게 친숙한 민속 예능입니다. 노래나 춤은 지역마다 특색이 있고, 각지에 남은 전통적인 본오도리는 100종류 이상이나 됩니다. 원래 본오도리는 죽은 이의 넋을 공양하는 종교적 의미를 지니는 것이지만, 현재에는 마쓰리의 반주 음악이나 노래에 맞추어 화려한 의상으로 춤을 추는 등 오락 요소가 짙어져 관광 이벤트가 되기도 합니다. 그중에서도 약 120만 명의 인파가 모이는 도쿠시마현의 아와오도리가 유명합니다.

●● 아와오도리
「デジタル楽しみ村」大井啓嗣 씨 제공
http://www.tanoshimimura.com

---

13 쇼료다나 조상의 영혼을 맞이하기 위해 마련하는 선반

日本の秋・冬

冬は、年中行事が多い季節です。なかでも正月行事は、年中行事があまり行われなくなった現在でも、多くの家庭で重視されています。年中行事には、どのような願いが込められているのでしょうか。

1 | 秋(9月〜11月)

❶ 秋の訪れ

暦では立秋(8月8日ごろ)から立冬(11月8日ごろ)の前日までが秋です。しかし、立秋の後も残暑と呼ばれる暑さがつづくため、実際には9月〜11月ごろを秋としています。9月なかごろからは、秋雨前線が発生し、雨の日がつづきます。また、秋の台風は大型のものが多く、南西諸島・九州・四国を中心に大きな被害が出ることもあります。台風シーズンが過ぎると、高気圧に覆われて、秋晴れと呼ばれるさわやかな青空が広がります。この高気圧は動きが速く、天気は2・3日ごとに変化します。

일본의 가을·겨울

겨울은 연중행사가 많은 계절입니다. 그중에서도 설 행사는 연중행사를 그다지 하지 않게 된 현재에도 많은 가정에서 중시되고 있습니다. 연중행사에는 어떤 기원이 담겨 있을까요?

●● 하츠모데를 가는 인파 (아사쿠사)
HP 「プーリンとそのしもべ達」 제공

1 | 가을(9월~11월)

① 가을의 방문

달력으로는 입추(8월 8일경)부터 입동(11월 8일경) 전날까지가 가을입니다. 그러나 입추 후에도 잔쇼[1]라고 불리는 늦더위가 이어지기 때문에, 9월~11월경이 실제로는 가을이라 할 수 있습니다. 9월 중순부터는 아키사메 전선[2]이 발생하여 비 오는 날이 이어집니다. 또한 가을 태풍은 대형 태풍이 많아서 남서제도·규슈·시코쿠를 중심으로 큰 피해가 날 때도 있습니다. 태풍 시즌이 지나면 고기압으로 뒤덮여 아키바레[3]라고 불리는 상쾌한 파란 하늘이 펼쳐집니다. 이 고기압은 이동이 빨라 날씨는 2·3일마다 변화합니다.

---

1 잔쇼 늦더위   2 아키사메 전선 9월 중순부터 10월 중순에 걸쳐 일본 남해안에 정체하는 장마 전선   3 아키바레 맑게 갠 가을 날씨

9月に入ると、各地では、寒さで木の葉が赤や黄色に変化します。これを紅葉と呼びます。「紅葉の名所」では、紅葉を観賞する「紅葉狩り」を行う人びとでにぎわいます。

▶ 紅葉の名所

名所	県名	見頃
層雲峡	北海道	9月中旬～10月上旬
奥入瀬渓流	青森	10月中旬～下旬
いろは坂（日光）	栃木	10月中旬～下旬
紅葉トンネル（富士五湖）	山梨	11月初旬
蓬莱園（箱根）	神奈川	10月下旬～11月中旬
嵐山公園（嵐山）	京都	11月中旬～12月上旬
紅葉谷公園（宮島）	広島	11月中旬

❷ ○○の秋

秋の穏やかな気候は、さまざまな活動に適しており、「読書の秋」「食欲の秋」「スポーツの秋」などと表現されます。

食欲の秋

秋の旬の味覚には、栗・サツマイモ・キノコ・サンマなどがあります。収穫される農産物が豊富なため、「実りの秋」とも呼ばれ、おいしい物を求めて多くの人が「味覚狩り」に出かけます。

スポーツの秋

9月から10月にかけて、学校では運動会が催されます。子どもたちがチームに分かれ、玉入れ、徒競走などで競い合います。

9월이 되면 각지에서는 추위로 나뭇잎이 빨갛게 혹은 노랗게 변합니다. 이것을 모미지(단풍)라고 부릅니다. '단풍 명소'에서는 단풍을 감상하는 '단풍 놀이'를 하는 사람들로 북적입니다.

●● 일본의 단풍

▶ 단풍 명소

명소	현명	시기
소운쿄	홋카이도	9월 중순~10월 상순
오이라세케류	아오모리	10월 중순~하순
이로하자카 (닛코)	도치기	10월 중순~하순
모미지터널 (후지고코)	야마나시	11월 초순
호라이엔 (하코네)	가나가와	10월 하순~11월 중순
아라시야마 공원 (아라시야마)	교토	11월 중순~12월 상순
모미지다니공원 (미야지마)	히로시마	11월 중순

❷ ○○의 가을

가을의 온화한 기후는 여러 가지 활동에 적합하여 '독서의 가을', '식욕의 가을', '스포츠의 가을' 등으로 표현됩니다.

식욕의 가을

가을의 제철 식재료에는 밤·고구마·버섯·꽁치 등이 있습니다. 수확되는 농산물이 풍부하기 때문에 '결실의 가을'이라고도 불리며, 맛있는 것을 찾아 많은 사람들이 '맛 사냥'을 나섭니다.

스포츠의 가을

9월에서 10월에 걸쳐 학교에서는 운동회가 열립니다. 아이들이 팀을 나누어 공 넣기, 달리기 경주 등 서로 실력을 겨룹니다.

❶ 冬の訪れ

暦では立冬(11月8日ごろ)から立春(2月4日ごろ)の前日までが冬です。しかし、2月も寒さがつづくため、実際には、12月から2月ごろまでを冬としています。東海側は雪の日が多く、太平洋側は空気が乾燥した晴れの日が多いことが特徴です。人びとはコタツ・ストーブ・エアコンなどで暖をとります。一方で、南西諸島は冬でも温暖な気候がつづきます。

❷ クリスマス

日本のクリスマスは宗教色が薄く、イベント色が濃いことが特徴です。家族、恋人や友人とイルミネーションを見たり、プレゼントを交換したり、ケーキを食べたりします。

❸ 年末年始

年末

年末は、大掃除や正月料理の買出しをするなど、正月の準備で大忙しとなります。各地では、一年間の労をねぎらうために、親戚・友人・同僚と忘年会が催されます。年末年始休暇を利用して帰省する人や、国内外へ旅行する人もいます。大晦日には、テレビでNHK紅白歌合戦(男性歌手は白組、女性歌手は紅組に分かれ、歌で競います)や格闘技を見たり、そば(年越しそばと呼びます)を食べたりします。そばを食べるのは、長いものを食べると長生きするといわれているからです。午前0時が近づくと、寺院では、人間のもつ108の煩悩を祓うために、「除夜の鐘」を108回打ち鳴らします。

年始

正月に知人に会うと「明けましておめでとうございます」と新年の挨拶をします。元旦には年賀状が届きます。以前は、筆などで年賀状を書きましたが、最近はパソコンで作る人や、年賀状を送らずにEメールやSNSで済ます人が増えています。子どもたちは新年のお祝いに大人からお年玉として金銭をもらいます。年頭にはじめて寺社に参ることを初詣といいます。お賽銭を投げて願い事をし、おみくじを引いて一年間の吉凶を占います。

2 겨울(12월~2월)

① 겨울의 방문

달력으로는 입동(11월 8일경)부터 입춘(2월 4일경) 전날까지가 겨울입니다. 그러나 2월에도 추위가 이어지기 때문에 실제로는 12월에서 2월경까지를 겨울로 합니다. 동해안(일본의 서쪽지방)은 눈이 내리는 날이 많고, 태평양 연안은 공기가 건조한 맑은 날이 많은 것이 특징입니다. 사람들은 고타쓰[4]·난로·에어컨[5] 등으로 난방을 합니다. 한편, 남서제도는 겨울에도 온난한 기후가 이어집니다.

●● 교토에 있는 킨카쿠지

② 크리스마스

일본의 크리스마스는 종교색이 옅고 이벤트성이 강한 것이 특징입니다. 가족, 연인이나 친구들과 일루미네이션을 보기도 하고, 선물을 교환하기도 하고, 케이크를 먹기도 합니다.

●● 효고현 고베시의 루미나리에
한신·아와지 대지진 희생자의 넋을 위로하고
도시 부흥의 바람을 담아 개최된다.

③ 연말연시

연말

연말에는 대청소나 설날 요리를 위한 장보기를 하는 등, 설 준비로 매우 바빠집니다. 각지에서는 1년간의 노고를 위로하기 위해서 친척·친구·동료와 송년회를 가집니다. 연말연시 휴가를 이용해 귀성하는 사람이나 국내외로 여행을 떠나는 사람도 있습니다. 섣달 그믐날에는 TV로 NHK 홍백가요대전(남성 가수는 백팀, 여성 가수는 홍팀으로 나뉘어져 노래로 겨룹니다)이나 격투기를 보기도 하고, 메밀국수(새해맞이 국수라고 부릅니다)를 먹기도 합니다. 메밀국수를 먹는 것은 긴 것을 먹으면 장수하는 것으로 알려져 있기 때문입니다. 오전 0시가 가까워지면, 사원에서는 인간이 가진 108번뇌를 없애기 위해 '제야의 종'을 108번 쳐서 울립니다.

연초(年始)

정월에 지인을 만나면 '새해 복 많이 받으세요'라고 새해 인사를 합니다. 설날에는 연하장이 배달됩니다. 이전에는 붓 등으로 연하장을 썼지만, 요즘에는 컴퓨터로 작성하는 사람이나 연하장을 보내지 않고 이메일이나 SNS로 해결하는 사람이 늘어났습니다. 어린이들은 새해 축하로 어른들이 주는 세뱃돈을 받습니다. 연초에 처음으로 절과 신사에 참배하는 것을 하쓰모데라고 합니다. 새전을 던져 소원을 빌고, 제비를 뽑아 1년의 길흉을 점칩니다.

---

4 고타쓰 일본식 난방장치   5 에어컨 일본의 에어컨은 냉난방 겸용임

① 明治神宮（東京）	約316万人	⑥ 鶴岡八幡宮（神奈川）	約250万人
② 成田山新勝寺（千葉）	約309万人	⑦ 住吉大社（大阪）	約236万人
③ 川崎大師平間寺（神奈川）	約307万人	⑧ 熱田神宮（愛知）	約230万人
④ 浅草寺（東京）	約283万人	⑨ 武蔵一宮氷川神社（埼玉）	約215万人
⑤ 伏見稲荷神社（京都）	約270万人	⑩ 太宰府天満宮（福岡）	約200万人

「初詣スポット人出ランキングTOP20」2016)

正月料理

◆おせち料理

その年の農作業に備えて体力をつけるために作られた正月料理をおせち料理といいます。家庭によってさまざまですが、初日の出をイメージした「蒲鉾」や、子宝に恵まれるとされる「数の子」など、縁起が良くて栄養の高い食材が多いようです。以前はどの家庭でも手作りをしていましたが、最近は店で購入する人や、食べない人も増えました。

◆お雑煮

お雑煮の味付けは地方・家庭によって異なります。さまざまな具を入れて煮たことから、この名が付きました。

▶ 各地のお雑煮

地域	北海道	福井	愛知	京都
汁	すまし仕立て	赤味噌仕立て	すまし仕立て	白味噌仕立て
具	さけ・イクラ・ほうれん草・ジャガイモ・角餅	かぶ・鶏肉・削りかつお・丸餅	里芋・大根・かつお節・角餅	里芋・大根・鴨肉・人参・丸餅

『おせちと正月料理』婦人生活社 (2002)

▶ 하쓰모데 인기 랭킹

① 메이지 신궁 (도쿄)	약 316만 명
② 나리타산신쇼지 (지바)	약 309만 명
③ 가와사키다이시헤이켄지 (가나가와)	약 307만 명
④ 센소지 (도쿄)	약 283만 명
⑤ 후시미이나리 신사 (교토)	약 270만 명
⑥ 쓰루가오카 하치만구 (가나가와)	약 250만 명
⑦ 스미요시 타이샤 (오사카)	약 236만 명
⑧ 아쓰타 신궁 (아이치)	약 230만 명
⑨ 무사시이치노미야 히카와 신사 (사이타마)	약 215만 명
⑩ 다자이후 텐만구 (후쿠오카)	약 200만 명

「하쓰모데 장소 인파 랭킹 TOP20」 (2016)

▶ 세뱃돈의 용도(복수응답)

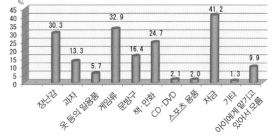

「어린이(초등학생)의 연말연시에 관한 앙케트」 -(주)마슈 (2012)

설 요리

◆오세치 요리

그 해의 농사일에 대비해서 체력을 기르기 위해 만들어진 설 요리를 오세치 요리라고 합니다. 가정에 따라 다르지만, 새해 첫 해돋이를 형상화한 '가마보코[6]'나 자손이 번성한다는 '가즈노코[7]' 등 길조이면서 영양가가 높은 식재료가 많은 것 같습니다. 이전에는 어느 가정에서나 손수 만들었지만, 최근에는 가게에서 구입하는 사람이나 먹지 않는 사람도 많아졌습니다.

●● 오세치요리

◆오조니(떡국)

오조니(떡국)의 맛은 지방·가정에 따라 다릅니다. 여러 가지 부재료(雜)를 넣어서 끓인(煮) 것이라 하여 이 이름이 붙었습니다.

▶ 각지의 오조니

지역	홋카이도	후쿠이	아이치	교토
국물	담백한 국물	붉은 된장 국물	담백한 국물	하얀 된장 국물
재료	연어, 생선알, 시금치, 감자, 네모 떡	무청, 닭고기, 가다랑어포, 둥근 떡	토란, 무, 가다랑어포, 네모 떡	토란, 무, 오리고기, 당근, 둥근 떡

6 가마보코 어묵   7 가즈노코 청어알

「오세치와 설 요리」 부인생활사 (2002)

❹ 成人式

日本では、20歳から一人前の大人として扱われます。成人式は20歳になった男女を祝う儀式です。服装は自由ですが、男性は羽織袴かスーツ、女性は振袖を着て出席する人がほとんどです。

❺ 節分

節分とは、立春・立夏・立秋・立冬の前日をいいますが、現在では主に立春の前日を指します。季節の変わり目には鬼が出ると考えられたため、「鬼は外、福は内」の掛け声とともに、煎った大豆をまく「豆まき」など、鬼を追い払う行事が行われます。

NEWS
コラム

御中元・御歳暮

一年の中間に行う贈答を御中元、年末に行う贈答を御歳暮といいます。以前は、直接持参していましたが、近年は宅配便が一般化しました。贈り先は、親・仲人・上司・取引先などです。世話になったお礼として、人間関係を円滑にするために贈る人が多いようです。最近は、社内での御中元・御歳暮の廃止を呼びかける会社も出てきました。しかし、日本は建て前を大切にする国ですから、この風習はまだまだ無くなりそうにありません。

選ぶときは、実用性・安全性・品質・ブランド・値段(高すぎず、安すぎず、手ごろな価格)を重視します。主な購入先はデパートや大型スーパーです。カタログが贈られてきて、そのなかから贈り物を受けとる人が自由に選択する「選べるギフト」も人気があります。

▶ 御中元・御歳暮に贈りたい商品ベスト10 (全国の20歳以上の男女を対象)

	御中元		御歳暮	
1	ビール	51.0%	ビール	51.4%
2	お菓子・デザート	27.0%	ハム・ソーセージ	31.2%
3	ジュース飲料	14.5%	お菓子・デザート	25.9%
4	コーヒー・お茶	13.4%	コーヒー・お茶	24.0%
5	産地直送の野菜・果物	13.4%	産地直送の魚介類	18.6%
6	ハム・ソーセージ	12.9%	地酒(日本酒、焼酎)	16.8%
7	そうめん・冷むぎ	11.7%	産地直送の野菜・果物	14.7%
8	産地直送の魚介類	9.7%	ジュース飲料	14.1%
9	地酒(日本酒、焼酎)	8.2%	食用油・調味料	11.1%
10	食用油・調味料	4.8%	ワイン	10.1%

アサヒグループホールディングスお客様生活文化研究所 「お中元に関する意識調査」(2015)
「お歳暮に関する意識調査」(2015)

④ 성인식

일본에서는 20세부터 어엿한 어른으로 대우합니다. 성인식은 20세가 된 남녀를 축하하는 의식입니다. 복장은 자유지만, 남성은 하오리하카마[8]나 양복, 여성은 후리소데[9]를 입고 참석하는 사람이 대부분입니다.

⑤ 세쓰분

세쓰분은 입춘·입하·입추·입동 전날을 말하는데, 현재는 주로 입춘 전날을 가리킵니다. 계절이 바뀔 때에는 귀신이 나온다고 생각했기 때문에 '귀신은 밖으로(나가고), 복은 안으로(들어오라)'라는 큰 소리와 함께 볶은 콩을 뿌리는 '마메마키[10]' 등 귀신을 내쫓는 행사를 합니다.

●● 성인식
大和田祐次 씨 제공

컬럼

오추겐·오세보

1년의 중간에 하는 선물 교환을 오추겐, 연말에 하는 선물 교환을 오세보라고 합니다. 이전에는 직접 지참했지만 근래에는 택배가 일반화되었습니다. 보내는 곳은 부모·중매인·상사·거래처 등입니다. 신세 진 분들에 대한 보답으로, 인간관계를 원활하게 하기 위해 선물하는 사람이 많은 것 같습니다. 최근에는 사내에서의 오추겐·오세보 폐지를 호소하는 회사도 나타났습니다. 그러나 일본은 다테마에[11]를 소중히 하는 나라이므로, 이 풍습은 쉽게 없어지지 않을 것 같습니다.

(선물을) 고를 때는 실용성·안전성·품질·브랜드·가격(너무 비싸지도 싸지도 않은 적당한 가격)을 중시합니다. 주요 구입처는 백화점이나 대형 슈퍼입니다. 카탈로그가 배달되어 와서, 그 가운데 선물을 받는 사람이 자유롭게 선택하는 '선택할 수 있는 선물'도 인기가 있습니다.

▶ **오추겐·오세보에 선물하고 싶은 상품 베스트 10** (전국 20세 이상 남녀 대상)

	오추겐		오세보	
1	맥주	51.0%	맥주	51.4%
2	과자·디저트	27.0%	햄·소시지	31.2%
3	주스 음료	14.5%	과자·디저트	25.9%
4	커피·차	13.4%	커피·차	24.0%
5	산지직송 채소·과일	13.4%	산지직송 어패류	18.6%
6	햄·소시지	12.9%	지역특산주(니혼슈, 소주)	16.8%
7	소면·냉국수	11.7%	산지직송 채소·과일	14.7%
8	산지직송 어패류	9.7%	주스 음료	14.1%
9	지역특산주(니혼슈, 소주)	8.2%	식용유·조미료	11.1%
10	식용유·조미료	4.8%	와인	10.1%

아시히그룹 홀딩스 고객생활문화연구소
「오추겐에 관한 의식 조사」(2015)
「오세보에 관한 의식 조사」(2015)

---

8 하오리하카마 하오리(일본 전통 의상 위에 입는 짧은 겉옷)와 하카마(겉에 입는 주름 잡힌 하의)가 합쳐진 말로, 남성의 격식 차린 옷차림
9 후리소데 소매가 아주 넓은 전통 여성 의상　10 마메마키 콩 뿌리기　11 다테마에 기본적이고 표면적인 겉마음

Q 正月に門口に飾る「注連縄」には、どのような意味がありますか。

A 正月には「歳神」が訪れ、幸福をもたらすとされます。注連縄は、歳神を迎えるために神聖な場所を作る魔除けの役割をしています。正月飾りにはこの他に「門松」や「鏡餅」があります。

■門松

歳神が降臨する場です。以前は注連縄とともに飾られましたが、近年はあまり見かけなくなりました。

■鏡餅

歳神へのお供え物。大小二つの丸餅を重ね、干し柿や昆布などを添えて、床の間や神棚に飾ります。「鏡開き」の日に雑煮や汁粉に入れて食べます。

Q　정월에 출입구에 장식하는 '시메나와'에는 어떤 의미가 있습니까?

A　정월에는 '도시가미[12]'가 찾아와 행복을 가져다 준다고 합니다. 시메나와는 '도시가미'를 맞이하기 위해 신성한 장소를 만드는 액막이 역할을 하고 있습니다. 정월 장식으로는 이 밖에 「가도마쓰」나 「가가미모치」가 있습니다.

■ 가도마쓰

'도시가미'가 강림하는 장소입니다. 이전에는 '시메나와'와 함께 장식되었지만, 최근에는 그다지 찾아보기 어려워졌습니다.

■ 가가미모치

'도시가미'에게 바치는 공양물. 크고 작은 두 개의 둥근 떡을 겹쳐 곶감이나 다시마 등을 더해 도코노마[13]나 가미다나[14]에 장식합니다. '가가미비라키[15]'의 날에 떡국이나 단팥죽에 넣어 먹습니다.

●● 시메나와
逆瀬川 사진 사무소·雉鳴庵 제공
http://chimeian.hp.infoseek.co.jp/

●● 가도마츠
逆瀬川 사진 사무소·雉鳴庵 제공
http://chimeian.hp.infoseek.co.jp/

●● 가가미모치

---

12 도시가미 새해를 주관하는 신　13 도코노마 다다미방 정면에 바닥을 한 층 높여 만든 곳으로, 족자, 꽃병, 도자기 등을 장식함
14 가미다나 신위를 모셔 두고 제사를 지내는 선반　15 가가미비라키 설에 올린 가가미모치를 내리는 것으로 정월 11일이나 20일에 함

日本の名所

日本には数多くの名所があります。ここでは、史跡と自然の名所を紹介します。それぞれの特徴や歴史などを調べてみましょう。

1 | 史跡

① 法隆寺(奈良県斑鳩町)

西洋の「石の文化」に対して、日本の文化は「木の文化」だといわれています。木造建築物は、耐用年数が短く長期間にわたって残ることはありません。日本でもっとも古い木造建築といわれるこの法隆寺は、約1400年あまりの歴史があります。古代仏教寺院の形態を現在にまでよく伝えているということで、1993年にユネスコ世界遺産に登録されました。

일본의 명소

일본에는 수많은 명소가 있습니다. 여기에서는 사적과 자연 명소를 소개하겠습니다. 각각의 특징이나 역사 등을 조사해 봅시다.

●● **오호츠크해의 유빙**

1 │ 사적

1 호류지 (나라현 이카루가초)

서양의 '돌 문화'에 반해 일본의 문화는 '나무 문화'라고들 합니다. 목조건축물은 사용 가능 연수가 짧아서 장기간에 걸쳐 남아있지 않습니다. 일본에서 가장 오래된 목조건물이라고 하는 이 호류지는 약 1400년 남짓의 역사가 있습니다. 고대 불교 사원의 형태를 오늘날까지 잘 보존되고 있다는 점에서, 1993년에 유네스코 세계유산에 등록되었습니다.

●● **호류지**
和久山亮太 씨 제공

しかし、法隆寺の存在が世の中に広く知られるようになったのは、実は今からわずか100年ほど前にすぎません。当時、日本美術を研究していたアメリカの美術研究家フェノロサ(1853〜1908)や、日本美術界の指導者的役割を担っていた岡倉天心(1862〜1913)などによって広く紹介されました。保存するという意識が定着していなかったそれまでの時間を、木造建築法隆寺が生きつづけることができた理由は、建立の際に尽力した聖徳太子(574〜622)への信仰心や、木材が豊富で補修や建て替えの可能な環境であったことなどが考えられます。

▶ 主な国宝寺院一覧

岩手	中尊寺	京都	教王護国寺	京都	法界寺	奈良	長谷寺	
宮城	瑞巌寺		清水寺		西本願寺		法隆寺	
福島	願成寺		高山寺		妙法院		室生寺	
栃木	輪王寺		広隆寺	大阪	観心寺		薬師寺	
神奈川	円覚寺		浄瑠璃寺	兵庫	浄土寺	和歌山	金剛峰寺	
富山	瑞龍寺		大徳寺		鶴林寺		根来寺	
福井	明通寺		大報恩寺		元興寺	広島	浄土寺	
長野	安楽寺		醍醐寺		金剛山寺		明王院	
	善光寺		知恩院		興福寺	山口	瑠璃光寺	
岐阜	安国寺		東福寺	奈良	新薬師寺	長崎	崇福寺	
滋賀	園城寺		南禅寺		当麻寺	大分	富貴寺	
	延暦寺		仁和寺		唐招提寺			
	石山寺		平等院		東大寺			

❷ 姫路城(兵庫県姫路市)

城はもともと外敵を防ぐための施設であり、古今東西を問わず存在します。その城が日本独特の形になったのは、16世紀後半〜17世紀はじめごろといわれています。このころの城は政治の中心として、また権威を示すために、平地や小高い丘などに造られました。そのなかでも、姫路城は1601年の築城以来400年以上もの間、創建当初の姿をよく保っている城です。外見の白い美しさから「天を舞う白鷺」にたとえられ、別名「白鷺城」と呼ばれ親しまれていますが、戦時中は、人目を引く白さが爆撃の標的になる恐れがあるとして黒い網に覆われていたこともありました。

그러나 호류지의 존재가 세상에 널리 알려지게 된 것은, 사실 지금으로부터 겨우 100년 정도 전에 불과합니다. 당시 일본 미술을 연구하고 있던 미국의 미술연구가 페놀로사(E. F. Fenollosa, 1853~1908)나 일본 미술계의 지도자적 역할을 맡고 있던 오카쿠라 텐신(1862~1913) 등에 의해 널리 소개되었습니다. 보존한다는 의식이 정착되지 않았던 당시까지(의 시간 동안을) 목조건축 호류지가 살아남을 수 있었던 이유는, 건립 당시 온 힘을 쏟았던 쇼토쿠 태자(574~622)에 대한 신앙심이나, 목재가 풍부하여 보수나 개축이 가능한 환경이었다는 점 등을 생각해 볼 수 있습니다.

▶ 주요 국보 사원 일람

이와테	주손지		교오고코쿠지	교토	호카이지		하세데라
미야기	즈이간지		기요미즈데라		니시혼간지	나라	호류지
후쿠시마	간조지		고잔지		묘호인		무로우지
도치기	린노지		고류지	오사카	간신지		야쿠시지
가나가와	엔카쿠지		조루리지	효고	죠도지	와카야마	곤고부지
토야마	즈이류지		다이토쿠지		가쿠린지		네고로지
후쿠이	묘쓰지	교토	다이호온지		간고지	히로시마	죠도지
나가노	안라쿠지		다이고지		곤고센지		묘오인
	센코지		지온인		고후쿠지	야마구치	루리코지
기후	안코쿠지		도후쿠지	나라	신야쿠시지	나가사키	소후쿠지
	온조지		난젠지		다이마데라	오이타	후키지
시가	엔랴쿠지		닌나지		도쇼다이지		
	이시야마데라		뵤도인		도다이지		

❷ 히메지성(효고현 히메지시)

성은 원래 외적을 막기 위한 시설로 동서고금을 막론하고 존재합니다. 그 성이 일본 특유의 형태가 된 것은 16세기 후반~17세기 초경이라고 합니다. 이 무렵의 성은 정치의 중심으로, 또 권위를 나타내기 위해 평지나 약간 높은 언덕에 지어졌습니다. 그중에서도 히메지성은 1601년 축조 이래 400년 이상 동안 창건 당시의 모습을 잘 보존하고 있는 성입니다. 외관이 하얗게 아름다워 '하늘을 나는 백로'에 비유되어, 별명인 '백로성'으로

●● 히메지성
和久山亮太 씨 제공

불리며 사랑받고 있지만, 전시 중에는 사람들의 눈길을 끄는 하얀색이 폭격의 표적이 될 우려가 있다고 하여 검은 그물에 뒤덮여 있던 적도 있었습니다.

姫路城のように多くの城は、その外観や所在地・由来などに基づく別名を持っています。なかでももっとも多いのが、鶴や亀といった動物の名をつけた城です。長寿を意味する動物にあやかることによって、子孫繁栄の願いを込めたと考えられます。

❸ 広島原爆ドーム(広島県広島市)

毎年8月6日になると、テレビなどをとおして人びとが黙祷を捧げている様子が見られます。この日は、人類史上初めて原子爆弾が投下された日なのです。その投下地点付近にあったのが、産業奨励館(現在の原爆ドーム)です。この建物は日露戦争(1904〜1905)を機に、大量の軍需品の地元調達などを背景にして、1915年に建てられました。原子爆弾投下により、産業奨励館の外壁は崩れかけ鉄骨がむきだしとなり、戦争の悲惨さや原爆の脅威を伝えています。戦後に次々と街並みが復興されていくなかで、保存か撤去かの議論が繰り返されましたが、1963年に保存が決定され、募金活動が始まりました。予想をはるかに上回る募金によって、永久保存が実現しました。現在では、戦争の悲劇を繰り返さない「平和の象徴」として、平和学習などにもさかんに利用されています。

2 | 自然の名所

❶ 富士山(山梨・静岡県)

2013年に世界文化遺産に登録された富士山は、古くから日本を象徴する山でした。日本一の高さ(標高3,776m)を誇る富士山は、その雄大さと端正な姿を称えて、古くから和歌に詠まれたり、紀行文などの文学作品にも数多く登場しています。また、古来から信仰の対象ともなっています。19世紀には、葛飾北斎の『富嶽三十六景』や、歌川広重の『東海道五十三次』などの絵でもモチーフとしてよく使用されており、現在でも日本のお土産物の絵柄としてよく使われています。

富士山は日本の象徴として人びとに親しまれ、見た目の姿も大変美しいのですが、登山者によるゴミの放棄など、環境問題も指摘されています。

히메지성과 같이 많은 성들은 그 외관이나 소재지·유래 등과 관련된 별명을 가지고 있습니다. 그 중에서도 가장 많은 것이 학이나 거북과 같은 동물의 이름을 붙인 성입니다. 장수를 의미하는 동물을 닮아 자손 번영의 염원을 담은 것으로 해석할 수 있습니다.

③ 히로시마 원폭돔(히로시마현 히로시마시)

매년 8월 6일이 되면 TV 등을 통하여 사람들이 묵도를 올리는 모습을 볼 수 있습니다. 이 날은 인류사상 처음으로 원자폭탄이 투하된 날입니다. 그 투하지점 부근에 있었던 것이 산업장려관(현재의 원폭돔)입니다. 이 건물은 러일전쟁 (1904~1905)을 계기로 대량의 군수품 현지조달 등을 배경으로 하여 1915년에 세워졌습니다.

●● 원폭돔

원자폭탄 투하로 산업장려관의 외벽은 무너지고 철골이 노출되어, 전쟁의 비참함과 원폭의 위협(위험성)을 전하고 있습니다.

제2차 세계대전 후 점차 거리가 복구되어 가는 동안, 보존을 할 것인지 철거를 할 것인지에 대한 논의가 되풀이되었는데, 1963년에 보존이 결정되어 모금활동이 시작되었습니다. 예상을 훨씬 웃도는 모금에 의해 영구보존이 실현되었습니다. 현재는 전쟁의 비극을 되풀이하지 않는 '평화의 상징'으로서 평화 학습 등에도 활발하게 이용되고 있습니다.

2 │ 자연 명소

① 후지산(야마나시·시즈오카현)

2013년 세계문화유산에 등록된 후지산은 예로부터 일본을 상징하는 산이었습니다. 일본 제일의 높이(해발 3,776m)를 자랑하는 후지산은 그 웅대함과 단정한 자태를 칭송하여 옛날부터 와카[1]로 지어지기도 하고, 기행문 등의 문학작품에도 많이 등장하고 있습니다. 또한 옛날부터 신앙의 대상도 되고 있습니다. 19세기에는 가쓰시카 호쿠사이의 『후가쿠 36경[2]』이나 우타가와 히로시게의 『도카이도 53차[3]』 등의 그림에도 모티브로 자주 사용되었으며, 현재도 일본 토산품의 도안으로 자주 쓰이고 있습니다.

●● 후지산

후지산은 일본의 상징으로서 사람들의 사랑을 받았고 모습도 매우 아름답지만, 등산객에 의한 쓰레기 투기 등 환경문제도 지적되고 있습니다.

---

1 와카 일본 고유 형식의 시. 특히 5·7·5·7·7의 5구 31음의 단시 　2 후가쿠 36경 후지산의 36가지 비경을 소재로 한 저서 　3 도카이도 53차 도카이도에 설치한 53개의 역참을 그린 우키요에. 도카이도는 에도(현재 도쿄)와 교토를 잇는 도로 중 하나로, 국도 1호선에 해당함

② 屋久島(鹿児島県屋久島町)

屋久島には樹齢約7200年といわれている縄文杉をはじめとする屋久杉が分布しています。面積は日本全体の1000分の1ほどしかなく(面積約500km²)、車で2時間も走れば一周してしまう小さな島です。

日本アニメの巨匠である宮崎駿は『もののけ姫』制作時の1995年5月にスタッフを引き連れて、屋久島へ出かけています。彼は、以前から日本を舞台にしたファンタジーを作りたいと考えていました。そうして描かれたのが物語の主な舞台となる「シシ神の森」なのです。日本を舞台にした新しいエンターテイメントの可能性を切り開いたといわれる『もののけ姫』の世界は、この屋久島から創造されたのです。

屋久島では車が通れるところは限られていますが、自然学習の場として、専門的なガイドの案内によるエコツアーなどが行われています。このような活動をとおして、どのようにしたら自然と人間の共存ができるのかが、現在もなお模索されています。

NEWS

コラム

皆さんは甲子園球場を知っていますか?

甲子園球場といえば、西宮を本拠地とする阪神タイガースのホームグラウンドであり、毎年春と夏に高校球児が全国制覇を目指し集う聖地として知られています。この球場は1924年8月1日に完成し、その年は十干十二支のそれぞれ最初の「甲」と「子」が60年ぶりに出合う年であり、縁起のいいことから「甲子園球場」と名付けられたのでした。

甲子園には「アルプススタンド」と呼ばれる席があります。これは1930年に増設され、その年の夏の甲子園で漫画家の岡本一平氏が、スタンドに座る多くの人びとが白いシャツを着ていたことにより、そのスタンドがアルプスに見えたと漫画にしたことがきっかけで、「アルプススタンド」と呼ばれるようになりました。

甲子園球場の歴史は約90年と、遺産と呼ぶには早いかもしれませんが、球場で行われる一試合一試合にドラマがあり、数多くの偉大な野球選手を育んだ場所でもあります。皆さんも一度足を運んで、この球場で行われる熱いドラマを観戦してみてはいかがですか。

② 야쿠시마(가고시마현 야쿠시마초)

야쿠시마에는 수령 약 7200년이라는 조몬스기[4]를 비롯한 야쿠스기[5]가 분포하고 있습니다. 면적은 일본 전체의 1000분의 1 정도밖에 되지 않고(면적 약 500㎢), 자동차로 두 시간만 달리면 한바퀴 돌 수 있는 작은 섬입니다.

●● 야쿠스기(세계유산)
木村繭美씨 제공

일본 애니메이션의 거장인 미야자키 하야오는 '원령공주' 제작 당시인 1995년 5월에 스태프를 인솔하여 야쿠시마를 찾았습니다. 그는 이전부터 일본을 무대로 한 판타지를 만들고 싶다고 생각하고 있었습니다. 그렇게 그려진 것이 이야기의 주요 무대가 되는 '시시가미숲'입니다. 일본을 무대로 한 새로운 엔터테인먼트의 가능성을 열었다고 하는 '원령공주'의 세계는 여기 야쿠시마에서 창조된 것입니다.

야쿠시마에서 차가 다닐 수 있는 곳은 제한되어 있지만, 자연학습장으로 전문적인 가이드의 안내에 의한 에코투어[6] 등이 이루어지고 있습니다. 이러한 활동을 통해서 어떻게 하면 자연과 인간의 공존이 가능할 것인지를 지금까지도 모색하고 있습니다.

컬럼

여러분은 '고시엔 구장'을 알고 있습니까?

고시엔 구장이라고 하면 니시노미야를 본거지로 하는 한신 타이가스의 홈그라운드이고, 매년 봄과 여름에 고교 야구 꿈나무들이 전국제패를 목표로 모이는 성지로 알려져 있습니다. 이 구장은 1924년 8월 1일에 완성되었는데, 그 해는 10간 12지의 각각 맨 처음의 '甲'과 '子'가 60년 만에 만나는 해이고 길조이므로 '고시엔 구장'이라고 명명되었습니다.

●● 고시엔 구장

고시엔에는 '알프스 스탠드'라 불리는 좌석이 있습니다. 이는 1930년 증설되었는데, 그 해 여름 고시엔에서 만화가인 오카모토 잇페 씨가 스탠드에 앉은 많은 사람들이 하얀 셔츠를 입고 있어, 그 스탠드가 알프스로 보인 광경을 만화로 그려낸 것을 계기로 '알프스 스탠드'라고 불리게 되었습니다.

고시엔 구장의 역사는 약 90년으로, 유산이라고 부르기에는 빠를지도 모르지만, 구장에서 벌어지는 시합마다 드라마가 있고 수많은 위대한 야구선수를 키워낸 곳이기도 합니다. 여러분도 한 번 방문하여 이 구장에서 벌어지는 드라마틱한 현장을 관람해 보면 어떨까요?

---

4 조몬스기 야쿠시마에 자생하는 최대급의 야쿠스기   5 야쿠스기 야쿠시마의 해발 500m를 넘는 산지에 자생하는 삼나무
6 에코투어 여행대금 일부를 사적보호나 환경보호를 위한 기금으로 지급하는 여행상품

▶ 日本の世界遺産リスト（2016年現在）

名称	所在地	分類	登録年
法隆寺地域の仏教建造物	奈良	文化遺産	1993年
姫路城	兵庫		
屋久島	鹿児島	自然遺産	
白神山地	青森・秋田		
古都京都の文化財	京都・滋賀	文化遺産	1994年
白川郷・五箇山の合掌造り集落	岐阜・富山		1995年
原爆ドーム	広島		1996年
厳島神社			
古都奈良の文化財	奈良		1998年
日光の社寺	栃木		1999年
琉球王国のグスク及び関連遺産群	沖縄		2000年
紀伊山地の霊場と参詣道	三重・奈良・和歌山		2004年
知床	北海道	自然遺産	2005年
石見銀山遺跡とその文化的景観	島根	文化遺産	2007年
小笠原諸島	東京	自然遺産	2011年
平泉ー仏国土(浄土)を表す建築・庭園及び考古学的遺跡群	岩手	文化遺産	
富士山ー信仰の対象と芸術の源泉	静岡・山梨		2013年
富岡製糸場と絹産業遺産群	群馬		2014年
明治日本の産業革命遺産	岩手・静岡・山口・福岡・熊本・佐賀・長崎・鹿児島		2015年
ル・コルビュジェの建築作品	東京		2016年

▶ 일본의 세계유산 리스트 (2016년 현재)

명칭	소재지	분류	등록된 해
호류지 지역의 불교 건조물	나라	문화유산	1993년
히메지성	효고		
야쿠시마	가고시마	자연유산	
시라카미 산지	아오모리·아키타		
고도 교토의 문화재	교토·시가	문화유산	1994년
시라카와고·고카야마의 갓쇼즈쿠리 취락	기후·도야마		1995년
원폭돔	히로시마		1996년
이쓰쿠시마 신사			
고도 나라의 문화재	나라		1998년
닛코의 신사와 절	도치기		1999년
류큐왕국의 성 및 관련 유산군	오키나와		2000년
기이 산지의 영지와 참배로	미에·나라·와카야마		2004년
시레토코	홋카이도	자연유산	2005년
이와미긴잔 유적과 그 문화적 경관	시마네	문화유산	2007년
오가사하라 제도	도쿄	자연유산	2011년
히라이즈미−불국토(정토)를 나타내는 건축·정원 및 고고학적 유적군	이와테		
후지산−신앙의 대상 및 예술의 원천	시즈오카·야마나시		2013년
도미오카제 실 공장 및 견 산업 유산군	군마	문화유산	2014년
메이지 일본의 산업혁명 유산	이와테·시즈오카·야마구치·후쿠오카·구마모토·사가·나가사키·가고시마		2015년
르코르뷔지에의 건축작품	도쿄		2016년

●● 닛코 도쇼구(세계유산)
和久山亮太 씨 제공

●● 기이 산지의 영지와 참배로(세계유산)
和久山亮太 씨 제공

●● 갓쇼즈쿠리의 가옥(세계유산)

日本事情入門

2章

日本の生活

生活事情

日本人の生活様式は時代とともに大きく変化し、それと同時に住宅様式も変化してきました。みなさんの生活などと比べてみましょう。

1 │ 住宅

❶「帖」と「坪」

住宅面積の表示には「㎡」や「帖」「坪」が使われます。1帖は畳1枚のことで中京間の場合、182cm×91cmです(その他に江戸間、京間などがあります)。1坪は182cm×182cmで畳2枚分の広さです。部屋には和室と洋室があり、和室は畳敷き、洋室はフローリングかカーペット敷です。畳とは、わら(稲などの茎を乾燥させたもの)を糸で編んで、厚さ約5.5cmのマット状にし、い草を編んだものをかぶせた日本の伝統的な敷物です。

생활사정

일본인의 생활양식은 시대와 함께 큰 변화가 있었으며, 그와 동시에 주택양식도 변화해 왔습니다. 여러분의 생활 등과 비교해 봅시다.

●● 일본의 시장 풍경

1 | 주택

❶ '조(帖)'와 '쓰보(坪)'

주택 면적 표시에는 '㎡'나 '조(帖)', '쓰보(坪)'가 사용됩니다. 1조는 다다미 1장을 말하며, 쥬쿄마[1]의 경우 182cm×91cm입니다(그 외에 에도마[2], 교마[3] 등이 있습니다). 1쓰보는 182cm×182cm로 다다미 2장분의 넓이입니다. 방에는 일본식 방과 서양식 방이 있는데, 일본식 방은 다다미가 깔려 있고 서양식 방에는 마루나 양탄자가 깔려 있습니다. 다다미는 짚(벼 등의 줄기를 건조시킨 것)을 실로 엮어, 두께 약 5.5cm의 매트 모양으로 만든 후 등심초를 엮은 것을 씌운 일본의 전통적인 깔개입니다.

---

1 쥬쿄마 다다미 크기를 길이 6자(182cm), 폭 3자(91cm) 크기로 정해 짓는 방식
2 에도마 江戸(에도)때의 방 넓이를 재는 법으로, 주로 간토지방에서 씀. 다다미 1장의 크기는 길이 5자 8치(176cm), 폭 2자 9치(88cm)이다.
3 교마 주로 긴키, 쥬고쿠, 시코쿠, 규슈지방에서 사용되었으며, 다다미 1장의 크기는 길이 6자 3치(191cm), 폭 3자 1.5치(95.5cm)이다.

❷ 間取り

住宅の規模を示すため、DK、LDKなどが用いられます。Kはキッチン(台所)、Dはダイニングルーム(食堂)、Lはリビングルーム(居間)を表します。DKはダイニングとキッチンを兼備した部屋を、LDKはダイニングとキッチンのほかにリビングルームとしての機能をもつ部屋を表します。2DKというのは、ダイニングとキッチンを兼備した部屋のほかに、部屋が２つある住居のことです。UBは、浴槽とトイレが一体になっているユニットバスのことで、別々に設置されていることをセパレートといいます。

❸ 住宅に関する慣習・システム

靴

日本の家屋は、玄関から廊下に入るところで一段高くなっており、そこで靴を脱いで家の中にあがります。脱いだ靴は、つま先を入り口側に向けてそろえておくのが一般的な礼儀です。日本人は床の上に直接座ったり、布団を敷いて休んだりするので、土足のまま家にあがることは厳禁です。

浴室

日本人にとって、入浴とは身体をきれいにするだけでなく、お湯に浸かって疲れをとるリラクゼーションでもあります。日本の一般的な浴室はトイレと分かれており、浴槽と身体を洗う洗い場が付いています。家族と住んでいる場合、同じお湯に複数の人が入ります。そのため、浴槽のお湯をきれいなままにしておかなければならず、お湯に入る前には洗い場で身体を洗ってから浴槽に入ります。最近では、浴槽にお湯を満たしてその中で身体を洗う西洋式のお風呂や、ユニットバスも増えています。また、若者や一人暮らしをしている人を中心に、お湯には浸からずシャワーで済ませるといった人も増えてきています。

② 방 배치

주택의 규모를 나타내기 위해 DK, LDK 등이 사용됩니다. K는 Kitchen(부엌), D는 Dining room (식당), L은 Living room(거실)을 나타냅니다. DK는 식당과 부엌을 겸비한 방을, LDK는 식당과 부엌 외에 거실로서의 기능을 가진 방을 나타냅니다. 2DK라는 것은 식당과 부엌을 겸비한 방 외에 방이 2개 있는 주거를 말합니다. UB는 욕조와 화장실이 일체로 되어 있는 유닛 바스(Unit Bath)를 말하며, 따로따로 설치된 것을 세퍼릿(Separate)이라고 합니다.

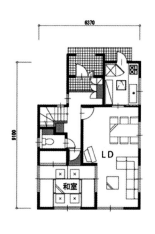

③ 주택에 관한 관습·시스템

신발

일본의 가옥은 현관에서 복도로 들어가는 곳이 한 계단 높고, 거기(현관)에서 신발을 벗고 집 안으로 들어갑니다. 벗은 신발은 발끝을 입구 쪽을 향하게 나란히 두는 것이 일반적인 예의입니다. 일본인은 마루 위에 바로 앉기도 하고 이불 을 깔고 자기도 하기 때문에 신발을 신은 채로 집에 들어가는 것은 금합니다.

욕실

일본인에게 입욕이란 몸을 깨끗하게 할 뿐만 아니라 따뜻한 물에 들어가 피로를 푸는 기분 전환이기도 합니다. 일본의 일반적인 욕실은 화장실과 분리되어 있고, 욕조와 몸을 씻는 곳이 같이 있습니다. 가족과 살고 있는 경우, 같은 물에 여러 사람이 들어갑니다. 그렇기 때문에 욕조의 물을 깨끗한 상태로 두어야 해서, 탕에 들어가기 전에는 씻는 곳에서 몸을 씻은 후 욕조에 들어갑니다. 최근에는 욕조에 물을 채우고 그 안에서 몸을 씻는 서양식 목욕탕이나, 유닛 바스도 증가하고 있습니다. 또, 젊은이나 독신 생활을 하는 사람을 중심으로 탕에는 들어가지 않고 샤워로 끝낸다는 사람도 늘어나고 있습니다.

トイレ(便所)

日本のトイレには和式と洋式の2種類があります。近年の家庭ではほとんどが洋式になっており、公共のトイレでも洋式が増えています。また、温水洗浄便座(ウォシュレット・シャワートイレ)を使う家庭が増えています。日本の公衆トイレで順番を待つ際には一列に並び、空いた所から入っていくのが習慣となっています。

ふすまと障子

ふすまは、木枠に芯を入れてその上にふすま紙を貼ったものです。主に部屋と部屋を仕切ったり、部屋と押入れを仕切るために使われます。ふすまを外して部屋をつなげ、部屋を広くすることもできます。障子は、木枠を格子状(縦横に組んだもの)に作り、障子紙という和紙を専用の糊で貼ったものです。部屋と廊下などを仕切るために使われます。

押入れ

和室にある押入れには、布団や普段使用しないものを収納します。また、「衣替え」といって、季節ごとに着る服と着ない服を入れ替えます。

冷暖房器具

暖房器具は火鉢や囲炉裏といった手をかざして直接体を暖めるものから、エアコンやファンヒーターなど電気や灯油を使って室内の空気を暖めるものへと変化していきました。冷房器具としては扇風機やエアコンを使用している家庭がほとんどです。

❹ 現代日本の住宅状況

日本の世帯数は全国で約51,950,504世帯です。そのうち、個人が所有している持ち家が31,594,379世帯、家賃を払って借りる借家が17,441,403世帯あります(2010年度総務省「国勢調査報告」)。日本は国土の可住地面積に比べて人口が多く、土地の値段が高いので、家賃や広さといった点において住宅事情は決してよいとはいえません。都心部においては土地の値段が特に高いため、標準的な住宅は狭く、分譲マンションなどが多くなっています。

화장실(변소)

일본의 화장실에는 일본식과 서양식의 2종류가 있습니다. 최근 대부분의 가정은 서양식으로 되어 있고, 공중 화장실도 서양식이 늘고 있습니다. 또 온수세정변기(비데)를 사용하는 가정이 늘어나고 있습니다. 일본의 공중 화장실에서 순서를 기다릴 때에는 한 줄로 서서 비어 있는 곳부터 들어가는 것이 관례(관습)입니다.

●● 和式(일본식)화장실　　●● 洋式(서양식)화장실

후스마 및 쇼지

후스마는 나무틀에 심을 넣고 그 위에 후스마 종이를 붙인 것입니다. 주로 방과 방을 구분하거나 방과 벽장을 구분하기 위해 사용됩니다. 후스마를 떼어내고 방을 연결하여 방을 넓힐 수도 있습니다. 쇼지는 나무틀을 격자(가로세로로 짠 것)로 만들고, 쇼지 종이라고 하는 일본 종이(와시)를 전용 풀로 바른 것입니다. 방과 복도 등을 구분하기 위해 사용됩니다.

●● 쇼지(왼쪽)와 후스마(오른쪽)

오시이레(벽장)

일본식 방에 있는 오시이레에는 이불이나 평상시에 사용하지 않는 것을 수납합니다. 또 '고로모가에[1]'라고 하여 계절마다 입는 옷과 입지 않는 옷을 바꿔 넣습니다.

●● 오시이레

냉난방 기구

난방 기구는 화로나 손을 쬐어 직접 몸을 따뜻하게 하는 이로리[2]
부터 에어컨이나 팬히터 등 전기나 등유를 사용하여 실내 공기를 따뜻하게 하는 것으로 변화해 갔습니다. 냉방 기구로는 선풍기나 에어컨을 사용하고 있는 가정이 대부분입니다.

④ 현대 일본의 주택 상황

일본의 가구 수는 전국에서 약 51,950,504가구입니다. 그중 개인이 소유하고 있는 소유 가옥이 31,594,739가구, 집세를 내고 빌린 셋집이 17,441,403가구입니다(2010년도 총무성 「국세조사보고」). 일본은 국토의 주거가용면적에 비해 인구가 많고 토지 가격이 비싸므로, 집세나 면적이라는 점에서 주택 사정이 결코 좋다고는 할 수 없습니다. 도심부는 토지 가격이 특히 비싸기 때문에, 표준적인 주택은 좁고 분양 맨션 등이 많아지고 있습니다.

---

1 고로모가에 철에 따라 옷을 갈아입는 것　2 이로리 마룻바닥을 사각형으로 도려 파고 난방용·취사용으로 불을 피우는 장치

2 │ 買い物

❶ 店の種類

デパート(百貨店)は全国に約228店舗あります(2012年度総務省「経済センサス―活動調査」)。食料品や日用品から宝石までさまざまな品物を売っています。外国語がわかる店員もいて、サービスはよく、包装が丁寧なため、贈り物をする際に利用する人が多いようです。スーパーマーケット(スーパー)は全国に約36,174店舗あり(2012年度総務省「経済センサス―活動調査」)、家具や電化製品を売っている大きなスーパーマーケットもあります。特定商品だけを売っている専門店は、日用品から高級品を売る店までさまざまです。食料品だけでも、八百屋、魚屋、肉屋などに細かく分かれています。専門店がたくさん集まっている商店街は比較的価格も安く、買い物に便利です。コンビニエンス・ストア(コンビニ)はほとんどが24時間営業しており、特に一人暮らしをしている学生や会社員が多く利用しています。また、100円均一ショップが多く見られます。店の中のものはすべて100円で買うことができ、食品や雑貨などさまざまなものが売られています。

❷ 季節や時間で変わる値段

日本には四季があります。夏は蒸し暑く、冬は寒いので、季節によって服装や必要なものが違います。季節のはじめは定価で売られていた物も、季節のなかごろになると「大売り出し」や「バーゲン・セール」がはじまって値段が下がります。また、魚や野菜といった食品は旬(食べごろの時期)があり、旬ではない時期に比べ多少値段が下がります。魚や肉、惣菜などの長持ちしない食品は、スーパーなどで閉店の時間が近づくと値段が下がることもあります。

❸ 日本の物価

日本の物価水準は、他国に比べてかなり高いです。たとえばガソリンスタンドで、数人がかりで接客するような過剰なサービスがコストを押し上げる原因の一つといわれています。そのため、近年ではセルフサービスのガソリンスタンドが増えてきています。

2 | 쇼핑

❶ 가게의 종류

백화점은 전국에 약 228점포가 있습니다(2012년도 총무성 「경제센서스 활동조사」). 식료품이나 일용품에서 보석까지 다양한 상품을 팔고 있습니다. 외국어를 아는 점원도 있어 서비스는 좋으며 포장을 정성 들여 하기 때문에 선물을 할 때 이용하는 사람이 많은 것 같습니다. 슈퍼마켓(슈퍼)은 전국에 약 36,174점포가 있고(2012년도 총무성 「경제센서스 활동조사」), 가구나 전기 제품을 파는 대형 슈퍼마켓도 있습니다. 특정 상품만을 파는 전문점은 일용품에서 고급 상품을 파는 가게까지 다양합니다. 식료품만 해도 채소가게, 생선가게, 정육점 등으로 세밀하게 나뉘어 있습니다. 전문점이 많이 모여 있는 상점가는 비교적 가격도 싸고 쇼핑하기에 편리합니다. 편의점은 대부분이 24시간 영업하고 있어, 특히 혼자 사는 학생이나 회사원이 많이 이용하고 있습니다. 또, 100엔 균일상점이 많이 보입니다. 상점 안의 상품은 모두 100엔으로 살 수 있고, 식품이나 잡화 등 다양한 상품이 팔리고 있습니다.

❷ 계절이나 시간별 변동 가격

일본에는 사계절이 있습니다. 여름은 무덥고 겨울은 추워서 계절에 따라 복장이나 필요한 것이 다릅니다. 계절 초에는 정가로 팔리던 물건도 계절의 중반 정도가 되면 '대방출'이나 '염가판매'가 시작되어 가격이 내려갑니다. 또, 생선이나 채소와 같은 식품은 제철(가장 맛있는 시기)이 있어, 제철이 아닌 시기에 비해 다소 가격이 내려갑니다. 생선이나 고기, 나물 등 오래가지 않는 식품은 슈퍼 등에서 폐점 시간이 가까워지면 가격이 내려가는 경우도 있습니다.

❸ 일본의 물가

일본의 물가 수준은 다른 나라에 비해 상당히 높습니다. 예를 들어 주유소에서 여러 명이 함께 접객하는 지나친 서비스가 비용을 높이는 원인 중 하나라고 합니다. 그 때문에 최근에는 셀프 서비스 주유소가 늘어나고 있습니다.

▶ **주요국의 가격수준지수**

순위	국명	가격수준지수(세계=100)	순위	국명	가격수준지수(세계=100)
1	스위스	209.6	19	영국	144.2
2	노르웨이	206.4	22	독일	139.6
3	버뮤다	201.6	24	이탈리아	137.7
4	오스트레일리아	201.0	26	미국	129.0
5	덴마크	185.0	36	한국	99.4
7	일본	173.6	76	러시아	76.2
10	캐나다	161.9	93	중국	70.0
11	프랑스	151.4			

총무성 통계국 「세계와 비교한 일본의 물가수준」, (2015)

▶ **小売り価格による物価比較**

	日本	韓国	中国(北京)	中国(上海)	アメリカ
卵1個	25円	33円	9円	31円	36円
牛乳1ℓ	229円	287円	263円	340円	144円
ビール350cc	189円	150円	49円	74円	132円
バス (初乗り)	210円	130円	39円	39円	216円
タクシー (初乗り)	730円	338円	255円	274円	359円
ガソリン1ℓ	137円	150円	131円	—	96円

(財)国際金融情報センター「各国の物価水準(日本の物価との比較)」(2015)

❹ 消費税の導入

日本政府は税金に関する不公平感をなくし高齢化社会を乗り切るために、1989年4月から大型間接税である消費税を導入しました。2016年現在、一部の例外を除いて、物の売買やサービスなどの取引に8％の割合で課税されていますが、2019年10月より、一部の品目を除いて10％への引き上げとなります。また、2004年4月から内税表示といって、税を含んでの価格表示が義務付けられるようになりましたが、段階的な税率上昇を見越して、現在は外税表示となっています。

❺ 家電製品に見る消費の動向

家電製品の価格は下落傾向にあります。2011年7月からの地上波デジタル放送への完全移行や、ブロードバンドの普及、デジタル技術の進展を背景に、パソコンなどの情報家電や高機能・多機能製品、ネットワーク化した製品が従来の家電の枠を越えて広がりを見せています。たとえば、多機能なスマートフォンの普及により、カメラやビデオカメラなどの単機能製品は減少傾向にあります。また、個人で利用するパーソナル商品が増加傾向にあり、インターネットやテレビなどの通信販売の利用が拡大しています。

▶ 소매가격에 따른 물가 비교

	일본	한국	중국(북경)	중국(상해)	미국
계란 1개	25엔	33엔	9엔	31엔	36엔
우유 1ℓ	229엔	287엔	263엔	340엔	144엔
맥주 350cc	189엔	150엔	49엔	74엔	132엔
버스 (첫 승차)	210엔	130엔	39엔	39엔	216엔
택시 (첫 승차)	730엔	338엔	255엔	274엔	359엔
가솔린 1ℓ	137엔	150엔	131엔	－	96엔

(재)국제금융정보센터 「각국의 물가수준(일본 물가와의 비교)」, (2015)

④ 소비세의 도입

일본 정부는 세금에 대해서 불공평하다는 이미지를 없애고 고령화 사회를 헤쳐나가기 위해, 1989년 4월부터 대형 간접세인 소비세를 도입했습니다. 2016년 현재 일부 예외를 제외하고, 물건의 매매나 서비스 등 거래에 대해 8% 비율로 세금이 매겨지고 있지만, 2019년 10월부터 일부 품목을 제외하고 10%로 인상됩니다. 또, 2004년 4월부터 세금포함표시라고 해서 세금을 포함한 가격 표시가 의무화되도록 되었습니다만, 단계적인 세율 상승을 예측하여, 현재는 별도과세 표시로 되어 있습니다.

⑤ 가전제품에서 보는 소비 동향

가전제품의 가격은 하락 추세입니다. 2011년 7월부터 지상파 디지털 방송으로 완전 이행되었고 브로드밴드(초고속 광대역)의 보급, 디지털 기술의 진전을 배경으로, PC 등의 정보 가전이나 고기능·다기능 제품, 네트워크화된 제품이 종래의 가전제품의 틀을 넘어서 확산되고 있습니다. 예를 들어, 다기능 스마트폰의 보급에 따라 카메라나 캠코더 등 단일기능제품은 감소 추세에 있습니다. 또한 개인이 이용하는 퍼스널 상품이 증가 추세에 있으며, 인터넷이나 TV 등의 통신 판매 이용이 확대되고 있습니다.

▶ 가전제품의 소유수량·보급률   ＊소유수량은 1000세대당 수치

품목	소유수량	보급률
TV	1,913	96.9
비디오레코드(DVD·블루레이 포함)	1,041	72.4
컴퓨터(데스크탑형)	408	34.0
컴퓨터(노트북형, 모바일, 넷북 포함)	741	55.2
태블릿 단말기	223	18.7
카메라	1,171	74.4
캠코더	345	32.0
스마트폰	867	50.2
휴대전화·PHS	1,011	67.4
비데	736	64.1
전자레인지	1,017	96.1
전기밥솥	924	85.7
냉장고	1,168	98.1
식기세척기	249	24.7
청소기	1,328	95.9
세탁기	1,035	97.7
에어컨	2,376	86.4
공기청정기	472	36.6

총무성 통계국 website (http://www.stat.go.jp) 「전국 소비 실태 조사」, (2014)

⑥ ごみ

毎年増加しつづけていたごみの排出量は、2000年4月に容器リサイクル法(容器包装に係る分別収集および再商品化の促進等に関する法律)が完全施行されたこともあり、2004年度からは徐々に減少していますが、それでも年間4,500万t以上のごみが排出されています。ごみ収集の方法や時間帯は市町村によって異なります。環境のために再利用できる空き缶やペットボトル、新聞紙、発泡スチロール、牛乳パック、プラスチック容器はスーパーなどで回収しています。市町村と住民団体によるリサイクル率(再利用のための回収率)は20.6%(2013年度)であり、年々上昇しているものの依然低いレベルにあります。

日本の葬式(仏式の場合)

コラム

通夜は葬儀の前夜、故人との最後の夜をとおして遺族、親族、親しい知人が故人をしのびます。一般の人は読経のはじまる前に到着し、焼香が済んだら退出します。仏式の葬儀は遺族や親族が故人の冥福を祈る儀式です。一方、告別式はお別れの儀式です。親しい間柄である場合は葬儀から出席しますが、そうでなければ告別式に参列すればよいでしょう。葬儀、告別式が同時に行われることもあります。焼香の作法は ① 遺族と僧侶に一礼。② 手を合わせながら遺影(写真)と位牌(札)に一礼。③ 焼香台に進み、香をつまみます。④ 軽く額まであげて、香炉と呼ばれる容器に落とします。⑤ 手を合わせ、うしろに下がり、遺族と僧侶に一礼します。

質問

Q 結婚式の祝儀と葬式の香典はいくらぐらい用意すればよいのですか?

A 祝儀の値段は新郎新婦との関係によって異なりますので、友人に聞いてみるとよいでしょう。学生の場合はそれほど高額な祝儀を用意する必要はありません。一般的な友人の場合1〜2万円が相場です。香典は5千円以内が一般的です。

⑥ 쓰레기

매년 증가하고 있던 쓰레기의 배출량은 2000년 4월 용기 재활용법(용기 포장에 관한 분리 수거 및 재상품화의 촉진 등에 관한 법률)이 완전 시행된 점도 있어, 2004년도부터는 서서히 감소하고 있습니다만, 그래도 연간 4,500만 t 이상의 쓰레기가 배출되고 있습니다. 쓰레기 수거 방법이나 시간대는 시정촌에 따라 다릅니다. 환경(보호)를 위해 재활용할 수 있는 빈 깡통, 페트병, 신문지, 발포스티렌수지, 우유팩, 플라스틱 용기는 슈퍼 등에서 회수하고 있습니다. 시정촌과 주민 단체에 의한 재활용률(재활용을 위한 회수율)은 20.6%(2013년도)이며, 매년 상승하고 있기는 하지만 여전히 낮은 수준에 있습니다.

컬럼

일본의 장례식(불교식의 경우)

쓰야[3]는 장례식 전날 밤, 고인과의 마지막 밤을 보내면서 유족, 친족, 친한 지인들이 고인을 추도합니다. 일반 조문객은 독경이 시작되기 전에 도착해서 분향이 끝나면 돌아갑니다. 불교식 장례는 유족이나 친족이 고인의 명복을 비는 의식입니다. 한편, 고별식은 이별 의식입니다. 친한 사이일 경우에는 장례식부터 참석하지만, 그렇지 않으면 고별식에 참석하면 됩니다. 장례식과 고별식이 동시에 이

●● 장례식장의 제단

루어지는 경우도 있습니다. 분향 방법은 ① 유족과 스님에게 목례. ② 합장하면서 고인의 영정(사진)과 위패에 목례. ③ 분향대에 다가가 향을 집습니다. ④ 가볍게 이마까지 올려서, 향로라고 불리는 용기에 떨어뜨립니다. ⑤ 합장하고 뒤로 물러나 유족과 스님에게 목례합니다.

질문

Q **결혼식의 축의금과 장례식의 조의금은 얼마 정도 준비하면 좋을까요?**

A 축의금의 금액은 신랑 신부와의 관계에 따라 다르기 때문에 친구에게 물어 보는 것이 좋습니다. 학생의 경우는 그렇게 고액의 축의금을 준비할 필요는 없습니다. 보통 친구의 경우 1~2만 엔이 일반적입니다. 조의금은 5천 엔 이내가 일반적입니다.

●● 일본 전통 복장의 신랑신부

●● 서양식 복장의 신랑신부

食生活

私たちの生活と密着している「食」は、文化とも深く関わっています。その国の食べ物を知ることは、その国の文化を知ることにつながります。韓国の食文化と日本の食文化を比べて、似ているところや違うところを見つけてみましょう。

1 | 食生活の変化

米が主食だった日本の食生活が、今日のように多様になったのは、1960年代以降、高度経済成長以後のことです。アメリカの食文化の影響を強く受け、日本人の食生活には肉やパンなどが増え、洋風化していきました。食べ物の種類、調理法も多様になり、食生活は豊かになりました。現在では、中華料理、韓国料理、イタリア料理なども、日本人の口に合うように少しずつ変化しながら、日常の食事に加えられています。

식생활

우리들의 생활과 밀착되어 있는 '음식'은 문화와도 깊게 관련되어 있습니다. 그 나라의 음식을 아는 것은 그 나라의 문화를 아는 것으로 이어집니다. 한국의 식문화와 일본의 식문화를 비교하여 유사점과 차이점을 찾아 봅시다.

●● 일본의 채소가게

1 | 식생활의 변화

쌀이 주식이었던 일본의 식생활이 오늘날과 같이 다양해진 것은 1960년대 이후, 고도경제성장 이후의 일입니다. 미국 식문화의 영향을 강하게 받아, 일본인의 식생활에는 고기나 빵 등이 늘며 서양화되어 갔습니다. 음식의 종류나 조리법도 다양해져 식생활은 풍족해졌습니다. 현재는 중화요리, 한국요리, 이탈리아요리 등도 일본인의 입에 맞게 조금씩 변화하면서, 평소의 식사에서도 즐겨 먹고 있습니다.

●● 상차림

2 │ 食事風景の変化

戦前までは、父親の威厳が高く、子どものしつけが厳しかったため、静かななかに時々父親の叱り声が聞こえる、というのが食事中の風景でした。しかし、戦後になって、アメリカのような家族のだんらんが好まれ、食事は楽しくとるという考えが広まりました。

また、食卓の風景も変わりました。ちゃぶ台からテーブルに、正座からイスに変わり、また、箸を使うだけだったのが、食の多様化に対応してスプーンやフォークも使われるようになりました。

3 │ 外食・中食

日本人の日々の食事は、家庭で作られるもの以外に、外食や中食にも大きく依存して成り立っています。

① 外食

日本の外食産業は1970年代、ファーストフード店やファミリーレストランが多数出店し、その後急速に増えつづけました。しかし、不景気などが原因となり、現在、外食産業は低迷しているといわれています。

▶ なぜ外食をするの？（複数回答）

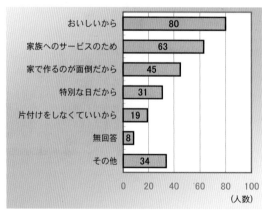

おいしいから	80
家族へのサービスのため	63
家で作るのが面倒だから	45
特別な日だから	31
片付けをしなくていいから	19
無回答	8
その他	34

（人数）

『外食産業統計資料集』(2004)

2 | 식사 풍경의 변화

제2차 세계대전 전까지는 아버지의 위엄이 높고 자녀 교육이 엄했기 때문에, 조용한 가운데 때때로 아버지의 꾸짖는 소리가 들리는 것이 식사 중의 풍경이었습니다. 그러나 전후가 되어 미국과 같은 가족의 단란함을 선호하고, 식사는 즐겁게 하는 것이라는 생각이 확산되었습니다.

아울러, 식탁의 풍경도 변했습니다. 낮은 밥상에서 식탁으로, 정좌에서 의자로(의자 이용으로) 변하고, 또 젓가락만 사용했던 것이 음식이 다양해짐에 따라 숟가락이나 포크도 사용하게 되었습니다.

3 | 외식·나카쇼쿠

일본인의 하루하루 식사는 가정에서 만들어 먹는 것 외에 외식이나 나카쇼쿠에도 크게 의존하여 이루어지고 있습니다.

❶ 외식

일본의 외식산업은 1970년대에 패스트푸드점이나 패밀리 레스토랑이 다수 문을 열었고 그 후 급속하게 늘어났습니다. 그러나 불경기 등이 원인이 되어, 현재 외식산업은 침체상태라고 합니다.

▶ 외식 산업 시장의 동향

일본푸드서비스협회 「외식산업시장 동향조사」

▶ 왜 외식을 할까?(복수응답)

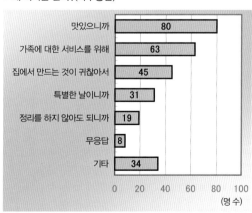

「외식산업 통계자료집」 (2004)

▶ 外食(昼食)の頻度

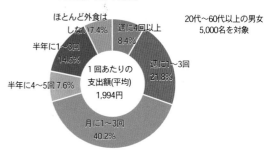

20代～60代以上の男女
5,000名を対象

ほとんど外食は
しない 9.9%
半年に1～3回
10.1%
半年に4～5回 5.7%
月に1～3回
36.2%
週に4回以上
15.6%
週に1～3回
22.5%

1回あたりの
支出額(平均)
915円

▶ 外食(夕食)の頻度

20代～60代以上の男女
5,000名を対象

ほとんど外食は
しない 7.4%
半年に1～3回
14.5%
半年に4～5回 7.6%
月に1～3回
40.2%
週に4回以上
8.4%
週に1～3回
21.8%

1回あたりの
支出額(平均)
1,994円

日本政策金融公庫『外食に関する消費者意識と飲食店の経営実態調査』(2013)

▶ 外食の同伴者(複数回答)

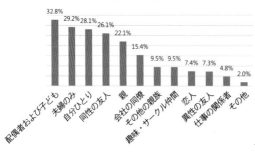

32.8% 配偶者および子ども
29.2% 夫婦のみ
28.1% 自分ひとり
26.1% 同性の友人
22.1% 親
15.4% 会社の同僚
9.5% その他の親族
9.5% 趣味・サークル仲間
7.4% 恋人
7.3% 異性の友人
4.8% 仕事の関係者
2.0% その他

日本政策金融公庫『外食に関する消費者意識と
飲食店の経営実態調査』(2013)

▶ 若者がよく利用する飲食店(複数回答)

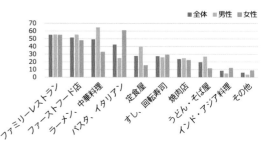

■全体 ■男性 ■女性

ファミリーレストラン
ファーストフード店
ラーメン、中華料理
パスタ、イタリアン
定食屋
すし、回転寿司
焼肉店
うどん・そば屋
インド・アジア料理
その他

農林中央金庫『第2回現代の独身20代の
食生活・食の安全への意識』(2014)

---

② 中食(なかしょく)

　外食の低迷に代わって台頭してきたのが「中食」です。中食とは、調理済みの食べ物を買って帰り、家で食べる食事のことです。スーパーマーケットやコンビニでは惣菜・弁当の種類で個性を出し、百貨店はデパ地下に力をいれています。

▶ 中食を利用する理由(複数回答)

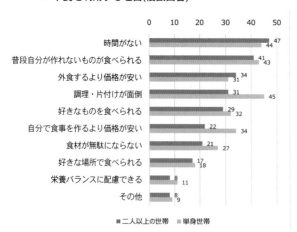

0　10　20　30　40　50

時間がない 44 / 47
普段自分が作れないものが食べられる 41 / 43
外食するより価格が安い 34 / 31
調理・片付けが面倒 31 / 45
好きなものを食べられる 29 / 32
自分で食事を作るより価格が安い 22 / 34
食材が無駄にならない 21 / 27
好きな場所で食べられる 17 / 18
栄養バランスに配慮できる 8 / 11
その他 8 / 9

■二人以上の世帯 ■単身世帯

農林水産省『飲料・農業及び水産業に関する
意識調査・意向調査』(2015)

▶ 惣菜類の購入頻度

毎日 3.2%
週に4～5日 4.3%
ほとんど利用
しない 20.3%
月に1日
8.6%
月に2～3日
20.0%
週に2～3日
21.0%
週に1日
22.6%

▶ 弁当類の購入頻度

毎日 1.9%
週に4～5日 3.8%
ほとんど
利用しない
31.2%
週に2～3日 11.9%
月に1日
14.0%
月に2～3日
20.2%
週に1日
17.1%

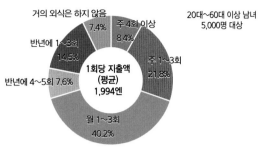

▶ 외식(점심)의 빈도

거의 외식은 하지 않음 9.9%
반년에 1~3회 10.1%
반년에 4~5회 5.7%
주 4회 이상 15.6%
주 1~3회 22.5%
월 1~3회 36.2%

1회당 지출액 (평균) 915엔

20대~60대 이상 남녀 5,000명 대상

▶ 외식(저녁)의 빈도

거의 외식은 하지 않음 7.4%
반년에 1~3회 14.5%
반년에 4~5회 7.6%
주 4회 이상 8.4%
주 1~3회 21.8%
월 1~3회 40.2%

1회당 지출액 (평균) 1,994엔

20대~60대 이상 남녀 5,000명 대상

일본정책금융공고 「외식에 관한 소비자 의식 및 음식점의 경영실태 조사」 (2013)

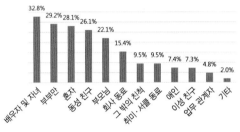

▶ 외식 동반자 (복수응답)

배우자 및 자녀 32.8%
부부만 29.2%
혼자 28.1%
동성 친구 26.1%
부모님 22.1%
회사 동료 15.4%
그 밖의 친척 9.5%
취미 · 서클 동료 9.5%
애인 7.4%
이성 친구 7.3%
업무 관계자 4.8%
기타 2.0%

일본정책금융공고 「외식에 관한 소비자 의식 및 음식점의 경영실태조사」 (2013)

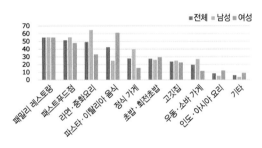

▶ 젊은이가 자주 이용하는 음식점 (복수응답)

■전체 ■남성 ■여성

패밀리 레스토랑
패스트푸드점
라면 · 중화요리
파스타 · 이탈리아 음식
정식 가게
초밥 · 회전초밥
고깃집
우동 · 소바 가게
인도 · 아시아 요리
기타

농림중앙금고 「제2회 현대 독신 20대의 식생활 · 식품 안전에 대한 의식」 (2014)

❷ 나카쇼쿠

외식의 침체를 대신하여 대두된 것이 '나카쇼쿠'입니다. 나카쇼쿠란 조리된 음식을 사 와서 집에서 먹는 식사를 말합니다. 슈퍼마켓이나 편의점에서는 반찬 · 도시락의 종류로 개성을 살리고, 백화점은 지하 식품 매장에 힘을 쏟고 있습니다.

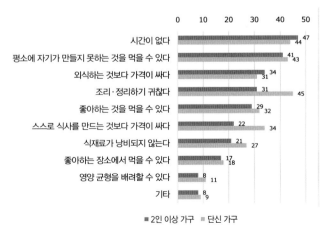

▶ 나카쇼쿠를 이용하는 이유 (복수응답)

시간이 없다 47 / 44
평소에 자기가 만들지 못하는 것을 먹을 수 있다 41 / 43
외식하는 것보다 가격이 싸다 34 / 31
조리 · 정리하기 귀찮다 31 / 45
좋아하는 것을 먹을 수 있다 29 / 32
스스로 식사를 만드는 것보다 가격이 싸다 22 / 34
식재료가 낭비되지 않는다 21 / 27
좋아하는 장소에서 먹을 수 있다 17 / 18
영양 균형을 배려할 수 있다 8 / 11
기타 8 / 9

■ 2인 이상 가구 ■ 단신 가구

농림수산성 「식재료 · 농업 및 수산업에 관한 의식 조사 · 의향 조사」 (2015)

▶ 반찬류의 구입 빈도

매일 3.2%
주 4~5일 4.3%
주 2~3일 21.0%
주 1일 22.6%
월 2~3일 20.0%
월 1일 8.6%
거의 이용하지 않는다 20.3%

▶ 도시락류의 구입 빈도

매일 1.9%
주 4~5일 3.8%
주 2~3일 11.9%
주 1일 17.1%
월 2~3일 20.2%
월 1일 14.0%
거의 이용하지 않는다 31.2%

4 | 今、食に求めるもの

2000年代に入ってから、BSE(牛海綿状脳症)や食品ラベルの偽装表示、農作物の残留農薬など、食に関する不安なニュースが多く流れました。食品への不信感が高まった結果、作り手が誰なのか、どこの農家がどのような環境で作物や家畜を育てたのかを、消費者は意識するようになりました。それとともに、「安心・安全・高品質」が市場での競争力として認知されるようになり「地産地消」の流れが徐々に定着していっています。日本政府も2003年には食品安全基本法を制定し、食品の安全確保に関する施策を総合的に推進することにしました。また、2011年の福島第一原発事故後には放射能による食品汚染への懸念も強まっています。

食物が与える身体への影響にも気を配るようになりました。1990年代なかごろから、マスメディアの宣伝も手伝って、健康食品やサプリメントの需要も徐々に高まっています。

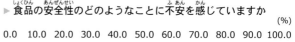

▶ 食品の安全性のどのようなことに不安を感じていますか

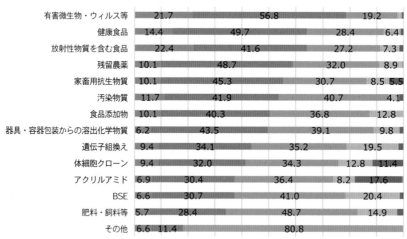

	とても不安である	ある程度不安である	あまり不安を感じない	全く不安を感じない	よく知らない	無回答
有害微生物・ウィルス等	21.7	56.8	19.2			
健康食品	14.4	49.7	28.4	6.4		
放射性物質を含む食品	22.4	41.6	27.2	7.3		
残留農薬	10.1	48.7	32.0	8.9		
家畜用抗生物質	10.1	45.3	30.7	8.5	5.5	
汚染物質	11.7	41.9	40.7	4.1		
食品添加物	10.1	40.3	36.8	12.8		
器具・容器包装からの溶出化学物質	6.2	43.5	39.1	9.8		
遺伝子組換え	9.4	34.1	35.2	19.5		
体細胞クローン	9.4	32.0	34.3	12.8	11.4	
アクリルアミド	6.9	30.4	36.4	8.2	17.6	
BSE	6.6	30.7	41.0	20.4		
肥料・飼料等	5.7	28.4	48.7	14.9		
その他	6.6	11.4	80.8			

内閣府食品安全委員会「食品の安全性に関する意識等について」(2014)

4 | 높아지는 먹을거리에 대한 관심

2000년대 들어서부터 BSE(광우병)나 식품라벨의 위장표시(표기법 위반), 농작물의 잔류 농약 등 음식에 관한 불안한 뉴스가 많이 보도되었습니다. 식품에 대한 불신감이 높아진 결과, 만든 사람이 누구인지, 어느 농가가 어떤 환경에서 작물이나 가축을 길렀는지를 소비자는 의식하게 되었습니다. 아울러 '안심·안전·고품질'을 시장 경쟁력으로 인지하게 되어 '현지생산 현지소비'의 흐름이 서서히 정착되어 가고 있습니다. 일본 정부도 2003년에는 식품안전기본법을 제정하여 식품의 안전 확보에 관한 시책을 종합적으로 추진하기로 했습니다. 또한 2011년 후쿠시마 제1원전사고 이후에는 방사능에 의한 식품 오염의 우려도 커지고 있습니다.

먹거리가 신체에 미치는 영향에도 신경을 쓰게 되었습니다. 1990년대 중반경부터 대중매체의 선전도 가세하여 건강식품이나 영양보조식품의 수요도 서서히 높아지고 있습니다.

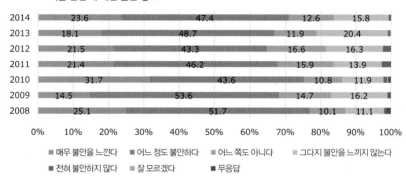

▶ '식품 안전'에 대한 불안 정도

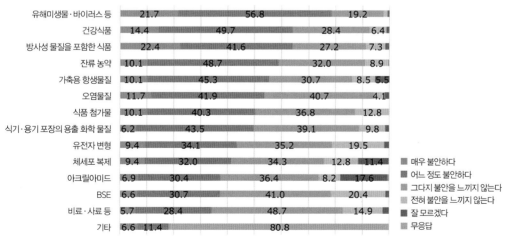

▶ 식품 안전성의 어떤 사항에 불안감을 느끼고 있습니까?

내각부식품안전위원회 「식품 안전성에 관한 의식 등에 관해서」 (2014)

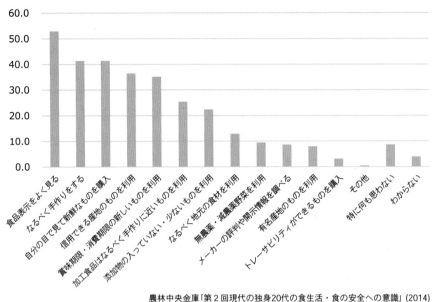

▶ 今後、「食の安全」のためにどのようなことをしようと思うか（複数回答）

食品表示をよく見る
なるべく手作りをする
自分の目で見て新鮮なものを購入
信用できる産地のものを利用
賞味期限・消費期限の新しいものを利用
加工食品はなるべく手作りに近いものを利用
添加物の入っていない・少ないものを利用
なるべく地元の食材を利用
無農薬・減農薬野菜を利用
メーカーの評判や開示情報を調べる
有名産地のものを利用
トレーサビリティができるものを購入
その他
特に何も思わない
わからない

農林中央金庫「第2回現代の独身20代の食生活・食の安全への意識」(2014)

---

5 ｜ 日本料理

❶ 伝統的日本料理

寿司のような伝統的日本料理では、素材にあまり手を加えず素材そのものの味を活かすように工夫されています。

味付けにはあまり油を使わず、主に砂糖、塩、酒、醤油、味噌などを使用し淡白に仕上げます。砂糖をよく使っているため、はじめて日本料理を食べる人は甘いと感じるかもしれません。また、日本料理は見た目の美しさのために、盛りつけや器に気を使っており、目でも楽しめる料理です。2013年12月にユネスコ無形文化遺産に登録された「和食：日本人の伝統的食文化」では、その特徴として①多様で新鮮な食材とその持ち味の尊重、②健康的な食生活を支える栄養バランス、③自然の美しさや季節の移ろいの表現、④正月などの年中行事との密接な関わりの四点をあげています(農林水産省)。

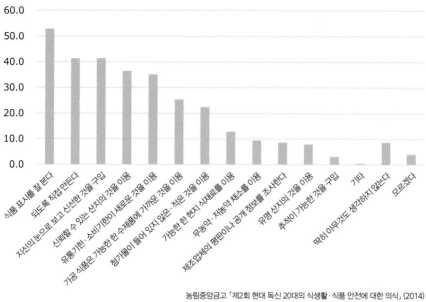

▶ 앞으로 '음식의 안전'을 위해 어떤 일을 할 것인가?(복수응답)

농림중앙금고 「제2회 현대 독신 20대의 식생활·식품 안전에 대한 의식」 (2014)

5 | 일본요리

① 전통적 일본요리

생선초밥과 같은 전통적인 일본요리에서는 소재에 그다지 손을 대지 않고 소재 그대로의 맛을 살리도록 노력합니다.

맛을 낼 때는 기름을 별로 사용하지 않고, 주로 설탕, 소금, 술, 간장, 된장 등을 사용하여 담백하게 마무리합니다. 설탕을 잘 사용하기 때문에 처음 일본요리를 먹는 사람은 달다고 느낄지도 모릅니다. 또한 일본요리는 외관의 아름다움을 위해 음식을 담은 모양이나 그릇에 신경을 쓰고 있어 눈으로도 즐길 수 있는 요리입니다. 2013년 12월에 유네스코 무형문화유산으로 등록된 '일식 : 일본의 전통적 식문화'에서는 그 특징으로 ①다양하고 신선한 재료와 그 본연의 맛을 존중, ②건강한 식생활을 지원하는 영양의 균형, ③자연의 아름다움과 계절의 변화를 표현, ④ 설날 등 연중행사와 밀접하게 관련된 4가지를 제시하고 있습니다(농림수산성).

❷ 現代の日本料理

伝統的日本料理は、今では日本人の食の中心ではなくなっています。現代の日本食は、すきやき、牛丼、カレーライス、ラーメンに代表されるように、濃い味付けで、大ぶりの皿に一品料理が盛られているものが多くなっています。これらは、調理する人にとっても楽で、子どもも好きな料理です。

手軽な料理が好まれていますが、「おふくろの味」といわれる、肉じゃがやきんぴらごぼうなどの惣菜も変わらず日本人に愛されています。

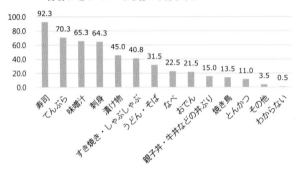

▶ 若者にとっての「和食」の代表的なメニューは？

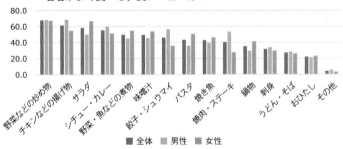

▶ 若者がよく食べる夕食メニューは？

全体　男性　女性

農林中央金庫「第2回現代の独身20代の食生活・食の安全への意識」（2014）

---

6 ｜ 日本人の食事マナー

ご飯の盛られた茶碗をもって箸で食べるのが、日本人にとっては普通の食事マナーです。茶碗をもちあげず、テーブルに顔を近づけて食べるのは行儀が悪いといわれます。また、「箸渡し」といって、食べ物を箸から箸へ渡すのはよくないとされています。

② 현대의 일본요리

전통적인 일본요리는 오늘날 일본인이 먹는 대표적인 음식에서 벗어나 있습니다. 현대의 일본음식은 스키야키[1], 쇠고기 덮밥, 카레라이스, 라면으로 대표되듯, 양념이 진하고 큼직한 접시에 일품요리가 담겨져 있는 경우가 많아졌습니다. 이것들은 요리하는 사람도 편하고 아이도 좋아하는 요리입니다.

손쉬운 요리가 사랑받고 있지만, '어머니의 손맛'이라고 하는 쇠고기 감자조림이나 우엉 무침 등의 반찬도 변함없이 일본인에게 사랑받고 있습니다.

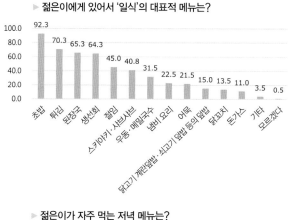

▶ 젊은이에게 있어서 '일식'의 대표적 메뉴는?

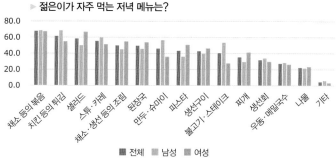

▶ 젊은이가 자주 먹는 저녁 메뉴는?

■ 전체　■ 남성　■ 여성

농림중앙금고 「제2회 현대 독신 20대의 식생활·식품 안전에 대한 의식」, (2014)

6 | 일본인의 식사 예절

밥이 담긴 밥공기를 들고 젓가락으로 먹는 것이 일본인에게는 일반적인 식사 예절입니다. 밥공기를 들지 않고 테이블에 얼굴을 가까이 대고 먹는 것은 예의가 없다고 합니다. 또, '하시와타시'라고 하여, 음식을 젓가락에서 젓가락으로 건네는 것은 꺼림칙하게 여깁니다.

---

1 스키야키 쇠고기와 파 등 여러 가지 재료를 간장으로 맛을 내어 먹는 냄비 요리

7 | 日本の菓子

❶ 海外から来た菓子

数多くある菓子のなかでも定番といえるのがケーキです。ケーキやクッキーなどは自分でも簡単に作れるので、とても身近な存在です。近年、ケーキだけでなく杏仁豆腐やブラックタピオカなど、各国の菓子を楽しむ傾向が強くなっており、伝統的和菓子の存在が薄くなりつつあるともいえますが、ケーキやアイスクリームの材料にあずきや抹茶を使うなど、和洋を折衷したものも人気があります。

❷ 和菓子

和菓子は茶道や日本の年中行事に使用されており、なくてはならない存在です。和菓子にはさまざまな種類がありますが、見た目にも美しいものが多く、甘く、ほのかな香りが魅力です。多くの和菓子に花鳥風月や和歌、郷土名、人名の「銘(名前)」がつけられています。たとえば京都の銘菓「八ツ橋」は、八ツ橋作りを提案した八橋検校という人物に基づいた銘です。このように和菓子の銘の由来を知るのも楽しいでしょう。

▶ 好きなお菓子・デザートは？(複数回答)

1	アイスクリーム	57.4%
2	チョコレート	55.7%
3	プリン	51.8%
4	チーズケーキ	51.7%
5	ショートケーキ	50.5%
6	ヨーグルト	47.0%
7	大福	46.9%
8	あられ・せんべい	46.1%
9	桜餅・柏餅	45.3%
10	おはぎ	44.7%

NHK放送文化研究所『日本人の好きなもの―
データで読む嗜好と価値観』(2008)

7 | 일본의 과자

① 외국에서 유래한 과자

수많은 과자 중에서도 대표적인 것이 케이크입니다. 케이크나 쿠키 등은 스스로도 간단히 만들 수 있어 매우 가까운 존재입니다. 최근 케이크뿐만 아니라 안닌도후[2]나 블랙 타피오카 등 각국의 과자를 즐기는 경향이 강해졌고, 전통적 일본 과자의 존재감이 약해지고 있다고도 할 수 있지만, 케이크나 아이스크림 재료에 팥이나 가루차를 사용하는 등 일본식과 서양식을 절충한 것도 인기가 있습니다.

② 일본의 전통 과자

일본의 전통 과자는 다도나 일본의 연중행사에 사용되고 있어서 없어서는 안 될 존재입니다. 전통 과자에는 다양한 종류가 있지만 눈으로 보기에도 아름다운 것이 많고, 달고 아련한 향기가 매력입니다. 많은 전통 과자에 화조풍월[3]이나 와카, 지역명, 인명이 붙여져 있습니다. 예를 들어 교토의 명과 '야쓰하시'는 야쓰하시 만들기를 제안한 야쓰하시 겐교라는 사람에 근거한 이름입니다. 이렇게 전통 과자 이름의 유래를 알아가는 것도 즐거울 것입니다.

●● 야쓰하시

▶ **좋아하는 과자·디저트는?** (복수응답)

1	아이스크림	57.4%
2	초콜릿	55.7%
3	푸딩	51.8%
4	치즈 케이크	51.7%
5	쇼트케이크	50.5%
6	요구르트	47.0%
7	다이후쿠	46.9%
8	아라레·센베이	46.1%
9	사쿠라모치·가시와모치	45.3%
10	오하기	44.7%

NHK방송문화연구소 『일본인이 좋아하는 것
– 데이터로 읽는 기호와 가치관』 (2008)

●● **일본의 전통 과자**(나마가시[4])

●● **일본의 전통 과자**(히가시[5])

---

2 안닌도후 불린 살구씨에 물과 우유, 설탕을 넣고 한천이나 젤라틴을 넣어 굳힌 중국요리 중의 하나로, 최근에는 살구씨는 구하기 어려우므로 대부분 아몬드로 대체함　3 화조풍월 아름다운 자연의 경치　4 나마가시(生菓子) 수분이 많으며 주로 팥고물류를 재료로 해서 만드는 과자. 찹쌀떡, 떡을 이용한 과자, 양갱 등　5 히가시(干菓子) 수분이 적은 딱딱한 과자의 총칭. 라쿠칸, 전병, 야쓰하시 등

日本のラーメン

牛丼、寿司、天ぷらのように海外へ進出した日本食は少なくありません。なかでもラーメンは国際食と呼ばれる程に、世界的に受け入れられています。

ラーメンが日本中に広まったのは戦後のことです。安くて高カロリーのラーメンは、敗戦後の日本にとって手軽な栄養食となり、経済状況がよくなってからも愛されつづけました。

日本には、各地域にオリジナルのラーメン(ご当地ラーメン)があり、麺やスープに違いがあります。行列が絶えない有名なご当地ラーメン店を集めた施設として、新横浜ラーメン博物館、京都拉麺小路などがあります。

Q 日本人の一日の平均的なメニューを知りたいのですが。

A 同じ日本人でも地域や年齢によって大きくメニューは変わりますが、以下に一例をあげておきましたので、参考にしてみてください。

1. 20代～30代独身男性 (会社員)

朝食	時間が無いため食べない
昼食	牛丼(外食)
夕食	コンビニの洋食弁当(中食) ／ 夜食　カップラーメン

2. 40代～50代既婚女性 (専業主婦)

朝食	パンと昨日のおかずの残り物
昼食	スパゲッティー
夕食	ごはんと味噌汁、キムチを混ぜた納豆、肉じゃが、まぐろの刺身

3. 40代～50代既婚男性 (会社員)

朝食	ごはんと卵焼き、味噌汁、サラダ
昼食	回転寿司(外食)
夕食	居酒屋(外食)。ビール、なんこつの唐揚げ、だしまき卵、焼き魚、フライドポテト、鳥の唐揚げ、刺身、串焼、お茶漬けなど

4. 60代～70代一人暮らしの女性

朝食	お茶漬けごはんと漬物、味噌汁
昼食	ごはんとスーパーで買ってきた和食のおかず(中食)
夕食	ごはんと納豆、生卵、残りのおかず、味噌汁

컬럼

일본의 라멘

규돈[6], 스시, 덴푸라[7]와 같이 해외로 진출한 일본음식은 적지 않습니다. 그 중에서도 라멘은 국제음식이라고 불릴 정도로 세계적으로 받아들여지고 있습니다.

라멘이 일본 전역에 퍼진 것은 제2차 세계대전 후의 일입니다. 값싸고 고칼로리인 라멘은 패전후 일본에게 간편 영양식이 되었고, 경제상황이 좋아진 후에도 계속 사랑받고 있습니다.

일본에는 각 지역별로 오리지널 라멘(향토 라멘)이 있어, 면이나

● ● 신요코하마 라면박물관

국물에 차이가 있습니다. 기다리는 줄이 끊이지 않는 유명한 향토 라멘 가게를 모아둔 시설로, 신요코하마 라멘박물관, 교토 라멘 골목 등이 있습니다.

질문

Q 일본인의 하루 평균적인 메뉴를 알고 싶은데요.

A 같은 일본인이라도 지역이나 연령에 따라 메뉴는 크게 다릅니다만, 아래에 예시를 들어 두었으니 참고로 봐주세요.

1. 20 대 ~ 30 대 독신 남성 (회사원)

아침	시간이 없기 때문에 먹지 않는다
점심	소고기 덮밥(외식)
저녁	편의점의 양식 도시락(나카쇼쿠) / 야식 컵라면

2. 40 대 ~ 50 대 기혼 여성 (전업주부)

아침	빵과 어제 남은 반찬
점심	스파게티
저녁	밥과 된장국, 김치를 섞은 낫토, 쇠고기 감자조림, 참치회

3. 40 대 ~ 50 대 기혼 남성 (회사원)

아침	밥과 계란말이, 된장국, 샐러드
점심	회전초밥(외식)
저녁	술집(외식). 맥주, 연골 튀김, 계란말이, 생선구이, 감자튀김, 닭튀김, 생선회, 꼬치, 오차즈케 등

4. 60 대 ~ 70 대 혼자 사는 여성

아침	오차즈케 밥과 절임, 된장국
점심	밥과 슈퍼에서 사온 일식 반찬(나카쇼쿠)
저녁	밥과 낫토, 날달걀, 남은 반찬, 된장국

6 규돈 쇠고기덮밥   7 덴푸라 튀김

交通事情

日本の交通手段には、陸上・海上・航空の三種類があります。これから先、ますます多様化、複雑化していく交通社会においてどのような問題があり、どのような対策がとられているか、また私たちは乗り物をどのように利用していくべきか考えてみましょう。

1 | 海上交通

日本は、生活に欠かせない多くの資源を輸入に頼っており、海運が貿易の大部分を担っています。特に、離島に住んでいる人びとにとっては、貨物や郵便物を運んだり、学校や会社に行くときに利用したりするなど、船は生活に欠かせない乗り物となっています。船は日本国内の島々と本土をつなぐだけでなく、アジアなどの海外と日本をつなぐ大事な交通手段です。

교통사정

일본의 교통수단에는 육상·해상·항공의 3종류가 있습니다. 앞으로 점점 다양화, 복잡화해 가는 교통사회에서 어떤 문제가 있고 어떤 대책이 세워지고 있는지, 또 우리는 교통수단을 어떻게 이용해 나가야 할지 생각해 봅시다.

● ● 일본의 도로 풍경

1 | 해상 교통

일본은 생활에 필수 불가결한 많은 자원을 수입에 의존하고 있어, 해운이 무역의 대부분을 담당하고 있습니다. 특히 외딴섬에 사는 사람들에게 화물이나 우편물을 나르거나, 학교나 회사에 갈 때에 이용하기도 하는 등, 배는 생활에 없어서는 안 될 교통수단이 되었습니다. 배는 일본 국내의 섬들과 본토를 연결할 뿐만 아니라 아시아 등 해외와 일본을 연결하는 중요한 교통수단입니다.

2 | 空の交通

日本には、成田、中部、大阪(伊丹)、関西などの各会社が設置・管理する国際・国内航空輸送に必要な拠点空港、新千歳、東京(羽田)、福岡、那覇空港などの国が管理する国際・国内輸送に必要な空港、福島、富山、岡山空港などの都道府県が管理する地方的な航空輸送を確保するための空港、三沢、小松、米子、岩国空港などの米軍や自衛隊との共用空港などあわせて102ヵ所の飛行場があります。航空輸送の飛躍的な発展を背景として、低価格航空会社(LCC)の誕生や、空港運営主体の民営化など、内外の航空市場の環境は大きく変わりつつあります。

▶ 空港別乗降客数

	空港名	合計(万人)	日平均(人)	国内線(万人)	国際線(万人)
1	羽田空港	7,531	206,178	6,256	1,274
2	成田空港	3,476	95,209	672	2,804
3	関西空港	2,313	63,387	696	1,616
4	福岡空港	2,096	57,448	1,661	435
5	新千歳空港	2,046	56,059	1,834	211
6	那覇空港	1,828	50,236	1,595	232
7	大阪国際空港	1,454	39,841	1,454	0
8	中部国際空港	1,017	27,885	549	468
9	鹿児島空港	519	14,304	503	15
10	熊本空港	324	8,882	317	6

国土交通省『航空輸送統計年報』(2015)

3 | 陸上交通

① 鉄道

日本の鉄道は安全性や時間の正確さなどにおいて、世界で高い評価を受けています。

また、1964年に開業した日本の新幹線の製造技術は世界一といわれており、2015年には北陸新幹線(長野～金沢間)、2016年３月には北海道新幹線(新青森～新函館北斗

2 | 항공 교통

일본에는 나리타, 주부, 오사카(이타미), 간사이 등 각 회사가
설립·관리하는 국제·국내 항공 수송에 필요한 거점공항, 신치
토세, 도쿄(하네다), 후쿠오카, 나하 공항 등 국가가 관리하는
국제·국내 수송에 필요한 공항, 후쿠시마, 도야마, 오카야마 공
항 등 도도부현[1]이 관리하는 지방의 항공 수송을 확보하기 위한
공항, 미사와, 고마쓰, 요나고, 이와쿠니 공항 등 미군과 자위대
와의 공용 공항 등 총 102곳의 비행장이 있습니다. 항공 수송

●● 나리타 국제공항

의 비약적인 발전을 배경으로 저가항공사(LCC)의 탄생이나 공항운영주체의 민영화 등, 국내외의
항공시장 환경은 크게 변화하고 있습니다.

▶ **국내·국제공항 여객수**

■ 국내선 ■ 국제선

단위:천 명

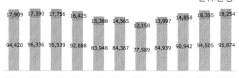

17,909	17,390	17,756	16,425	15,388	14,565	12,158	13,997	14,858	16,355	18,254
94,420	96,336	95,539	92,888	83,948	84,367	77,589	84,939	90,942	94,505	95,874
2005	2006	2007	2008	2009	2010	2011	2012	2013	2014	2015

국토교통성 「항공수송 통계연보」

▶ **공항별 탑승 객수**

	공항명	합계(만 명)	일평균(명)	국내선(만 명)	국제선(만 명)
1	하네다	7,531	206,178	6,256	1,274
2	나리타	3,476	95,209	672	2,804
3	간사이	2,313	63,387	696	1,616
4	후쿠오카	2,096	57,448	1,661	435
5	신치토세	2,046	56,059	1,834	211
6	나하	1,828	50,236	1,595	232
7	오사카	1,454	39,841	1,454	0
8	주부	1,017	27,885	549	468
9	가고시마	519	14,304	503	15
10	구마모토	324	8,882	317	6

국토교통성 「항공수송 통계연보」 (2015)

3 | 육상 교통

① 철도

일본의 철도는 안전성이나 시간의 정확성 등에서 세계적으로
높은 평가를 받고 있습니다. 또한 1964년에 개통한 일본 신칸센
의 제조기술은 세계 제일로 평가되며, 2015년에는 호쿠리쿠 신
칸센(나가노~가나자와 간), 2016년 3월에는 홋카이도 신칸센
(신아오모리~신하코다테 호쿠토 간)이 개통되었습니다.

●● 노조미 700계열

1 도도부현 일본의 지방 공공 단체의 총칭

間)が開業しました。2016年現在は３路線３区間の建設が推進されています。地方都市が新幹線建設を熱望する理由は、東京と結ばれることで人的交流が大幅に増加し経済の活性化を図れるという期待が大きいためです。また、日本の新幹線システムを輸出するためのプロジェクトが成功し、2007年３月には台湾高速鉄道が開業しました。写真は、300㎞/hで営業している「のぞみ700系」です。東京〜博多間を最速４時間55分で結んでいます。

女性専用車両

近年、女性の立場に立った交通サービスが検討されています。その代表ともいえる女性専用車両は、痴漢や酔客からの迷惑を防止するために2001年から通勤ラッシュの時間帯だけに試験的に導入された車両です。現在では、終日女性専用車両を設ける電車も多くなりました。女性からは安心して乗れるとおおむね好評で、男性からも痴漢の冤罪を受けなくて済むといった声が聞かれますが、その一方で他の車両が混雑するなどといった反対の声もあります。また、堂々と化粧や飲食する女性も現れ、モラルが問われています。鉄道のほかに、働く女性が深夜に安心してタクシーに乗れるように「女性乗務員による女性優先タクシー」の試みも始まっています。

❷ 自動車

自動車保有率は、毎年増加しており、地方都市へ行くほど自家用車の必要性は高くなります。しかし都会においては、駐車場代など維持にお金がかかり、また、交通渋滞の原因ともなります。

バスは、全国的に広範囲な地域で走っている市民の大切な交通手段です。しかし、運行時間の不正確さや自家用車の増加などを原因として、利用者数は減少傾向にあります。改善策として、混雑の激しい道路にバス優先レーンの設置や、バスロケーションシステム(無線通信やGPSを利用して利用客に運行状況を知らせるシステム)の運用、短距離区間の料金の引き下げなどの方法がとられています。また、地方都市を中心に「コミュニティバス」と呼ばれる、高齢者を病院や診療所、買い物に送迎する循環型バスが運行されている地域もあります。

2016년 현재 3개 노선 3개 구간의 건설이 추진되고 있습니다. 지방도시가 신칸센 건설을 열망하는 이유는 도쿄와 연결됨으로써 인적 교류가 큰 폭으로 증가하여 경제 활성화를 꾀할 수 있다는 기대가 크기 때문입니다. 또한 일본의 신칸센 시스템을 수출하기 위한 프로젝트가 성공을 거두어 2007년 3월에는 대만고속철도가 개통되었습니다. 사진은 시속 300㎞로 운행되고 있는 '노조미 700계열'입니다. 도쿄~하카타 간을 최고속도 4시간 55분에 연결하고 있습니다.

여성전용차량

최근 여성의 입장을 고려한 교통서비스가 검토되고 있습니다. 그 대표적 사례라 할 수 있는 여성전용차량은 치한이나 취객으로 인한 피해를 방지하기 위해 2001년부터 출퇴근 혼잡 시간대에만 시험적으로 도입된 차량입니다. 현재는 종일 여성전용차량을 배치한 전철도 많아졌습니다. 여성들로서는 안심하고 탈수 있다고 대체로 호평이며, 남성들도 치한의 누명을 쓰지 않아도 된다는 소리가 들리지만, 한편으로는 다른 차량이 혼잡해진

● ● **여성전용차량**

다는 등의 반대 의견도 있습니다. 또, 버젓이 화장을 하거나 음식을 먹는 여성도 생겨나 도덕적으로 문제시되고 있습니다. 철도 외에 일하는 여성이 심야에 안심하고 택시를 탈 수 있도록 '여성 운전사에 의한 여성 우선 택시'의 시도도 시작되고 있습니다.

❷ 자동차

자동차 보유율은 매년 증가하고 있고, 지방도시로 갈수록 자가용의 필요성은 높아집니다. 그러나 도시에서는 주차비 등 유지에 비용이 들고, 또 교통정체의 원인이 되기도 합니다.

버스는 전국적으로 광범위한 지역에서 운행되고 있는 시민의 중요한 교통수단입니다. 그러나 운행시간의 부정확성이나 자가용의 증가 등을 원인으로 이용자수는 감소하는 경향입니다. 개선책으로, 혼잡이 극심한 도로에 버스 우선 차선의 설치 및 버스 위치 시스템 (무선통신 및 GPS를 이용하여 이용객에게 운행 상황을 알리는 시스템)의 운용, 단거리 구간의 요금 인하 등의 방법이 채택되고 있습니다. 또, 지방도시를 중심으로 '커뮤니티 버스'라고 불리는 고령자를 병원이나 진료소, 쇼핑에 픽업하는 순환형 버스가 운행되고 있는 지역도 있습니다.

▶ **자동차 보유 대수의 추이**

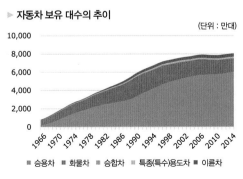

(단위 : 만대)

■ 승용차 ■ 화물차 ■ 승합차 ■ 특종(특수)용도차 ■ 이륜차

자동차검사등록 정보협회 「우리나라의 자동차 보유 동향」 (2016)

▶ **승합버스의 차량수와 수송인 수**

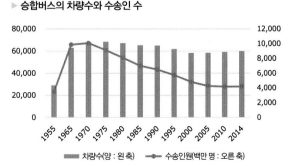

▬▬ 차량수(양 : 왼쪽)   ━●━ 수송인원(백만 명 : 오른 축)

국토교통성 website(www.mlit.go.jp)

③ 自転車

自転車産業振興協会によると、日本人の自転車の保有率は70.4%で、一世帯あたりの保有率は1.92台となっています。自転車は買い物、通学・通勤に欠かせない、便利な乗り物です。しかし、無灯火、信号無視、駅周辺や繁華街での放置自転車など、自転車に関するマナーは良いとはいえません。また、自転車利用者は、持ち主を特定するために必ず防犯登録をしなければなりません。

4 | 電子化と交通

21世紀に入り、自動車や道路などの交通施設の情報化によって安全で便利な交通社会を築くためのITS(Intelligent Transport Systems：高度高速道路交通システム)が本格化しました。ITSとは、車両と道路の高度情報化によって、道路混雑の回避や交通事故の予防、環境コストの低下を目的としたシステムのことで、カーナビゲーションシステムや高速道路におけるETCなどがあります。

また、JRは定期券やプリペイド機能を備えたICカードを発売しており(Suica、ICOCAなど)、定期入れや財布に入れたまま自動改札に触れるだけで通り抜けられます。さらに、スマートフォンや携帯電話にSuica機能が搭載されることで、プリペイドの残額や利用履歴の確認、お金のチャージがどこでもできるサービスも導入されています。

5 | バリアフリーと交通

近年、日本では急激な高齢化が進んでいます。こうしたことをきっかけに高齢者や身体障害者、また妊婦や怪我をしている人などへの配慮が進むようになりました。このような人びとにとって過ごしやすい環境をバリアフリーといいます。2000年には、公共交通における「交通バリアフリー法」が成立し、地域における環境整備が急速に進められています。鉄道事業者の対策としては、改札口の拡幅、身体障害者用トイレの設置、点字テープ、エスカレーター・エレベーター・スロープの設置などがあります。

③ 자전거

자전거산업진흥협회에 따르면, 일본인의 자전거 보유율은 70.4%
로, 한 가구당 보유율은 1.92대입니다. 자전거는 쇼핑, 통학·통근에
없어서는 안 되는 편리한 교통수단입니다. 그러나 무점등(자전거
전조등 없이 운행), 신호 무시, 역 주변이나 번화가의 방치된 자전
거 등 자전거에 관한 매너는 좋다고 할 수는 없습니다. 또 자전거 이
용자는 소유자를 특정하기 위해 반드시 방범등록을 해야 합니다.

●● 역 앞 방치자전거

4 | 전자화와 교통

21세기에 들어, 자동차나 도로 등 교통 시설의 정보화에 따라
안전하고 편리한 교통사회를 구축하기 위한 ITS(Intelligent
Transport Systems : 지능형 교통시스템)가 본격화되었습니
다. ITS란 차량과 도로의 고도정보화에 의해 도로혼잡 회피나
교통사고 예방, 환경비용 저하를 목적으로 한 시스템으로, 자동
차용 도로안내 시스템(Car Navigation System)이나 고속도로
에서의 ETC[2] 등이 있습니다.

●● 일본의 교통카드 Suica

또한, JR[3]은 정기권이나 선불 기능을 갖춘 IC카드를 발매하고 있는데(Suica, ICOCA 등), 정기권
지갑이나 지갑에 넣은 채로 개찰구에 태그만 하면 통과할 수 있습니다. 게다가 스마트폰이나 휴대
전화에 Suica 기능을 탑재하여 선불 잔액이나 이용명세 확인, 어디서나 금액을 충전할 수 있는 서
비스도 도입되고 있습니다.

5 | 배리어 프리(Barrier free)와 교통

최근 일본에서는 급격한 고령화가 진행되고 있습니다. 이러한
상황을 계기로 고령자나 신체장애인, 임신부나 부상자 등에 대
한 배려가 깊어지게 되었습니다. 이들이 생활하기 좋은 환경을
배리어 프리라고 합니다. 2000년에는 공공 교통의 '교통 배리
어 프리법'이 제정되어, 지역의 환경정비가 급속히 진행되고 있

---

2 ETC 통행료 자동 징수 시스템(Electronic Toll Collection System). 한국의 '하이패스'에 해당함 3 JR 구 일본의 국유철도가 분할·민영화되어
이루어진 6개 여객 철도 회사와 1개 화물 철도 회사를 칭해 줄여서 쓰는 용어(Japan Railways).

また、バス事業者は、乗降口の段差が低いワンステップバスやほぼ段差のないノンステップバスの導入を進めています。

6 │ 介護タクシー

タクシーの利用者は、大都市で鉄道が整備されたことや地方都市でのマイカー完備、バブル以降の長引く不況の影響から減少しつづけており、タクシー事業者は、厳しい経営状態に置かれています。このため、利用者の多様なニーズに合わせ、割引や観光タクシーなどさまざまな試みがなされています。なかでも介護タクシーは、単独で公共交通機関などを利用するのが困難な身体障害者や介護認定者などを対象にした送迎サービスのことで、介護職員初任者研修(旧ホームヘルパー2級)を受けたドライバーが、付き添いや介護をする介護保険タクシーとともに利用が広がっています。

質問

Q 低料金で日本各地を周りたいのですが、良い方法はありますか。

A JRの「青春18きっぷ」を使うことをお勧めします。この切符は学生の休みに合わせて春、夏、冬に発売されており、JRのみどりの窓口や旅行会社などで買うことができます。「青春〜」といいますが、年齢・性別・国籍の制限なく購入できます。JR線の普通列車にしか乗れませんが、1日乗り放題切符5枚が11,850円です。途中下車可能なのでゆっくりといろいろなところを観光することができます。
また、留学生は対象になりませんが、「短期滞在」ビザで入国する外国籍旅行者が新幹線も含めたJR全線(一部を除く)に乗車できる「JAPAN RAIL PASS」があります。これは日本国内では購入できませんので、入国前に問い合わせすればよいでしょう。そのほかにJR各社ごとに販売している外国籍旅行者向けの割引切符もあり、日本国内で購入可能です。

습니다. 철도 사업자의 대책을 들자면 개찰구의 폭을 넓히고, 신체장애인용 화장실 설치, 점자테이프, 에스컬레이터·엘리베이터·슬로프 설치 등이 있습니다.

또, 버스 사업자는 승하차 입구의 높낮이가 낮은 원스텝 버스나 거의 높낮이가 없는 논스텝(Non-Step) 버스의 도입을 진행하고 있습니다.

6 | 개호택시

택시 이용자는 대도시에서 철도가 정비된 점이나 지방도시의 자가용차 완비, 버블 이후 장기화된 불황의 영향으로 계속해서 감소하고 있어, 택시 사업자는 어려운 경영 상태에 놓여 있습니다. 이로 인해 이용자의 다양한 요구에 맞추어 할인이나 관광택시 등 다양한 시도가 이루어지고 있습니다. 그 중에서도 개호택시는 단독으로 대중교

▶ **콜택시의 차량수와 수송인수**

■ 차량수(양 : 좌축)　—●— 수송인원(백만 명 : 우축)

국토교통성 website(www.mlit.go.jp)

통 등을 이용하는 것이 곤란한 신체장애인 및 개호(돌보미) 인정자 등을 대상으로 한 픽업 서비스로, 개호직원 초임자 연수(옛 홈헬퍼2급)를 받은 운전자가 시중이나 개호를 하는 개호 보험 택시와 함께 이용이 확대되고 있습니다.

질문

Q 저렴한 요금으로 일본 각지를 돌아보고 싶은데, 좋은 방법이 있나요?

A JR의 '청춘18티켓'을 사용할 것을 권합니다. 이 표는 학생들의 방학에 맞춰 봄, 여름, 겨울에 발매되며, JR의 녹색창구나 여행사 등에서 살 수 있습니다. '청춘~'이라고 하지만, 연령·성별·국적의 제한 없이 구입할 수 있습니다. JR선의 보통열차밖에 탈 수 없지만, 하루 자유이용티켓 5장이 11,850엔입니다. 도중하차가 가능하므로 여유 있게 여러 곳을 관광할 수 있습니다.

●● 청춘 18표

또한 유학생은 대상에서 제외되지만, '단기 체재'비자로 입국하는 외국 국적 여행자가 신칸센도 포함한 JR 전 노선 (일부 제외)에 승차할 수 있는 'JAPAN RAIL PASS(재팬 레일 패스)'가 있습니다. 이것은 일본 국내에서는 구입할 수 없으므로 입국 전에 문의해 두시면 좋습니다. 그 밖에 JR 각사마다 판매하고 있는 외국 국적여행자를 위한 할인 티켓도 있으며 일본 국내에서 구입 가능합니다.

日本の大学

2004年度に、国立大学は独立行政法人に変わり、大学としての条件が満たされていれば、新しい学部や学科が容易に設置できるようになりました。ここでは変わりゆく日本の大学について紹介します。

1 | 日本の大学の特徴

戦前は大学の数が少なく、限られたエリート層の人びとだけが通っていました。しかし1960年代以降、大学への進学率があがり、大衆化していきました。それと同時に、大学の数は急増し、設備面でも不十分であったり、キャンパスが非常に狭いという弊害も生みだしました。また、諸外国と比べ教育費も高く、特に私立大学に通う学生にとっては、かなりの負担となっています。

「日本の大学は入学するのがむずかしく、卒業するのは簡単」といわれています。このようにいわれる理由として、大学のランク付け(ステイタス)が影響していて、

일본의 대학

2004년도에 국립대학은 독립행정법인으로 바뀌어, 대학으로서의 조건이 충족되어 있으면 새로운 학부나 학과를 쉽게 설치할 수 있게 되었습니다. 여기에서는 변해 가는 일본의 대학에 대해서 소개하겠습니다.

●●● 일본의 대학 캠퍼스 풍경

1 │ 일본 대학의 특징

제2차 세계대전 전에는 대학 수가 적어서 한정된 엘리트층 사람들만 다니고 있었습니다. 그러나 1960년대 이후 대학 진학률이 높아져 대중화되어 갔습니다. 그와 동시에 대학 수는 급증하여 설비 면에서도 불충분하거나 캠퍼스가 상당히 좁다는 폐해도 생겼습니다. 또 외국 여러 나라와 비교해 교육비도 비싸서, 특히 사립대학에 다니는 학생에게는 상당한 부담이 되고 있습니다.

'일본의 대학은 입학하기는 어렵지만 졸업하기는 쉽다'고 합니다. 이와 같은 이야기가 나오게 된 이유는 대학의 서열화가 영향을 끼치고 있어서, 모두가 가고 싶어 하는 대학의 경쟁률이 높아지기 때문에, 일부 대학에 합격하는 것이 어려운 점을 들 수 있습니다. 바꾸어 말하면, 고르지 않는다면 대학에 들어가기는 어렵지 않습니다. 또 졸업하기가 간단하다는 것은 일단 입학하고 나면 별로 고

みんなが行きたいと願う大学の競争率が高くなるために、一部の大学に合格するのがむずかしいことがあげられます。逆にいえば、選ぶことをしなければ大学に入るのはむずかしくありません。また、出るのが簡単といわれるのは、ひとたび入学してしまえば、さほど苦労せずとも卒業に必要な単位を取得できるといわれているからです。「人生の一大休憩所」「人生のモラトリアム」「人材選別配給装置」「レジャーランド」「就職への通過点」。これらは、現代の日本の大学を喩えるフレーズです。確かに、大学生活は社会に出るまでのモラトリアム(通過点)と考える学生が少なくありません。

2 | 日本の大学の種類

日本の大学には、国が運営してきた国立大学(2004年度から「国立大学法人」に移行)と自治体が運営してきた公立大学、個人・団体が経営する私立大学があります。四年制大学と二年制大学(短期大学)の全学生数に占める私立大学の割合を見ると、一貫して7割を超えています。しかし、私立大学に対する国費助成は年々減少しており、このため私立大学では学費を値上げしたり、収益事業を行うなどの対策を講じたりしなければなりません。学生一人あたりの教育費に対する国立・公立大学と私立大学との格差を是正するために、さまざまな取り組みが行われています。

3 | 日本の大学数

2002年に99校あった国立大学は統合され、86校に減少しましたが、多くの短期大学が四年制大学に昇格し、さらに新設の大学も加わったため、2016年の大学総数は777校に達しました。しかし、1991年の205万人をピークに少しずつ減りつづけている18歳人口は、2016年には119万人となり、このため、定員割れの大学が増えつづけ、いくつもの大学が姿を消していきました。国立大学が行政法人化を遂げ、大学の新設等に関し、大幅な規制緩和がなされた2004年度からは、ますます「大学の生き残り」をかけた自由競争が激化しています。

생하지 않아도 졸업에 필요한 학점을 취득할 수 있다고 하기 때문입니다. '인생의 아주 큰 휴게소', '인생의 모라토리엄', '인재 선별 배급 장치(보급기관)', '레저 랜드', '취직을 위한 통과점'. 이것들은 오늘날 일본의 대학을 비유한 말들입니다. 확실히 대학 생활은 사회 진출까지의 모라토리엄(통과점)이라고 생각하는 학생이 적지 않습니다.

●● 일본 대학의 캠퍼스 풍경

2 | 일본 대학의 종류

일본의 대학에는 국가가 운영해 온 국립대학(2004년도부터 '국립대학법인'으로 이행)과 자치단체가 운영해 온 공립대학, 개인·단체가 경영하는 사립대학이 있습니다. 4년제 대학과 2년제 대학(단기대학)의 전체 학생 수 중 사립대학이 차지하는 비율을 보면 일관되게 70%를 넘고 있습니다. 그러나 사립대학에 대한 국비 조성은 매년 감소하고 있으며, 이 때문에 사립대학에서는 학비를 인상하거나 수익사업을 하는 등의 대책을 강구하지 않으면 안 됩니다. 학생 1인당 교육비에 대한 국립·공립대학과 사립대학과의 격차를 시정하기 위해 갖은 노력을 하고 있습니다.

3 | 일본의 대학 수

2002년에 99개 교였던 국립대학은 통합되어 86개 교로 감소한 반면, 많은 단기대학이 4년제 대학으로 승격되고, 게다가 신설 대학도 더해졌기 때문에, 2016년 대학 총수는 777개 교에 달했습니다. 그러나 1991년의 205만 명을 정점으로 조금씩 감소하고 있는 18세 인구는 2016년에는 119만 명이었고, 이로 인해 정원 미달인 대학이 계속 늘어 몇몇 대학은 모습을 감추었습니다. 국립대학이 행정법인으로 전환하고 대학 신설 등에 관해 대폭적인 규제 완화를 실시한 2004년도부터는 점점 '대학의 생존'을 건 자유경쟁이 격화되고 있습니다.

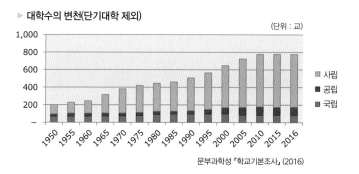

▶ 대학수의 변천(단기대학 제외)

문부과학성 「학교기본조사」 (2016)

4 ｜ 大学への進学率

今日、大学や短期大学への進学率は、56.8％(文部科学省『平成28年度学校基本調査』)となり、18歳以上の二人に一人は大学や短期大学に進学しています。この背景として、親世代の大学・短期大学進学率が30％以上と高いことや、少子化が進むなかで、一人の子どもにかける教育費にゆとりができたことなどが考えられます。また、不況の影響で高校を卒業した人の就職内定率が下がり、よりよい「大学卒業」という学歴取得の必要性が高まっていることが理由として考えられます。

5 ｜ 大学入試について

日本の大学の入学試験方法は多種多様で、一般入試や推薦入試、特別入試(帰国子女対象や社会人対象)など、それぞれの大学によって異なります。そのなかで、すべての国公立大学と8割を超える私立大学が利用しているのが大学入試センター試験です。大学入試センター試験は、利用する各大学が大学入試センターと協力して、同一の期日に同一の試験を実施します。大学はそのセンター試験と独自の試験を組み合わせて選考を行います。出題教科は6教科(国語、地理歴史、公民、数学、理科、外国語)31科目と多く、受験生は大学に入るために受験勉強に励みます。

6 ｜ 大学の制度

日本の大学の教育・研究上の基本組織として、学部・学科があります。学部とは法学、経済学、文学、理学など、学問分野の専攻として一定のまとまりをもった基本組織をいいます。そして、専攻分野の基礎単位となるのが学科です。法令上は学部・学科以外の基本組織もありますが、ほとんどの大学が学部・学科制をとっています。大学の新設に対して、大幅な規制緩和が行われ、今後も多様でユニークな学部や学科がつぎつぎに誕生していくと思われます。現在あるユニークな学部、学科としては、たとえば、次のようなものがあげられます。

4 | 대학 진학률

오늘날 대학이나 단기대학의 진학률은 56.8%(문부과학성 『헤이세이 28년도 (2016) 학교기본조사』)이며, 18세 이상의 두 명 중 한 명은 대학이나 단기 대학에 진학하고 있습니다. 그 배경을 보자면 부모 세대의 대학·단기대학 진학률이 30% 이상으로 높았다는 점과 저출산화가 진행되는 가운데,

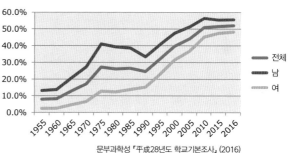

▶ 4년제 대학진학률 변천(재수생 포함)

문부과학성 『平成28년도 학교기본조사』, (2016)

한 자녀에게 들어가는 교육비에 여유가 생겼다는 점 등을 생각할 수 있습니다. 또한 불황의 영향으로 고등학교를 졸업한 사람의 취직률(취직내정률)이 낮아지고, 보다 나은 '대학 졸업'이라는 학력을 취득할 필요성이 높아졌다는 것을 이유로 생각할 수 있습니다.

5 | 대학 입시에 대해서

일본의 대학 입학시험 방법은 각양각색으로, 일반 입시나 추천 입시, 특별 입시(귀국자녀 대상이나 사회인 대상) 등 각각의 대학에 따라 다릅니다. 그중에서 모든 국공립대학과 80%를 넘는 사립대학이 이용하고 있는 것이 대학입시 센터시험[1]입니다. 대학입시 센터시험은 (이 시험을) 이용하는 각 대학이 대학입시센터와 협력하여 같은 날에 같은 시험을 실시합니다. 대학은 이 센터시험과 독자적인 시험을 결합하여 전형을 실시합니다. 출제 교과는 6개 교과(국어, 지리·역사, 공민, 수학, 이과, 외국어) 31개 과목으로 그 수가 많기 때문에, 수험생은 대학에 들어가기 위하여 시험 공부에 힘을 쏟습니다.

6 | 대학의 제도

일본의 대학은 교육·연구를 위한 기본 조직으로 학부·학과가 있습니다. 학부란 법학, 경제학, 문학, 이학 등 학문 분야의 전공으로서 일정한 공통적 특징이 있는 분야를 모아놓은 기본 조직을 말합니다. 그리고 전공분야의 기초단위가 되는 것이 학과입니다. 법령상으로는 학부·학과 이외의 기본조직도 있지만, 대부분의 대학이 학부·학과제도를 도입하고 있습니다.

1 센터시험 각 대학의 입시에 앞서 실시하는 공통 테스트로 1990년부터 시행되고 있음

大学	学部	学科
千葉科学大学	危機管理学部	危機管理システム学科、環境危機管理学科
大妻女子大学	家政学部	ライフデザイン学科
東京工芸大学	芸術学部	ゲーム学科
大東文化大学	文学部	書道学科
東北芸術工科大学	芸術学部	美術史・文化財保存修復学科
ものつくり大学	技能工芸学部	製造学科・建設学科
高崎経済大学	地域政策学部	地域づくり学科
愛知大学	現代中国学部	
立命館大学	映像学部	映像文化、映像マネジメント、リニア映像、インタラクティブ映像
京都精華大学	芸術学部	マンガ学科、マンガプロデュース学科
関西大学	社会安全学部	安全マネジメント学科
金沢工業大学	機械工学部	ロボティクス学科
佐賀大学	芸術地域デザイン学部	地域デザインコース、芸術表現コース
長崎大学	多文化社会学部	グローバル社会コース、共生文化コース

これらのユニークな学部・学科は、専門的な勉強ができることに加え、現代社会の要請に応える知識を得られるというところに魅力がありそうです。

7 ｜ 大学の国際化

近年、大学の国際化が進んでいます。1990年代以降の「留学生10万人計画」、2008年に発表された「留学生30万人計画」もあって、ほとんどの大学が留学生を受け入れています。また、多くの大学が交換留学生制度をとっており、在学中に海外へ留学する学生も多くなっています。現在では、海外の大学での取得単位を要卒単位として認める大学も増えています。

日本に来ている留学生は2015年には208,379人に達し、この10年間で倍増しました。専修学校と大学(学部)への留学生が大幅に増加しました。

留学生の出身国では、1位：中国、2位：ベトナム、3位：ネパールとなっています。地域別ではアジアからの留学生が全体の90%以上を占めています。

대학 신설과 관련해서도 대폭적인 규제 완화가 이루어져, 앞으로도 다양하고 특이한 학부나 학과가 계속해서 생겨날 것으로 생각됩니다. 현재 존재하는 특이한 학부·학과로는, 예를 들면 다음과 같은 것을 들 수 있습니다.

대학	학부	학과
지바과학대학	위기관리학부	위기관리시스템학과, 환경위기관리학과
오쓰마여자대학	가정학부	라이프디자인학과
도쿄공예대학	예술학부	게임학과
다이토분카대학	문학부	서예학과
도호쿠예술공과대학	예술학부	미술사·문화재 보존복원학과
모노쓰쿠리대학	기능공예학부	제조학과·건설학과
다카사키경제대학	지역정책학부	지역조성학과
아이치대학	현대중국학부	
리쓰메이칸대학	영상학부	영상문화, 영상매니지먼트, 아날로그 영상, 인터랙티브 영상
교토세이카대학	예술학부	만화학과, 만화프로듀스학과
간사이대학	사회안전학부	안전매니지먼트학과
가나자와공업대학	기계공학부	로보틱스학과(로봇공학과)
사가대학	예술지역 디자인학부	지역디자인 코스, 예술표현 코스
나가사키대학	다문화사회학부	글로벌사회 코스, 공생문화 코스

이와 같은 특이한 학부·학과는 전문적인 연구를 할 수 있을 뿐만 아니라, 현대 사회의 니즈에 부응하는 지식을 얻을 수 있다는 점에 매력을 느끼는 것 같습니다.

7 | 대학의 국제화

최근 대학의 국제화가 진행되고 있습니다. 1990년대 이후 '유학생 10만 명 계획', 2008년에 발표된 '유학생 30만 명 계획'도 있어, 대부분의 대학이 유학생을 받아들이고 있습니다. 또한 많은 대학이 교환유학생 제도를 채택하고 있어, 재학 중에 해외로 유학하는 학생도 많아지고 있습니다. 현재는 해외 대학에서 취득한 학점을 졸업이수학점으로 인정하는 대학도 늘고 있습니다.
일본에 와 있는 유학생은 2015년에는 208,379명에 이르며, 최근 10년간 2배로 증가했습니다. 전수학교[2]와 대학(학부)으로 가는 유학생이 큰 폭으로 증가했습니다.
유학생의 출신 국가를 보면 1위 중국, 2위 베트남, 3위 네팔입니다. 지역별로는 아시아에서 온 유학생이 전체의 90% 이상을 차지하고 있습니다.

---

2 전수학교 직업 또는 실제 생활에 필요한 기능을 육성하거나 또는 교양 교육의 향상을 목적으로 한 학교

日本での留学生活を充実させるために、さまざまな奨学金の経済支援制度が用意されています。留学生対象の経済的な援助制度としては、「授業料減免制度」と「奨学金制度」の二つがあります。

1987年より、文部省(現、文部科学省)が日本の私立大学・短期大学に在学する私費留学生に対して、「授業料減免制度」を開始しました。この制度は、日本政府・文部科学省が、大学院を含む私立大学・短期大学に通う私費留学生に対して、授業料の30％を限度として援助するという制度です。現在、この制度の希望者が増加し、予算が申請者数に追いつかない状態になっています。各私立大学・短期大学で独自の減免制度を設けているところも多く見られ、政府の援助制度とあわせて50％～70％の減免、または全額免除といった授業料減免を行っている大学も少なくありません。国公立大学においても、各大学が、選考基準をそれぞれ設けて私費留学生を選び、文部科学省に申請して対象者の決定を行っています。減免率は一律で、50％、100％となっています。

日本に来る留学生を対象とした「奨学金制度」には国費留学生に支給する奨学金や私費留学生に支給する奨学金、また、地方自治体が実施する奨学金、各種民間団体の奨学金があります。5割を超える私費留学生が、奨学金を受けています(日本学生支援機構『平成25年私費外国人留学生生活実態調査概要』)。

일본에서 유학 생활을 충실히 보내기 위하여 다양한 장학금의 경제 지원 제도가 갖추어져 있습니다. 유학생 대상의 경제적 원조 제도로는 '수업료 감면 제도'와 '장학금 제도' 두 가지가 있습니다. 1987년부터 문부성(현 문부과학성)은 일본의 사립대학·단기대학에 재학하는 사비 유학생에게 '수업료 감면 제도'를 시작했습니다. 이 제도는 일본 정부·문부과학성이 대학원을 포함한 사립대학·단기대학에 다니는 사비 유학생에게 수업료의 30%를 한도로 지원하는 제도입니다. 현재 이 제도의 희망자가 많아져서 예산이 신청자 수를 따라가지 못하는 상황입니다. 각 사립대학·단기대학에서 독자적으로 감면 제도를 마련하고 있는 곳도 많으며, 정부의 지원 제도와 합치면 50%~70% 감면, 혹은 전액 면제와 같은 수업료 감면을 하고 있는 대학도 적지 않습니다. 국공립대학에서도 각 대학이 전형 기준을 나름대로 설정하여 사비 유학생을 선발, 문부과학성에 신청하여 대상자를 결정하고 있습니다. 감면률은 일률적이며 50%, 100%입니다.

일본에 오는 유학생을 대상으로 한 '장학금 제도'에는 국비 유학생에게 지급하는 장학금이나 사비 유학생에 지급하는 장학금, 또 지방자치단체가 실시하는 장학금, 각종 민간단체의 장학금이 있습니다. 50%를 넘는 사비 유학생이 장학금을 받고 있습니다(일본학생지원기구「헤이세이 25년 사비 외국인 유학생 생활실태조사 개요」).

大学の四年間

四年間という人生のなかでかけがえのない大学生活は、社会に出るための教養、知識、経験を蓄える時間です。大学でどう過ごすかは将来にも影響し、学生時代の出会いや別れもあなたの大きな支えとなるでしょう。ここでは日本の学生生活を理解し、韓国の学生たちと比較してみましょう。

1 │ サークル・クラブ活動

大学生活を有意義なものにする一つの手段として、サークルやクラブ活動があります。サークルやクラブには、運動系、文化系があります。自分にあうサークルやクラブを、大学のホームページや新学期に配られるビラなどを参考に探してみてはいかがでしょうか。また、詳しく理解するために、そのサークルやクラブを直接訪問して、先輩に話を聞くのもよいかもしれません。そのほかサークル・クラブでは、飲み会や長期休暇を利用した合宿などのイベント(催しもの)が行われる場合もあります。

4년의 대학 생활

인생에서 무엇과도 바꿀 수 없는 4년의 대학 생활은 사회에 나가기 위한 교양, 지식, 경험을 축적하는 시간입니다. 대학에서 어떻게 지내는가는 장래에도 영향을 미치며, 학창 시절의 만남이나 헤어짐도 여러분에게 큰 버팀목이 될 것입니다. 여기에서는 일본 학생들의 생활을 이해하고, 한국의 학생들과 비교해 봅시다.

◉◉ 대학 캠퍼스 풍경
리츠메이칸(立命館)대학 홍보과 제공

1 | 서클·클럽 활동

대학 생활을 의미 있게 하는 하나의 수단으로 동아리(서클)나 클럽 활동이 있습니다. 서클이나 클럽에는 스포츠 계열과 문화 계열이 있습니다. 자신에게 맞는 서클이나 클럽을 대학 홈페이지나 신학기에 나눠 주는 전단 등을 참고로 찾아보는 것은 어떨까요? 또한 자세히 이해하기 위해 그 서클이나 클럽을 직접 방문하여 선배님에게 이야기를 듣는 것도 좋을지도 모릅니다. 그 외에 서클·클럽에서는 단합대회나 장기휴가를 이용한 합숙 등 이벤트(행사)가 열리는 경우도 있습니다.

▶ 리츠메이칸대학 서클·클럽 일례

스포츠 계열	학예 계열	학술 계열
야구	교향악단	법률
축구	경음악	심리학
농구	재즈	고고학
배구	서도(서예)	동양사
아메리칸 풋볼	도예	경제
테니스	사진	외국어

2 ｜ゼミナール・卒業論文

❶ ゼミナール

大学を卒業するにあたり学部・学科によっては必修となる科目があります。その一つがゼミ(ゼミナール)です。大きな講義室で多くの学生が受講する授業とは異なり、ゼミは小集団で行われるのが一般的です。クラスの担当教授のアドバイスを受けながら、自分自身で研究テーマを設定し、四年間の集大成となる研究を行います。

❷ 卒業論文

卒業論文とはゼミを中心とした研究活動をとおして、その調査内容を論文にまとめあげたものです。執筆形態はさまざまで、個人だけでなく、グループで執筆する場合もあります。卒業論文を必修としていない学部・学科もあり、その場合は学生の意志に委ねられます。卒業論文執筆には膨大な時間と労力を要しますが、そのぶん大きな達成感が得られます。

3 ｜進路決定

❶ 進路選択

大学4年生にとっての進路選択は、学生生活のみならず、それまで生きてきた人生の集大成です。進路先としては民間企業、公務員、そして大学院への進学などがあります。学生は自分の性格や能力に適した職場探しに努める一方で、社会的なイメージや安定性などから、有名企業や公務員などに人気が集中する傾向が見られます。

❷ 就職活動の流れと準備

就職活動としては、主にインターネット上に展開されているいくつかの就職情報専門サイトや各大学にあるキャリアセンターの企業情報、募集チラシ、企業から送られるダイレクトメールなどをもとに、会社説明会や先輩訪問などに出かけます。

2 | 세미나·졸업논문

① 세미나

대학을 졸업하는 데 있어서 학부·학과에 따라서는 필수가 되는 과목이 있습니다. 그중 하나가 세미나입니다. 큰 강의실에서 많은 학생이 수강하는 수업과는 달리, 세미나는 소규모로 이루어지는 것이 일반적입니다. 클래스 담당교수의 조언을 받으면서 자기 스스로 연구 주제를 설정하여 4년간의 집대성이 될 연구를 합니다.

●● 세미나 풍경

② 졸업논문

졸업논문은 세미나를 중심으로 한 연구 활동을 통하여 그 조사 내용을 논문으로 완성한 것입니다. 집필 형태는 다양하며 개인에 한하지 않고 그룹으로 집필하는 경우도 있습니다. 졸업논문을 필수로 하지 않는 학부·학과도 있는데, 그런 경우에는 학생들의 의지에 맡깁니다. 졸업논문 집필에는 방대한 시간과 노력이 필요하지만 그만큼 큰 성취감을 얻을 수 있습니다.

3 | 진로 결정

① 진로 선택

대학 4학년생에게 있어 진로 선택은 학교 생활뿐만 아니라 그동안 살아온 인생의 집대성입니다. (졸업후의) 진로에는 민간기업, 공무원, 그리고 대학원 진학 등이 있습니다. 학생들은 자신의 성격이나 능력에 걸맞은 직장을 구하기 위해 노력하는 한편, 사회적인 이미지나 안정성 등을 생각하여 유명기업이나 공무원 등에 인기가 집중되는 경향을 띱니다.

② 취업활동의 흐름과 준비

취업활동으로는 주로 인터넷 상에 전개되고 있는 몇 몇 취업정보 전문 사이트나 각 대학에 있는 커리어센터의 기업 정보, 모집 전단, 기업에서 보내는 다이렉트 메일(DM) 등을 토대로 회사 설명회나 선배 방문 등에 나섭니다.

会社訪問では、その企業の沿革、業績、福利厚生、企業理念、社風や社員の方の雰囲気を研究します。また、志望企業に勤めている先輩と連絡をとって行う先輩訪問では、会社説明会で聞くことができない話を聞き、その企業への理解を深めます。活動への準備としては、「エントリーシート」と呼ばれる学歴、自己PR(紹介文)、志望動機などを書いた用紙を企業へ送付し、そこでの合否によって次の段階に進むのが一般的です。合格の通知を受けた学生は、筆記試験と数回の面接を行い、その結果、内々定、もしくは内定を受けることができます。

▶ 大学生志望企業上位10位

	文系	理系
1	JTBグループ	味の素
2	全日本空輸（ANA）	東日本旅客鉄道（JR東日本）
3	エイチ・アイ・エス（H.I.S）	資生堂
4	日本航空（JAL）	トヨタ自動車
5	三菱東京UFJ銀行	サントリーホールディングス
6	東京海上日動火災保険	カゴメ
7	三井住友銀行	明治グループ
8	電通	NTTデータ
9	博報堂/博報堂DYメディアパートナーズ	山崎製パン
10	みずほフィナンシャルグループ	ソニー

「2017年卒マイナビ大学生就職企業人気ランキング」

4 | 恋愛

充実した学生生活を送るために、恋愛は欠かせないものと考える学生は少なくありません。大学生活のなかで学生は多くの交際、恋愛の機会があり、また出会いの場も学校内外を問わず幅広いものとなっています。交際をはじめた学生は、年中行事やイベントには相手が望むプレゼントを買ったり、長期休暇には国内外へ一緒に旅行へ行ったりするなど、それまでにない経験を積むことになります。

회사 방문에서는 그 기업의 연혁, 실적, 복리후생, 기업이념, 사풍이나 사원들의 분위기를 연구합니다. 또한 희망기업에서 일하고 있는 선배와 연락을 통해 이루어지는 선배 방문에서는 회사 설명회에서는 들을 수 없는 이야기를 들으며 그 기업에 대해 더 깊게 이해할 수 있습니다. 활동을 위한 준비로는 '엔트리 시트'라 불리는 학력, 자기PR(자기소개서), 지망동기 등을 기입한 용지를 기업에 보내고, 거기에서의 합격 여부에 따라 다음 단계로 나아가는 것이 일반적입니다. 합격 통지서를 받은 학생은 필기시험 및 몇 번에 걸친 면접을 실시하고, 그 결과 비공식 합격 결정 또는 임시 합격 결정을 받을 수 있습니다.

▶ 대학생 지망기업 상위 10위

	문과계	이과계
1	JTB그룹	아지노모토
2	전일본항공수송(ANA)	동일본여객철도(JR동일본)
3	H.I.S	시세이도
4	일본항공(JAL)	도요타 자동차
5	미쓰비시 도쿄UFJ은행	산토리 홀딩스
6	도쿄해상일동 화재보험	가고메
7	미쓰이 스미토모은행	메이지그룹
8	덴쏘	NTT데이터
9	하쿠호도/하코호도DY미디어파트너즈	야마자키 제빵
10	미즈호 파이낸셜그룹	소니

「2017년졸 마이나비 대학생 취직기업 인기랭킹」

4 | 연애

알찬 학생 생활을 보내기 위해 연애는 필수 불가결한 것이라고 생각하는 학생이 적지 않습니다. 대학 생활 동안 학생들에게는 많은 교제, 연애의 기회가 있고, 또 만남의 장도 학교 내외를 막론하고 아주 넓게 펼쳐지게 됩니다. 교제를 시작한 학생은 연중행사나 이벤트 때는 상대방이 바라는 선물을 사기도 하고, 장기 휴가 때는 국내외로 함께 여행을 가는 등 지금까지 없었던 경험을 쌓게 됩니다.

●● 커플

5 | アルバイト

日本では、学生がアルバイトをすることは珍しくありません。学生がアルバイトをする目的としては、学費に充てる資金を得る、余暇を過ごすための資金を得る、生活費を得る、社会経験を積む、交通費・交際費の資金を得ることなどがあげられます。アルバイトの種類は数多く存在しており、地域の特色が出ているアルバイトもあります。京都では、葵祭の仮装行列、時代祭の大名行列などがあります。

6 | コンパと割り勘

コンパとは、学生たちがお金を出し合って、親睦のために飲んだり騒いだりする宴会のことをいいます。居酒屋、自宅、カラオケボックスなど多種多様な場所で行われます。外国の方々が不思議に思う「割り勘(費用を各自が均等に分担すること)」は、日本では自然に行われていますが、サークル・クラブなどの新入生歓迎期には先輩が費用を出してくれたり、ゼミの場合は教員が一部負担してくれたりすることもあります。

▶ コンパの種類

種類	メンバー	目的
合同コンパ(合コン)	友人、他大学の学生	友人、恋人をつくる
ゼミコンパ(ゼミコン)	ゼミのクラスメイト	クラスメイトと親睦を深める
新入生歓迎コンパ	サークル・クラブ	新入生の入学を祝う

質問

Q 日本の大学生も試験期間にノートの貸し借りをしたりしますか?

A 日頃、サークル・クラブやアルバイトなどで忙しい学生は、試験期間前に友人・知人のノートを借りることは自然なことになっています。また、「講義ノート」と呼ばれる他人が書いたノートを販売している店もあり、それらを利用する学生も少なくありません。

5 | 아르바이트

일본에서는 학생이 아르바이트를 하는 것은 흔합니다. 학생이 아르바이트를 하는 목적으로는 학비를 충당할 자금 마련, 여가를 보내기 위한 자금 마련, 생활비 마련, 사회 경험 쌓기, 교통비·교제자금 마련 등을 들 수 있습니다. 아르바이트 종류는 수없이 많으며, 지역 특색을 살린 아르바이트도 있습니다. 교토에서는 아오이 마쓰리의 가장행렬, 시대 마쓰리의 다이묘 행렬 등이 있습니다.

6 | 콘파와 와리칸

콘파(미팅)란 학생들이 서로 회비를 내 친목을 위해 마시며 떠드는 모임을 말합니다. 술집, 자택, 노래방 등 다양한 장소에서 이루어집니다. 외국 사람들이 의아하게 생각하는 '와리칸(비용을 각자 균등하게 분담하는 것)'은 일본에서는 자연스럽게 이루어지고 있지만, 서클·클럽 등의 신입생 환영 기간에는 선배가 비용을 내주거나, 세미나의 경우 교수가 일부를 부담해 줄 때도 있습니다.

●● 교수님과 함께 하는 콘파

▶ 콘파의 종류

종류	멤버	목적
합동콘파(미팅)	친구, 타 대학 학생	친구, 연인 만들기
세미나 콘파(제미콘)	세미나의 동급생	동급생과 친목을 도모함
신입생 환영 콘파	서클·클럽	신입생의 입학 축하

Q **일본의 대학생도 시험 기간에 (수업)노트를 빌리기도 하나요?**

A 평소 서클·클럽이나 아르바이트 등으로 바쁜 학생은 시험기간 전에 친구·지인의 노트를 빌리는 것을 자연스럽게 여깁니다. 또한, '강의 노트'라고 불리는 다른 사람이 쓴 노트를 판매하고 있는 곳(가게)도 있고 그것들을 이용하는 학생도 적지 않습니다.

留学生のための法律知識

日本で生活する上でトラブルに遭わないために、注意しなければならないことはたくさんあります。また、インターネット上にも留学生をサポートするサイトがたくさんありますので参考にしてください。

1 │ アルバイト

留学生の在留資格は「留学」のためと定められており、働くことは基本的に禁止されています。したがって、アルバイトをするためには「資格外活動許可」を得る必要があります。この申請は居住地の入国管理局で行うことができます。

また、アルバイト時間は制限されており、制限を超えて働くと「不法就労者」とされ、トラブルにつながります。許可を受けずにアルバイトをした場合、罰金の支払いを課せられたり、国外退去になったりすることもあります。

유학생을 위한 법률 지식

일본에서 생활하는데 있어서 곤경에 처하지 않기 위해 주의해야 할 일은 많습니다. 또한 인터넷상에도 유학생을 지원하는 사이트가 많이 있으므로 참고하세요.

●●● 각국의 유학생들
리츠메이칸(立命館) 아시아태평양대학 네트워크 오피스 제공

1 | 아르바이트

유학생의 체류 자격은 '유학'을 위해서라고 정해져 있어, 일하는 것은 기본적으로 금지되어 있습니다. 따라서 아르바이트를 하기 위해서는 '자격 외 활동 허가'를 얻을 필요가 있습니다. 이 신청은 거주지의 입국 관리국에서 할 수 있습니다.

●● 대학 내의 게시판에서 아르바이트 찾기

또한 아르바이트 시간은 제한되어 있으며, 제한을 넘어서 일하면 '불법 취업자'로 여겨져 문제가 됩니다. 허가를 받지 않고 아르바이트 한 경우, 벌금 지불을 부과받거나 추방되는 경우도 있습니다.

資格外活動許可を得ても、パチンコ店やスナック・風俗関係の店など、アルバイトが禁止されている場所もあります。アルバイトが許可されている店かどうか、きちんと確かめましょう。

▶ 留学生のアルバイトに関する労働時間の制限

在留資格	労働時間の上限
留学	1週間あたり28時間以内 (教育機関の長期休業期間は1日8時間以内)

「出入国管理及び難民認定法施行規則」

2 アパートなどの住宅契約について

日本でアパートなどを借りるときには、以下の点に注意しましょう。
まず、契約書はサインや印を押す前にしっかり読んでください。日本語のわかる友人に読んでもらうのもよいでしょう。疑問があれば、家主さんや管理会社に聞いて内容を充分理解しておくことが大切です。

▶ 契約書のポイント

契約の更新	契約期間が終わったときの契約更新の方法が書かれています。
管理費(共益費)	共用部分の管理や維持に使われるお金のことです。家賃に含まれる場合もあります。
敷金(保証金)	契約から生じるさまざまなことを保証するために家主に預けるお金のことです。部屋を退くときに、修繕費などに使われ、残りは払い戻されます。
禁止・制限事項	ペットなどを飼うことや楽器の演奏など、特別に禁止していることが書かれています。

これらのことをきちんと理解した上で契約をしましょう。また、礼金や仲介手数料などを払う場合もあります。礼金や敷金は法律で定められたものではありません。習慣として行われているもので、地域によって考え方や値段が違います。敷金に関しては、「どういう状況にいくら払うのか」というはっきりとした基準はありません。
トラブルにあった場合は、大学や学校に相談するか、あるいは留学生の支援団体などへ相談しましょう。法的な問題が起こったときには無料の法律相談などを探して相談するのもよいでしょう。

자격 외 활동 허가를 얻어도 파친코 점이나 술집·유흥업소 등 아르바이트가 금지되어 있는 곳도 있습니다. 아르바이트가 허용되는 가게인지 아닌지 제대로 확인합시다.

▶ 유학생의 아르바이트에 관한 근로 시간 제한

체류 자격	근로 시간의 상한
유 학	주당 28시간 이내 (교육 기관의 장기 휴업 기간은 1일 8시간 이내)

「출입국 관리 및 난민 인정법 시행 규칙」

2 │ 연립주택 등 주택 계약에 대해

일본에서 아파트 등을 빌릴 때는 다음 사항에 주의합시다. 먼저, 계약서는 사인이나 도장을 찍기 전에 확실히 읽어주세요. 일본어를 아는 친구가 읽어주는 것도 좋을 것입니다. 의문이 있으면 집주인이나 관리 회사에 문의해 내용을 충분히 이해하는 것이 중요합니다.

●● 리츠메이칸 대학의 주거 찾기 센터

▶ 계약서 포인트

계약 갱신	계약 기간이 끝났을 때의 계약 갱신 방법이 적혀 있습니다.
관리비 (공익비)	공용 부분의 관리와 유지에 사용되는 돈입니다. 집세에 포함되는 경우도 있습니다.
시키킨(보증금)	계약에서 생기는 여러 가지를 보증하기 위해 집주인에게 맡기는 돈을 말합니다. 방을 뺄 때 수리비 등에 사용되고 나머지는 환불됩니다.
금지·제한 사항	애완동물 등을 기르는 일이나 악기 연주 등, 특별히 금지하는 일이 적혀 있습니다.

이러한 것을 제대로 이해한 다음 계약을 합시다. 또한 사례금이나 중개 수수료 등을 지불하는 경우도 있습니다. 사례금이나 보증금은 법률로 정해진 것이 아닙니다. 습관적으로 이루어지고 있는 것이므로, 지역에 따라 사고방식이나 가격이 다릅니다. 보증금에 관해서는 '어떤 상황에 얼마나 지불하는가'하는 뚜렷한 기준은 없습니다.

문제가 있는 경우는 대학이나 학교에 상담하거나 혹은 유학생 지원 단체 등에 상담합시다. 법적 문제가 일어났을 때에는 무료 법률 상담 등을 찾아 상담하는 것도 좋을 것입니다.

3 _章

日本の文化 ●

3章
1

現代日本の音楽・映画

現代日本の音楽・映画は世代によって違いが見られます。音楽に関しては、若者には J-POP や ROCK に人気が集まり、中高年の間では演歌が好まれています。

1 | 日本の音楽

　世界における音楽業界の市場規模を見ると日本シェアは16〜17％で、アメリカに次いで世界第2位の音楽大国といえます。音質を劣化せずに圧縮できるMP3方式の開発をきっかけに、インターネットによる音楽配信が実現し、急速に普及しています。しかし、一方ではCD売り上げの不振や、著作権を無視したインターネット配信が続出しており、業界全体としての新しい挑戦や改革が求められています。

현대 일본의 음악·영화

현대 일본의 음악·영화는 세대별로 차이가 보여집니다. 음악을 살펴보면, 젊은이에게는 J-POP이나 록이 인기가 있고, 중년과 노년층에서는 엔카(일본풍 유행가의 하나)가 인기가 있습니다.

●● 콘서트 관객

1 일본의 음악

세계 음악업계의 시장규모를 보면 일본의 시장 점유율은 16~17%로, 미국에 이어 세계 2위의 음악대국이라고 할 수 있습니다. 음질을 떨어뜨리지 않고 압축할 수 있는 MP3 방식 개발을 계기로, 인터넷에 의한 음악 배급이 실현되어 급속히 보급되고 있습니다.

그러나 한편으로는 CD의 판매 부진이나 저작권을 무시한 인터넷 배급이 속출하고 있어, 업계 전반에 걸쳐 새로운 도전과 개혁이 요구되고 있습니다.

① 最近の流行音楽

現代の日本にはジャズやフォークからハードロックまでさまざまな音楽が広く存在します。海外の音楽もよく聞かれ、日本で活躍する外国人歌手も増えています。現在もっとも人気があるJ−POPやROCKは若者を中心に広く聴かれています。

1990年代後半に入ると、アメリカの影響を受けて、R&BやHIP−HOPも流行しはじめました。アーティストたちはジャンルにとらわれることなく、独自の音楽を創り出していました。

また、親世代に人気のあった曲を現代の人気アーティストがもう一度歌う(これをカバーといいます)ことで、若者はそのアーティストに今までとは違う新鮮さを、親世代の人びとは懐かしさを感じることもあります。

② 演歌

日本独特の音楽としては、演歌があげられます。演歌は日本の歌謡曲として人びとに受け入れられ、すべての世代の人びとに支持されてきました。代表的歌手には、北島三郎や美空ひばり、都はるみなどがいます。美空ひばりは、1947年に9歳でデビューし、歌や映画をとおして、日本人の心を癒し、励まし、希望を与えました。最近では若手演歌歌手の氷川きよしが人気を得ていますが、全体的には若者の演歌離れが進んでいるといわれています。

2 ┃ 日本の映画

映画は主に学生などの若者を中心に多くの人びとに観られています。映画鑑賞人口は1996年まで年々減りつづけていましたが、現在ではやや回復傾向にあります。2000年代に入り、シネマ・コンプレックスなどを増設し、価格においてもレイトショー割引(指定された時間以降の料金の値引き)やレディースデー(指定された曜日の女性料金割引)を設けるなど、集客率を上げるための努力を行ってきました。現在は、ネット配信や、スマートフォンを利用したチケット購入、ポイント制度の導入など、さまざまな方法が模索されています。

❶ 최근의 유행 음악

현대 일본에는 재즈나 포크부터 하드록까지 다양한 음악이 광범위하게 존재합니다. 외국 음악도 자주 들을 수 있고, 일본에서 활약하는 외국인 가수도 늘고 있습니다. 현재 가장 인기 있는 J-POP이나 록은 젊은이들을 중심으로 애청되고 있습니다.

1990년대 후반에 들어서면 미국의 영향을 받아 R&B나 힙합도 유행하기 시작했습니다

▶ 2018년 싱글 CD 판매 랭킹

순위	싱글	가수	판매량
1	Teacher Teacher	AKB48	1,819,237장
2	センチメンタルトレイン	AKB48	1,471,958장
3	シンクロニシティ	乃木坂46	1,306,247장
4	ジコチューで行こう!	乃木坂46	1,281,625장
5	NO WAY MAN	AKB48	1,213,501장
6	ジャーバージャ	AKB48	1,172,399장
7	帰り道は遠回りしたくなる	乃木坂46	1,160,784장
8	ガラスを割れ!	欅坂46	1,021,450장
9	アンビバレント	欅坂46	970,268장
10	シンデレラガール	King&Prince	688,112장

오리콘 연간음악랭킹

다. 아티스트들은 장르에 구애받지 않고 독자적인 음악을 만들어 내었습니다.

또한, 부모세대에게 인기 있었던 곡을 현대의 인기 아티스트가 다시 한번 부름(이것을 커버라고 합니다)으로써, 젊은이들은 그 아티스트에게 지금까지와는 다른 신선함을, 부모 세대의 사람들은 향수를 느끼기도 합니다.

❷ 엔카

일본 특유의 음악으로는 엔카를 들 수 있습니다. 엔카는 일본의 가요곡으로서 사람들에게 받아들여져 모든 세대의 사람들에게 지지를 받아 왔습니다. 대표적 가수로는 기타지마 사부로, 미소라 히바리, 미야코 하루미 등이 있습니다. 미소라 히바리는 1947년에 아홉 살에 데뷔하여 노래나 영화를 통해 일본인들의 마음을 위로하고 격려하며 희망을 주었습니다. 최근에는 젊은 엔카 가수인 히카와 기요시가 인기를 얻고 있지만, 전반적으로는 젊은이들이 엔카와 멀어져 가고 있다고 합니다.

2 │ 일본의 영화

영화는 주로 학생 등의 젊은이를 중심으로 많은 사람들이 보고 있습니다. 영화감상 인구는 1996년까지 매년 감소 일로에 있었으나, 현재는 다소 회복 추세에 있습니다. 2000년대에 접어들면서, 복합영화관 등으로 리모델링되어 가격에서도 심야할인(지정된 시간 이후의 요금할인)이나 레이디스데이(지정된 요일의 여성요금할인)를 마련하는 등 집객률을 높이기 위한 노력을 해왔습니다. 현재는 인터넷 배포와 스마트폰을 이용한 티켓 구입, 포인트제도의 도입 등 다양한 방법이 모색되고 있습니다.

❶ 日本で人気のある海外映画

現在、日本でもっとも人気のある海外映画はアメリカのハリウッド映画です。なかでも『スターウォーズ』『ジュラシック・ワールド』『ハリーポッター』などの作品が人気を得ています。また、『アナと雪の女王』が大ヒットとなったディズニー映画は根強い人気があります。ハリウッド以外に注目されているのはアジア映画です。2000年代には韓国映画のカン・ジェギュ監督の『シュリ』やバク・チャヌク監督の『JSA』、イ・ジェハン監督の『私の頭の中の消しゴム』などが人気を集めました。

❷ 日本映画

日本映画は1950～60年代にもっとも人気があったといわれています。このころの代表的な作品としては、黒澤明監督の『七人の侍』や、山田洋次監督の『男はつらいよ』、福田純監督や手塚昌明監督が手がけた『ゴジラ』シリーズなどがあります。その後、洋画の人気に押され、2002年にはついに日本映画のシェアは全体の約3割を切ってしまいました。

しかし、2000年代前半には北野武監督の『座頭市』や、宮崎駿監督の『千と千尋の神隠し』などが数々の国際映画賞を受賞し、徐々に巻き返しを図っています。近年の日本映画は、従来からのアニメ映画はもちろんのこと、『進撃の巨人』『るろうに剣心』『テルマエ・ロマエ』などコミック原作の実写版映画が増えています。

●● 千と千尋の神隠し
2004 二馬力・TGNDDDT
発売先　ブエナビスタホームエンターテイメント
4,947円 (税込)

❸ ジブリアニメ

現在、日本を代表する映画といえばスタジオジブリ(宮崎駿・高畑勲の両監督を中心に、劇場用アニメーション映画の製作をしているスタジオ)のアニメ映画があげられます。なかでも宮崎駿監督の映画は、自然との共生・戦いや、人間同士の温かい心のふれあいなどが描かれ、多くの人びとに支持されています。

❶ 일본에서 인기 있는 외국 영화

현재 일본에서 가장 인기 있는 외국 영화는 미국 할리우드 영화입니다. 그중에서도 『스타워즈』, 『쥬라기월드』, 『해리포터』 등의 작품이 인기를 얻고 있습니다. 또한 흥행에 대성공한 『겨울왕국』 등 디즈니 영화는 꾸준한 인기가 있습니다. 할리우드 이외에 주목받고 있는 것은 아시아 영화입니다. 2000년대에는 한국 영화 강제규 감독의 『쉬리』나 박찬욱 감독의 『공동경비구역 JSA』, 이재한 감독의 『내 머리 속의 지우개』 등이 인기를 끌었습니다.

❷ 일본 영화

일본 영화는 1950~60년대에 가장 인기가 있었다고 합니다. 이 시기의 대표적인 작품으로는 구로사와 아키라 감독의 『7인의 사무라이』나 야마다 요지 감독의 『남자는 괴로워』, 후쿠다 준 감독이나 데즈카 마사아키 감독이 다룬 『고질라』 시리즈 등이 있습니다. 그 후 서양 영화의 인기에 밀려 2002년에는 마침내 일본 영화의 시장 점유율이 전체의 약 30% 이하로 떨어지고 말았습니다.

그러나 2000년대 전반에는 기타노 다케시 감독의 『자토이치』나 미야자키

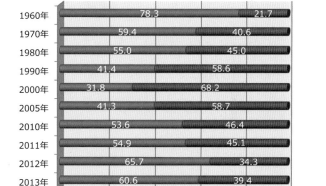

▶ 영화 흥행 수입 점유율의 추이

	일본영화	해외영화
1960年	78.3	21.7
1970年	59.4	40.6
1980年	55.0	45.0
1990年	41.4	58.6
2000年	31.8	68.2
2005年	41.3	58.7
2010年	53.6	46.4
2011年	54.9	45.1
2012年	65.7	34.3
2013年	60.6	39.4
2014年	58.3	41.7

일반사단법인 일본영화제작자 연맹 website 「일본영화산업 통계」

하야오 감독의 『센과 치히로의 행방불명』 등이 많은 국제영화상을 수상하여, 서서히 반격을 도모하고 있습니다. 최근 일본 영화는 종래의 애니메이션 영화는 물론, 『진격의 거인』 『바람의 검심』 『테르마에·로마에』 등 만화 원작의 실사판 영화가 늘고 있습니다.

❸ 지브리 애니메이션

현재 일본을 대표하는 영화라고 하면 스튜디오 지브리 (미야자키 하야오·다카하타 이사오 두 감독을 중심으로 극장용 애니메이션 영화를 제작하고 있는 대형 영화사)의 애니메이션 영화를 들 수 있습니다. 그중에서도 미야자키 하야오 감독의 영화는 자연과의 공생·전쟁이나 인간과 인간의 마음 따뜻해지는 교감 등을 그려 많은 사람들의 지지를 얻고 있습니다.

●● 지브리 미술관

▶ **スタジオジブリ作品一覧表**

作品	年	監督	内容紹介
風の谷のナウシカ	1984	宮崎駿	スタジオジブリの原点となった作品。
天空の城ラピュタ	1986	宮崎駿	空に浮かぶ宝の島ラピュタをめぐる冒険物語。
となりのトトロ	1988	宮崎駿	スタジオジブリの代表作。トトロとの出会いを通じた心温まるファンタジー。
火垂るの墓	1988	高畑勲	アジア太平洋戦争を題材とした作品。
魔女の宅急便	1989	宮崎駿	少女キキの成長を描いた物語。
おもひでぽろぽろ	1991	高畑勲	自身の過去を回想しながら、自分探しの旅に出る。
紅の豚	1992	宮崎駿	自分に魔法をかけブタになった男の生き方を描いた作品。
海がきこえる	1993	望月智充	高知、夏、17歳。拓にとって理伽子は親友の片思いの相手のはずでした…。
平成狸合戦ぽんぽこ	1994	高畑勲	大都市で暮らすタヌキたちの生活を描いた物語。
耳をすませば	1995	近藤善文	読書好きの女の子しずくが恋をしました。甘く切ない青春ストーリー。
On Your Mark	1995	宮崎駿	『耳をすませば』併映作品。(上映時間6分)
もののけ姫	1997	宮崎駿	「生きろ」がキーワード。
となりの山田くん	1999	高畑勲	家内安全は、世界の願い。山田一家の日常生活が覗けます。
千と千尋の神隠し	2001	宮崎駿	「不思議の町」に迷い込んだ少女千尋の成長を描いた物語。
猫の恩返し	2002	森田宏幸	『耳をすませば』と同じ世界観。
ハウルの動く城	2004	宮崎駿	ヒロインは90歳の少女ソフィー。魔法使いハウルとの淡い恋物語。
ゲド戦記	2006	宮崎吾朗	『指輪物語』『ナルニア国物語』と並ぶ世界三大ファンタジーが原作。
崖の上のポニョ	2008	宮崎駿	5歳の男の子・宗介と「人間になりたい」と願うさかなの女の子・ポニョの愛と冒険を描いた物語。
借りぐらしのアリエッティ	2010	米林宏昌	イギリスのメアリー・ノートンの児童文学『床下の小人たち』を映画化したもの。
コクリコ坂から	2011	宮崎吾朗	1963年の横浜を舞台に高校生の恋と出生の秘密をめぐる物語。高橋千鶴の同名マンガが原作。
風立ちぬ	2013	宮崎駿	零戦設計者・堀越二郎とイタリア人のジャンニ・カプローニとの時空を越えた友情ストーリー。
かぐや姫の物語	2013	高畑勲	『竹取物語』には描かれなかった、人間「かぐや姫のほんとうの物語」を描いた作品。
思い出のマーニー	2014	米林宏昌	祖母を亡くした内気な少女杏奈が、古い屋敷に住む不思議な少女マーニーとの交流を通じて心を開いていく。
レッドタートル ある島の物語	2016	マイケル・デュドク・ドゥ・ヴィット	島に孤立した男と巨大なカメの物語。スタジオジブリとして初の海外との共同制作作品。

작품	년	감독	내용 소개
바람 계곡의 나우시카	1984	미야자키 하야오	스튜디오 지브리의 원점이 된 작품.
천공의 성 라퓨타	1986	미야자키 하야오	하늘에 떠 있는 보물섬 라퓨타를 둘러싼 모험이야기.
이웃집 토토로	1988	미야자키 하야오	스튜디오 지브리의 대표작. 토토로와의 만남을 통한 마음 따뜻해지는 판타지.
반딧불이의 묘	1988	다카하타 이사오	아시아 태평양 전쟁(제2차 세계대전)을 소재로 한 작품.
마녀 배달부 키키	1989	미야자키 하야오	소녀 키키의 성장을 그린 이야기.
추억은 방울방울	1991	다카하타 이사오	자신의 과거를 회상하며 자아를 찾는 여행을 떠난다.
붉은 돼지	1992	미야자키 하야오	자신에게 마법을 걸어 돼지가 된 남자의 삶을 그린 작품.
바다가 들린다	1993	모치즈키 도모미	고치, 여름, 17살. 다쿠에게 리카코는 친구의 짝사랑 상대였습니다….
폼포코 너구리 대작전	1994	다카하타 이사오	대도시에서 사는 너구리들의 생활을 그린 이야기.
귀를 기울이면	1995	곤도 요시후미	독서를 좋아하는 소녀 시즈쿠가 사랑에 빠졌습니다. 달콤하고 애달픈 청춘 러브스토리.
On Your Mark	1995	미야자키 하야오	「귀를 기울이면」과 함께 상영한 작품. (상영시간 6분)
원령 공주	1997	미야자키 하야오	'살아라'가 키워드.
이웃집 야마다군	1999	다카하타 이사오	가내 안전은 세계의 소원. 야마다 일가의 일상생활을 엿볼 수 있습니다.
센과 치히로의 행방불명	2001	미야자키 하야오	'이상한 마을'로 잘못 찾아든 소녀 치히로의 성장을 그린 이야기.
고양이의 보은	2002	모리타 히로유키	「귀를 기울이면」과 같은 세계관.
하울의 움직이는 성	2004	미야자키 하야오	히로인은 90세의 소녀 소피. 마법사 하울과의 담백한 사랑이야기.
게드전기	2006	미야자키 고로	「반지의 제왕」「나니아 연대기」와 견주는 세계 3대 판타지가 원작.
벼랑 위의 포뇨	2008	미야자키 하야오	5살 소년 소스케와 '인간이 되고 싶다'는 소원을 가진 물고기 소녀 포뇨와의 사랑과 모험을 그린 이야기.
마루 밑 아리에티	2010	요네바야시 히로마사	영국의 메리 노튼의 아동문학 '마루 밑 바로우즈'를 영화화 한 것.
코쿠리코 언덕에서	2011	미야자키 고로	1963년의 요코하마를 무대로 고등학생의 사랑과 출생의 비밀을 둘러싼 이야기. 다카하시 지즈루의 동명 만화가 원작.
바람이 분다	2013	미야자키 하야오	제로 전투기의 설계자 호리코시 지로와 이탈리아인 지오바니 카프로니와의 시공을 초월한 우정 이야기.
가구야 공주 이야기	2013	다카하타 이사오	「다케토리 모노가타리」에는 그리지 못했던 인간 「가구야 공주의 진짜 이야기」를 그린 작품.
추억의 마니	2014	요네바야시 히로마사	할머니를 잃은 내성적인 소녀 안나가 낡은 저택에 사는 신비로운 소녀 마니와 교류를 통해 마음을 열어간다.
붉은 거북 어느 섬의 이야기	2016	미카엘 뒤독 더빗	섬에 고립된 남자와 거대한 거북의 이야기. 스튜디오 지브리의 첫 해외 공동제작작품.

現代日本の大衆娯楽

高度経済成長以降、「日本人は働きすぎである」と指摘されてきました。しかし、現在では週休2日制の普及などによって状況は大きく改善され、労働時間もほかの先進国とほぼ同じ水準にまで減少しました。そしてそれにともない、人びとの自由時間も増え、娯楽も多様化の様相を見せています。それらの変化はどのような社会の様相を映しだしているのでしょうか。

1 動物園・水族館・遊園地・テーマパーク

動物園や水族館、遊園地は昔からファミリーやカップルに親しまれ、現在も休日になると多くの人びとでにぎわっています。しかし一方では、次々に誕生する新しい娯楽施設に人気を取られ、一部では経営不振に陥り閉園するところも出てきています。そのようななか、遊園地の進化系ともいうべきものとして登場したのがテーマパークです。Tokyo Disney Resort(千葉)やUNIVERSAL STUDIOS JAPAN(大阪)などがその代表例で、ディズニーやハリウッド映画などの世界が体験できるアトラクションが人気をよび、多くの人びとが訪れています。また近年では、劇場、映画館、大型ゲームセン

현대 일본의 대중오락

고도경제성장 이후 '일본인은 일을 너무 많이 한다'라고 지적받아 왔습니다. 그러나 현재는 주5일제 확산 등에 의해 상황이 크게 개선되고 노동시간도 다른 선진국들과 거의 같은 수준까지 감소하였습니다. 그리고 결과적으로 사람들의 자유시간도 늘어, 놀거리도 다양화되는 양상을 보이고 있습니다. 이러한 변화는 사회의 어떤 양상을 나타내고 있을까요?

●● 가라오케를 즐기는 사람들

1 │ 동물원·수족관·유원지·테마파크

동물원이나 수족관, 유원지는 옛날부터 가족이나 연인들에게 친근한 곳으로, 현재도 휴일이 되면 많은 사람들로 북적입니다. 그러나 한편으로는 잇달아 생겨나는 새 오락 시설에 인기를 빼앗겨, 일부에서는 경영 부진에 빠져 문을 닫는 곳도 생기고 있습니다. 그러한 가운데 유원지가 진화한 모양이라고 할 수 있는 테마파크의 등장입니다. 도쿄 디즈니 리조트(지바)나 유니버설 스튜디오 재팬(오사카) 등이 그 대표적 사례

●● 유니버설 스튜디오 재팬(오사카)

로, 디즈니나 할리우드 영화 등의 세계를 체험할 수 있는 어트랙션이 인기를 불러 일으켜 많은 사

ターなどを併設した「テーマ型複合商業施設」や、食べ物の名店を集めた「フードテーマパーク」、「温泉付きテーマパーク」などの新たな娯楽施設も人気があります。

▶ 2014年度余暇活動ランキング（単位：万人）

1	国内観光旅行 (避暑、避寒、温泉など)	5,400	6	複合ショッピングセンター・ アウトレットモール	4,430
2	外食(日常的なものは除く)	5,000	7	映画(テレビは除く)	4,050
3	読書(仕事、勉強などを除く)	4,990	8	動物園、植物園、水族館、 博物館	3,690
4	ドライブ	4,870	9	ウォーキング	3,630
5	ウィンドウショッピング	4,510	10	ビデオの鑑賞(レンタルを含む)	3,590

公益財団法人 日本生産性本部『レジャー白書』(2015)

2 | スポーツ観戦

日本のスポーツ観戦はほとんどが野球でした。しかし、1993年にサッカーのJリーグが開幕すると多くの若者がサッカーに熱中し、2002年の韓日共催のワールドカップでは大きな盛り上がりをみせ、現在、サッカーは野球に次ぐ人気第2位のスポーツとなっています。

●● 相撲

一方、人気スポーツ第1位の野球は他スポーツの人気上昇を背景に、現在では多くの球団が赤字経営にあり、球団同士の合併問題も進展するなど、苦しい状況がつづいています。また、人気選手の相次ぐアメリカ大リーグへの移籍も国内野球が低迷する一つの要因となっています。そのほか、近年、女子スポーツへの関心も高まっています。特に2011年のFIFA女子ワールドカップで優勝した女子サッカーは人気を博しています。また、日本の国技である大相撲も多くの人びとに観戦されているスポーツの一つです。しかし、観戦者の多くは高齢者となっており、最近では若者の相撲への無関心が深刻視されています。

람이 찾고 있습니다. 또 근래에는 극장, 영화관, 대형 게임센터 등을 병설한 '테마형 복합상업시설'
이나 먹거리로 유명한 가게들을 모아 놓은 '푸드 테마파크', '온천 테마파크' 등 새로운 오락 시설도
인기가 있습니다.

▶ **2014년도 여가활동 랭킹** (단위 : 만 명)

1	국내관광여행(피서, 피한, 온천 등)	5,400	6	복합 쇼핑센터·아울렛몰	4,430
2	외식(일상적인 것은 제외)	5,000	7	영화(TV는 제외)	4,050
3	독서(일, 공부 등 제외)	4,990	8	동물원, 식물원, 수족관, 박물관	3,690
4	드라이브	4,870	9	걷기	3,630
5	윈도 쇼핑	4,510	10	비디오 감상(렌탈 포함)	3,590

공익재단법인 일본 생산성본부 「레저백서」 (2015)

2 │ 스포츠 관전

일본의 스포츠 관전은 대부분이 야구였습니다. 그러나 1993년에
축구의 J리그가 개막되자 많은 젊은이들이 축구에 열광하였고,
2002년 한일 공동 월드컵에서는 크게 고무되어 현재, 축구는 야구
에 이은 인기 2위의 스포츠가 되었습니다.

한편, 인기 스포츠 1위인 야구는 다른 스포츠들이 인기가 상승함
에 따라 현재는 많은 구단이 적자 경영에 놓이게 되어, 구단 간의
합병문제도 진전되는 등 어려운 상황이 계속되고 있습니다. 또한
인기 선수의 잇따른 미국 메이저리그 이적도 국내야구가 침체되는
하나의 요인이 되고 있습니다.

그 밖에 최근 여자 스포츠에 대한 관심도 높아지고 있습니다. 특히 2011년 FIFA 여자 월드컵에서
우승한 여자 축구는 인기를 누리고 있습니다.

또한 일본의 국기인 오즈모[1]도 많은 사람들이 관전하고 있는 스포츠 중 하나입니다. 그러나 관전자
의 대다수는 고령자여서, 요즘은 젊은이들의 스모에 대한 무관심도 더해가고 있습니다.

▶ **각 스포츠 티켓 요금** (어림셈)

종목	요금
야구	1,000~6,000엔
축구	2,000~6,000엔
여자 축구	1,000~2,000엔
스모	2,000~12,000엔

---

1 오즈모 일본 스모 협회가 개최하는 프로 스모 대회

3 | ゲーム

TVゲームは1983年に任天堂がファミリーコンピュータ(ファミコン)を発売して以来、子どもや学生を中心に国内外を問わず、爆発的な人気を獲得しました。最近は従来のコンシューマーゲーム(TVゲーム、携帯型ゲーム)だけではなく、インターネットを利用したオンラインゲーム(PCゲーム、モバイルゲーム、SNS連携ゲームなど)が人気を博しています。また、2014年の日本のゲーム市場は1兆1,925億円で過去最高となり(「ファミ通ゲーム白書2015」)、中国・アメリカに次ぐ第3位の規模になっています。

4 | そのほかの娯楽

そのほかにも多種多様な娯楽が存在します。近年では、手軽で幅広い年齢層で行えるウォーキングやジョギングなどをする人びとや、釣りやゴルフを楽しむ人びとも多くなっています。また、若者たちの間では、主に夏を中心に楽しまれている「マリンスポーツ」(サーフィン、スキューバダイビング、水上スキーなど)や冬を中心に楽しまれる「ウィンタースポーツ」(スキー、スノーボード、スケート)なども依然として人気があります。

▶ スポーツ参加人口(単位:万人)

1	ウォーキング・軽い体操	40,172	6	登山・ハイキング	10,457
2	ボウリング	14,621	7	サイクリング	10,110
3	水泳	12,030	8	つり	9,281
4	器具を使ったトレーニング	11,243	9	ゴルフ(練習場を含む)	9,240
5	ジョギング・マラソン	10,956	10	野球(キャッチボールを含む)	8,122

総務省統計局『社会生活基本調査』(2011)

3 │ 게임

TV 게임은 1983년에 닌텐도가 패밀리 컴퓨터(파미콘)를 발매한 이후 아이들이나 학생들을 중심
으로 국내외를 불문하고 폭발적인 인기를 얻었습니다. 최근에는 기존의 컨슈머 게임[2](TV게임, 휴
대형 게임)뿐만 아니라 인터넷을 이용한 온라인 게임(PC 게임, 모바일 게임, SNS 연계 게임 등)이
인기를 얻고 있습니다. 또한 2014년 일본의 게임 시장은 1조 1,925억 엔으로 사상 최고액을 갱신
하여(『파미통 게임 백서 2015』), 중국·미국에 이어 제 3위의 규모가 되었습니다.

4 │ 그 밖의 오락

이 외에도 각양각색의 오락이 존재합니다. 최근에는 간편하고 폭 넓은 연령층에서 할 수 있는 워킹
이나 조깅 등을 하는 사람들이나 낚시와 골프를 즐기는 사람들도 많아졌습니다. 또한 젊은이들 사
이에서는 주로 여름에 사랑받고 있는 '마린 스포츠'(서핑, 스쿠버 다이빙, 수상스키 등)나 겨울에
사랑받는 '윈터 스포츠'(스키, 스노보드, 스케이트) 등도 여전히 인기가 있습니다.

▶ **스포츠 참가 인구**(단위 : 만 명)

1	워킹·가벼운 체조	40,172	6	등산·하이킹	10,457
2	볼링	14,621	7	사이클링	10,110
3	수영	12,030	8	낚시	9,281
4	기구를 사용한 트레이닝	11,243	9	골프(연습장 포함)	9,240
5	조깅·마라톤	10,956	10	야구(캐치볼 포함)	8,122

총무성 통계국 『사회생활 기본조사』 (2011)

---

2 컨슈머 게임 소비자(컨슈머)인 개인이나 일반 가정이 직접 구입한다는 의미에서 붙여진 이름. 흔히 가정용 게임을 가리킨다.

日本は世界一のギャンブル大国!?

現代日本のギャンブル市場の規模は約25兆円にものぼり、宝くじも数字選択式のものが人気をよんで、現在では月1回以上購入する固定的な宝くじファンも1,200万人以上います(日本宝くじ協会調べ)。しかし、日本のギャンブル市場の大部分を占めるのはパチンコ・※パチスロで、その額は全米のカジノの掛け金の総額に匹敵することから、日本は「世界一のギャンブル大国」ともいえるかもしれません。こうしたなか、日本ではカジノの合法化を求める声が以前からあり、近年は2020年に開催される東京オリンピックを念頭に置いて、政府内でも税収増・地方の活性化などの経済効果のため、カジノの合法化が検討されていました。しかし、カジノ解禁による治安の悪化、マネーロンダリングの横行、ギャンブル依存症の増加などが危惧されるなど、反対意見も根強く存在します。

しかし、2016年12月、「特定複合観光施設区域の整備の推進に関する法律案」(「カジノ解禁推進法案」)が国会で可決され、「統合型リゾート地(IR:Integrated Resort)」としてカジノが解禁されることになりました。

※パチスロ：パチンコ店にあるスロット機の日本独自の呼び名。

質問

Q 「KARAOKE」は日本発祥の文化と聞きましたが、その語源は何ですか。

A 「カラオケ」という言葉は、「空のオーケストラ(伴奏のみの録音)」の略語です。日本では一日あたりのカラオケ歌唱人口は600万人以上にも達し、現在こそ一時のカラオケブームは収まっていますが、依然として学生など若い世代を中心に広く楽しまれており、現代日本の娯楽を語る上で欠かせないものになっています。

컬럼

일본은 세계 최대의 도박대국!?

오늘날 일본의 도박 시장 규모는 약 25조 엔에 이르며, 복권도 숫자 선택 방식이 인기를 얻어, 현재는 월 1회 이상 구입하는 고정적인 복권 애호가도 1,200만 명 이상 있습니다(일본 복권협회 조사). 그러나 일본 도박 시장의 대부분을 차지하는 것은 파친코 · *파치슬로(슬롯머신)로 그 액수가 미국 전체의 카지노 배팅 총액에 필적하기 때문에, 일본은 '세계 최대의 도박대국'이라고 할 수 있을지도 모릅니다. 이러한 가운데, 일본에서는 카지노의 합법

●● **파친코 풍경**

화를 요구하는 목소리가 이전부터 있어, 최근에는 2020년에 개최되는 도쿄올림픽을 염두에 두고, 정부 내에서도 세수 증가 · 지방 활성화 등의 경제 효과를 위해, 카지노의 합법화가 검토되었습니다. 그러나 카지노 해금에 의한 치안 악화, 자금 세탁의 횡행, 도박 중독의 증가 등을 우려하는 등 반대 의견도 뿌리 깊게 존재합니다.

그러나 2016년 12월, '특정 복합 관광 시설 구역 정비 추진에 관한 법률안'('카지노 해금 추진 법안')이 국회에서 가결되어 '통합형 리조트(IR:Integrated Resort)'로서 카지노가 해금되게 되었습니다.

※ 파치슬로 : 파친코 점에 있는 슬롯머신의 일본의 독자적인 명칭.

질문

Q '가라오케'는 발상지가 일본인 문화라고 들었습니다만, 그 어원은 무엇입니까?

A '가라오케'란 말은 '비어 있는 오케스트라(반주만 있는 녹음)'의 준말입니다. 일본에서는 하루에 가라오케에서 노래를 부르는 인구는 600만 명 이상이나 되며, 현재는 한때의 가라오케 붐은 다소 진정되었습니다만, 여전히 학생 등 젊은 세대를 중심으로 널리 즐기고 있어, 현대 일본의 놀거리를 말하는 데 있어서 빠질 수 없는 것입니다.

現代日本の若者文化

みなさんにとって、もっとも身近な日本人は大学やアルバイト先で出会う日本の若者なのではないでしょうか。日本の若者の間には年代独特の文化があり、それは常に世相を反映した移り変わりが激しい文化です。

1 │ 若者ことば

ことばは文化の産物であり、文化によって規定されています。若者ことばも同様で、ことばの規範から自由に新たな語を作りだし、新たな意味と用法が編みだされつづけてきました。近年の特徴としては、スマートフォンの普及により、SNSや文字数が限られたツイッターで使用される短く省略されたことばが増えてきていることがあげられます。若者ことばは同年代同士の会話のなかで用いられているものなので、目上の人には用いないようにしましょう。

현대 일본의 젊은 문화

여러분에게 있어서 가장 친근한 일본인은 대학이나 아르바이트 하는 곳에서 만나게 되는 일본의 젊은이가 아닌가요? 일본 젊은이들 사이에는 연령대에 따른 독특한 문화가 있으며, 이는 항상 시대를 반영해 변화가 심합니다.

◉ ◉ 일본의 젊은이들

1 | 젊은이 언어

말은 문화의 산물이며, 문화에 의해 규정됩니다. 젊은이들의 언어도 이와 같으며 말의 규범에서 자유롭게 새로운 말을 만들어내고, 새로운 의미와 용법이 고안되어 왔습니다. 최근의 특징으로서는, 스마트폰의 보급에 따라 SNS나 글자 수가 한정된 트위터에서 사용되는 짧게 생략된 말이 늘어나고 있는 것을 들 수 있습니다. 젊은이 말은 같은 또래 친구들 사이의 대화에 쓰이는 것이므로 윗사람에게는 사용하지 않도록 합시다.

あ行	愛上男 （あいうえお）	恋愛上手な男性。「あえて恋愛上手に見せないのが、愛上男のテクニックなのかな。」
	あけおめ ことよろ	「あけましておめでとうございます。今年もよろしくお願いします。」の略。新年の挨拶。
	アピる	「アピールする」の略。主に、好きな異性に自分の存在や好意を伝える意味で使う。 「めっちゃアピったのに全然相手にされないよ〜。」
	あーね	「あー、なるほどね。」「あー、そうだね。」など、納得した様子を表すことば。メールや ツイッターでよく使われる。
	いえのみ	店や居酒屋で酒を飲まず、自宅や自室で行う飲み会のこと。「昨日はいえのみだったんだね。」
	いたでん	いたずら電話。「最近よくいたでんかかってくるんだ。」
	イタい	非常識な言動をする人に対して不憫、みじめに思うこと。当初はネットスラングだった が、今では一般に浸透している。「彼女が意外とイタかった。」
	イミフ	意味不明。
	液タブ （えきタブ）	液晶ペンタブレットの略。
	オキニ	お気に入りの略。自分の好きなファッションやアーティスト、お店など好きなもの全般 に使う。「この店、最近、オキニなんだ。」
	オールする	徹夜する。「明日テストだから、今日はオールします。」
か行	ガチ	後につづくことばの意味を強める接頭辞。ニュアンスは「マジ」よりも強い。または、物事に 真剣に取り組む様子。「今日のテスト、ガチでやばい。」「あいつら文化祭だけはガチだから。」
	かてきょ	家庭教師。「バイト、何してるの？」「かてきょだよ。」
	ゲンチャ （ゲンチャリ）	原動機付き自転車。「学校までゲンチャで来てるんだ。」
	ぐぐる	インターネットの検索エンジンGoogleで調べること。今ではグーグルにこだわらず、 ネットで検索することを指す。「後でぐぐっときます。」
	コピペ	コピー＆ペーストの略。「それはコピペしたほうが早いよ。」
	コピる	コピーする。「ノート、コピっていい？」
さ行	さむい	しゃれ、ギャグなどがおもしろくない。「親父ギャグってさむいよね。」
	ジハン	自動販売機。「ジハンでジュース買ってくるよ。」
	じこちゅう	自己中心。「あの人、じこちゅうすぎるよね。」
	じこまん	自己満足。「単なるじこまんじゃない。」
た行	タクる	タクシーに乗る。「終電ないし、タクって帰るよ。」
	たべほ	食べ放題。「この店、デザートたべほなんだって。」
	ため	同級生、同じ年。「ためなんだし、敬語使わなくていいよ。」
	トダキャン	間際に約束をキャンセルすること。「ドタキャンの理由って仕事が多いよね。」
	トンデモ	とんでもないの略。「その話はトンデモじゃない？」

あ행	愛上男 あいうえお	연애를 잘하는 남성. '연애에 능숙해 보이지 않는 것이, 아이우에오의 테크닉일지도 몰라.'
	あけおめ ことよろ	'새해 복 많이 받으세요. 올해도 잘 부탁드립니다.'의 준말. 새해 인사.
	アピる	'어필하다'의 준말. 주로 좋아하는 이성에게 자신의 존재와 호의를 전하는 의미로 사용한다. '엄청 어필했는데도 전혀 상대해 주지 않아~.'
	あーね	'아~, 과연.' '아~ 그러네.' 등, 납득한 상태를 표현하는 말. 메일이나 트위터에서 자주 사용된다.
	いえのみ	가게나 술집에서 술을 마시지 않고 집이나 방에서 하는 술자리를 말함. '어제는 집술했어.'
	いたでん	장난전화. '최근 자주 장난전화가 걸려온단 말이야.'
	イタい	비상식적인 언동을 하는 사람에 대해서 안타까워 비참하게 생각하는 것. 처음에는 인터넷 속어였지만, 지금은 일반적으로 통용되고 있다. '그녀가 의외로 챙피했어.'
	イミフ	의미불명.
	液タブ えきた	액정 펜 태블릿의 준말. (터치스크린 액정을 탑재한 태블릿을 가리키는 말로, 모니터에 직접 필기가 가능한 제품의 통칭)
	オキニ	'마음에 듦'의 준말. 자기가 좋아하는 패션이나 아티스트, 가게 등 좋아하는 것 전반에 사용한다. '이 가게, 요즘 마음에 들어.'
	オールする	밤샘하다. '내일 시험이라서 오늘은 밤샘합니다.'
か행	ガチ	뒤에 이어지는 말의 의미를 강조하는 접두사. 뉘앙스는 '마지(マジ, 진심·진정)'보다 강하다. 또는 매사에 진지하게 임하는 모습. '오늘 시험, 진짜 불안하다.', '그 녀석들 문화제만큼은 신중하다니까.'
	かてきょ	가정교사. '아르바이트, 뭐하고 있어?', '가정교사야.'
	ゲンチャ (ゲンチャリ)	원동기 장치 자전거(자동 충전되는 전기 자전거). '학교까지 원동기 장치 자전거로 통학하고 있어.'
	ぐぐる	인터넷 검색 엔진 구글(Google)에서 조사하는 것. 지금은 구글에 한정하지 않고 인터넷으로 검색하는 것을 가리킨다. '나중에 검색해 두겠습니다.'
	コピペ	카피 앤 페이스트의 준말. '그것은 복붙(복사해서 붙이기)하는 편이 빨라.'
	コピる	복사하다. '(강의)노트 복사해도 돼?'
さ행	さむい	신소리, 개그 등이 재미없다. '아재 개그는 썰렁해.'
	ジハン	자동판매기. '자판기에서 주스 사올게.'
	じこちゅう	자기중심. '저 사람 지나치게 자기중심적이야.'
	じこまん	자기만족. '단순한 자기만족이잖아.'
た행	タクる	택시를 타다. '막차도 끊겨서 택시 타고 갈게.'
	たべほ	무한리필. '이 가게, 디저트가 무한리필이래.'
	ため	동급생, 동갑내기. '동갑이니까 경어 안 써도 돼.'
	トダキャン	약속시간에 임박해서 갑자기 취소하는 것. 'トダキャン의 이유는 업무(핑계)가 많지.'
	トンデモ	'당치도 않다'의 준말. '그 이야기는 터무니없지 않아?'

な行	ネトゲ	ネットゲームの略。「昨日は一晩中ネトゲやってて眠い。」
	ネトモ	ネット上での友だち。実際にあって友人関係になると「リアトモ」となる。
は行	ばくすい (爆睡)	非常によく眠ること。「昨日、疲れてたからばくすいでした。」
	パクる	他人のアイディアなどを盗むこと。「このデザインってパクリじゃない?」
	はまる	夢中になる。熱中する。「最近、韓国ドラマにはまってるんだ。」
	パンキョー (般教)	一般教養科目の略。「パンキョーは早めにとっといたほうがいいよ。」
	ひゃっきん (百均)	百円均一ショップ。「ひゃっきんに行けばあると思うよ。」
	ブッチ	約束などを破ったり、断ったりすること。授業やバイトをサボること。 「今日のバイトはブッチしよう。」
	へこむ	落ち込む。がっかりする。失望する。「彼女にふられて、マジへこむ。」
	ポシャる	計画などが頓挫すること。「週末の旅行、風邪引いてポシャっちゃった。」
	ポチる	インターネット通販で買い物すること。画面上のボタンを押す擬態語「ポチッ」に由来する。「今月ポチりすぎて金がない。」
ま行	マジレス	真面目な返事(レスポンス)、コメントのこと。冗談で盛り上がっているなか、真剣なコメントをいうときに使う。
	マック/ マクド	マクドナルドの略語。「マック」が主流で、関西では「マクド」という。 「お昼、マック/マクド行こうよ。」
	盛る	誇張する。「それって、ちょっと盛ってない?」
や行	ヤバい	もとは良くない状況を表すことばだったが、最近は「楽しい」「おいしい」「うれしい」などプラスの感情にもよく使われる。「このケーキ、ヤバいよね(=おいしいよね)。」
ら行	リア充	ネット以外の現実生活が充実している人のこと。「彼女が出来たって? リア充だな。」
	リーマン	サラリーマンの略。「リーマンって大変だよね。」
わ行	ワンパ	ワンパターンの略。「この番組、ほんとにワンパだな。」
その他	RT	ツイッターで他人のつぶやきを自分のアカウントで再配信すること。ReTweetの略。
	UFO	知らないうちにその場からいなくなったり、人間関係をうまく終了させること。 「昨日のコンパ、UFOしたよね。」

「若者言葉辞典、あなたはわかりますか?」(http://bosesound.blog133.fc2.com/)

な행	ネトゲ	인터넷 게임의 준말. '어제 밤새 인터넷 게임해서 졸려.'
	ネトモ	인터넷상의 친구. 실제로 만나서 친구가 되면 '리얼 친구'가 된다.
は행	ばくすい (爆睡)	매우 잘 자는 것. '어제는 피곤해서 깊이 잠들었습니다.'
	パクる	다른 사람의 아이디어 등을 훔치는 일. '이 디자인 훔친 거 아냐?'
	はまる	몰두하다. 열중하다. '최근 한국 드라마에 푹 빠졌어.'
	パンキョー (般教)	일반교양과목의 준말. '일반교양과목은 빨리 수강해 두는 게 좋아.'
	ひゃっきん (百均)	100엔 균일샵. '100엔 샵에 가면 있을 것 같아.'
	ブッチ	약속 등을 깨거나 거절하는 것. 수업이나 아르바이트를 빼먹는 것. '오늘 알바는 땡땡이치자.'
	へこむ	기가 죽다. 낙심하다. 실망하다. '그녀에게 차여서 진심 우울하다.'
	ポシャる	계획 등이 좌절되는 것. '주말여행, 감기 걸려서 포기했다.'
	ポチる	인터넷 쇼핑몰에서 쇼핑하는 행위. 화면상의 버튼을 누르는 의태어 「ポチッ」에서 유래한다. '이번 달에 인터넷 쇼핑을 너무 많이 해서 돈이 없다.'
ま행	マジレス	진지한 대답(response), 코멘트를 말함. 농담으로 분위기가 고조되는 가운데, 진지한 말을 할 때 사용한다.
	マック／マクド	맥도날드의 준말. '맛쿠'를 주로 많이 사용하고, 간사이 지방에서는 '마쿠도'라고 한다. '점심은 맛쿠/마쿠도에 가자.'
	盛る	과장하다. '그거 좀 과장 아냐?'
や행	ヤバい	원래는 좋지 않은 상황을 나타내는 말이었지만, 최근에는 '즐겁다', '맛있다', '기쁘다' 등 고조된(플러스) 감정에도 자주 사용된다. '이 케이크 죽이네~'
ら행	リア充	인터넷 이외의 현실생활에 충실한 사람. '여자 친구가 생겼다고? 생활에 충실하구나.'
	リーマン	샐러리맨의 준말. '샐러리맨은 힘들구나.'
わ행	ワンパ	원 패턴의 준말. '이 프로그램은 정말로 원 패턴이군.'
기타	RT	트위터에서 다른 사람의 글을 자신의 계정에서 다시 전달하는 것. 리트윗(ReTweet)의 준말.
	UFO	모르는 사이에 그 장소에서 사라지거나 인간관계를 제멋대로 정리하는 행위. '어제 친목 모임에서 갑자기 안 보이던데?'

'젊은이 단어사전, 당신은 압니까?' (http://bosesound.blog133.fc2.com/)

2 ファッション

現在の若者ファッションは、一人一人が好きな格好をしていて、個性が強く、一つに括ることができません。また、周りもその個性を尊重しようという環境になっています。いまやファッションは自己表現の大事な手段なのです。

しかし、一方では雑誌などの影響が強く、似たような服装や髪型をしている若者も増えています。周りと同じ格好をすることで仲間意識をもち、安心感を得ているように思われます。

また、バブル時代以降、若者のブランド志向は強いといわれてきました。ルイ・ヴィトン〔LOUIS VUITTON〕やエルメス〔HERMES〕、グッチ〔GUCCI〕、といった高級ブランドの財布やバッグをもつことは一つのステータスであると認識されてきました。

一方、近年は自分に合ったものをもつことや、手ごろな価格でも品質のよいものが見直され、若者のブランド離れが進んでいるといわれています。また、ユニクロ〔UNIQLO〕や、H&M、ZARA、GAPなど、流行を早く低価格で提供するファストファッションと呼ばれる商品も高い支持を得ています。ブランド品を購入する場合も、アウトレットやインターネットを利用するなど、消費形態が多様化しています。

3 携帯電話・スマートフォン

駅のホーム、電車のなか、授業中など、携帯電話(ケータイ)やスマートフォン(スマホ)を使用している若者の姿をよく見かけます。現代の若者にとって携帯電話やスマートフォンはなくてはならない「必需品」となっています。友だちや家族との新しいコミュニケーション手段なのです。待ち合わせなどのちょっとした用件でもメールやメッセージ、LINEなどで手軽に連絡することができるようになりました。また、ツイッター、facebookなどのSNS(ソーシャル・ネットワーキング・サービス)を利用する若者たちも多いです。

その一方で、携帯電話やスマートフォンでしかつながっていないような喪失感から、それらに依存しすぎている若者が目立つのも事実です。また、LINEなどのグループチャットは仲間や友人たちとの連絡において高い利便性を発揮していますが、他方で「いじめの温床」になる危険性も指摘されています。

2 | 패션

오늘날의 젊은이 패션은 각자 선호하는 스타일을 즐기며 개성이 강해, 획일적으로 말할 수는 없습니다. 또한 주위 사람들도 그 개성을 존중하려고 하는 사회(환경)가 되었습니다. 이제 패션은 자기표현의 중요한 수단인 것입니다.

그러나 한편으로는 잡지 등의 영향이 강해, 닮은 복장이나 머리모양을 하고 있는 젊은이들도 늘어나고 있습니다. 주위 사람들과 비슷한 스타일을 통해 동료의식을 가지고 안도하는 것 같습니다.

또한 버블 시대 이후, 젊은이들이 명품을 선호하는 경향은 강한 것으로 알려져 왔습니다. 루이비통(LOUIS VUITTON)이나 에르메스(HERMES), 구찌(GUCCI) 등 고급 명품 지갑이나 가방을 가지는 것은 하나의 지위(status)라고 인식되어 왔습니다.

한편, 최근에는 자신에게 맞는 것을 가지는 것이나, 적당한 가격으로도 품질이 좋은 것이 재평가되어, 젊은이의 명품 이탈이 진행되고 있다고 합니다. 또한, 유니클로(UNIQLO)나 에이치앤엠(H&M), 자라(ZARA), 갭(GAP) 등 유행하는 상품을 저가로 재빨리 제공하는 패스트 패션이라고 불리는 상품도 높은 지지를 받고 있습니다. 명품을 구입하는 경우에도 아울렛이나 인터넷을 이용하는 등 소비 행태가 다양화되고 있습니다.

3 | 휴대전화·스마트폰

역 플랫폼, 전철 안, 수업중 등 휴대전화나 스마트폰을 쓰고 있는 젊은이의 모습을 자주 봅니다. 오늘날 젊은이들에게 있어서 휴대전화나 스마트폰은 없어서는 안 될 '필수품'이 되었습니다. 친구나 가족과의 새로운 커뮤니케이션 수단인 것입니다. 만날 약속 등의 일상적 용건도 메일이나 메시지, LINE 등으로 손쉽게 연락할 수 있게 되었습니다. 또 트위터, 페이스북 등의 SNS(Social Networking Service)를 이용하는 젊은이들도 많습니다.

한편, 휴대전화나 스마트폰으로만 연결되어 있다는 상실감을 느끼거나, 그것들에 지나치게 의존하고 있는 젊은이가 눈에 띄는 것도 사실입니다. 또한 LINE 등의 그룹 채팅은 동료나 친구들과 연락수단으로 높은 편리성을 자랑하고 있습니다만, 한편으로 '집단 괴롭힘의 온상'이 될 위험성도 지적되고 있습니다.

しかし、学校の授業中や電車のなかなど、携帯電話・スマートフォンを使用すべきではない場所や時間に使用することはよいことではありません。また、10代〜30代の約半数以上がやっているといわれる「歩きスマホ」(駅や道路などで歩きながらスマートフォンを使用したり、操作したりすること)は事故を引き起こす原因にもなっています。コミュニケーションが手軽になった分、自己管理能力、相手や場所などへの配慮がより求められるようになったといえます。

▶ スマートフォンや携帯電話との接し方（複数回答）　　　　　　　　　　　　　　　　(単位：%)

項目	高校生	大学生	社会人
特にすることがないとき、とりあえず開く	59.3	76.2	69.9
家に置き忘れたら不安になる	38.6	56.3	53.2
朝起きたらまず見る	35.9	54.6	44.8
もっていないと友人とのつきあいがうまくいかないと思う	23.0	28.1	29.8
電車のなかでもずっといじっている	25.1	28.7	26.9
電話やメール／SNSのメッセージが来ないとさびしくなる	21.8	24.7	24.6
メールやSNSのメッセージを終わらせるタイミングがわからないことがある	24.7	23.5	20.2
メールやSNSのメッセージがきたらすぐに返信しなければならないと思う	12.9	13.7	14.7
メールやSNSのメッセージを送った相手からすぐに返信が来ないと不安になる	14.3	12.5	13.6
家族と食事をしているときでも友だちからメールやメッセージがきたらすぐ見る	11.6	12.2	14.7
手近にあり、通話やメール/SNSのメッセージの着信に気づく状態でないと不安になる	7.7	12.4	12.1
電波が不安定な場所に行くと不安になる	9.5	11.6	12.1
直接会って話すよりも、コミュニケーションしやすい	12.0	7.8	7.5
上記のなかに当てはまるものはない	19.9	6.9	11.6

総務省「青少年のインターネット利用と依存傾向に関する調査」(2013)

Q 若者はブランド品をどのようにして購入するのですか？

A 人それぞれですが、アルバイトをして自分で購入する人、両親に買ってもらう人などがいます。後者は少子化が進み、経済的にも豊かになった日本を象徴しているといえます。

質問

그러나 학교 수업중이나 전철 안 등 휴대전화·스마트폰을 사용해서는 안 되는 장소나 시간대에 사용하는 것은 바람직한 현상이 아닙니다. 또, 10대~30대의 약 절반 이상이 하고 있다는 '걸으면서 스마트폰(사용)'(역이나 도로 등에서 걸으면서 스마트폰을 사용하거나 조작하는 것)은 사고를 일으키는 원인이 되기도 합니다. 커뮤니케이션이 손쉬워진 만큼, 자기 관리 능력, 상대나 장소 등에 대한 배려가 좀더 요구된다고 할 수 있습니다.

▶ 스마트폰이나 휴대전화에 관한 사용자 패턴 (복수응답)　　　　　　　　　　　　　　　(단위:%)

항 목	고등학생	대학생	사회인
특별히 할 일이 없을 때, 일단 들여다본다	59.3	76.2	69.9
집에 놔둔 채 (잊고) 오면 불안해진다	38.6	56.3	53.2
아침에 일어나면 우선 본다	35.9	54.6	44.8
가지고 있지 않으면 친구와의 교제가 잘 안 된다고 생각한다	23.0	28.1	29.8
전철 안에서도 계속 만지작거리고 있다	25.1	28.7	26.9
전화나 문자/SNS의 메시지가 오지 않으면 쓸쓸함을 느낀다	21.8	24.7	24.6
문자나 SNS 메시지를 끝내게 할 타이밍을 모르는 경우가 있다	24.7	23.5	20.2
문자나 SNS 메시지가 오면 바로 답장해야한다고 생각한다	12.9	13.7	14.7
문자나 SNS 메시지를 보낸 상대방으로부터 바로 답장이 오지 않으면 불안해진다	14.3	12.5	13.6
가족과 식사를 하고 있을 때에도 친구로부터 문자나 메시지가 오면 바로 확인한다	11.6	12.2	14.7
가까이에 있어야 하고, 통화나 문자, SNS 메시지가 들어오는 것을 알아차리는 상태가 아니면 불안해진다	7.7	12.4	12.1
전파(통신상황)가 불안정한 장소에 가면 불안해진다	9.5	11.6	12.1
직접 만나서 이야기하는 것보다 의사소통하기 쉽다	12.0	7.8	7.5
윗 항목 중 해당되는 것은 없다	19.9	6.9	11.6

총무성 「청소년의 인터넷 이용과 의존 경향에 관한 조사」 (2013)

질문

Q　젊은이들은 어떻게 해서 명품을 구입하는 것입니까?

A　사람마다 다르겠습니다만, 아르바이트를 해서 자기 힘으로 구입하는 사람, 부모님에게 사달라고 하는 사람 등이 있습니다. 후자는 저출산현상이 진행되어, 경제적으로도 풍요로워진 일본을 상징하고 있다고 할 수 있습니다.

日本の祭り

観光客がたくさん訪れる祭りから町内で行われる小さな祭りまで、日本にはたくさんの祭りがあります。その多くの祭りの起源は、カミや精霊にお酒・食べ物・芸能をお供えすることが始まりだといわれています。春には豊作を祈る祭り、夏には疫病や作物への害を祓う祭り、秋・冬には収穫を喜ぶ祭りが行われてきました。

祭りの形式は地域によって大きく異なります。都市の祭りと農・山・漁村の祭りなどさまざまで、その多様な祭りの形態は現代にも引き継がれています。どのような祭りがあるのか、調べてみましょう。

1 | 昔ながらの祭り

時代とともに形は少しずつ変化していますが、数百年以上の歴史をもつ伝統的な祭りが日本には数多くあります。

① 祇園祭(祇園会)

毎年7月に1ヵ月をとおして行われます。7月17日と24日に山鉾を引き回しながら京都市内を練り歩く山鉾巡行が行われます。800年ごろに疫病をしずめるために始められた御霊会に起源があり、山鉾数十基が豪華に飾り付けられ、観光客の目を楽し

일본의 마쓰리

관광객이 많이 방문하는 마쓰리부터 동네 단위로 행해지는 작은 마쓰리까지 일본에는 다양한 마쓰리가 있습니다. 그 많은 마쓰리의 기원은 가미(신)나 정령에게 술·음식·예능을 바치는 것이 시작이었다고 합니다. 봄에는 풍작을 기원하는 마쓰리, 여름에는 전염병이나 농작물 피해가 없기를 바라는 마쓰리, 가을·겨울에는 수확을 기뻐하는 마쓰리를 해 왔습니다.

마쓰리의 형식은 지역에 따라 크게 다릅니다. 도시의 마쓰리와 농·산·어촌의 마쓰리 등 다양하며, 그 다양한 마쓰리의 형태는 오늘날에도 이어지고 있습니다. 어떤 마쓰리가 있는지 조사해 봅시다.

●● 기온마쓰리의 야마보코

1 │ 전통 마쓰리

시대와 함께 형태는 조금씩 변화하고 있지만, 일본에는 수백 년 이상의 역사를 지닌 전통적인 마쓰리가 많이 있습니다.

❶ 기온 마쓰리(기온에)

매년 7월에 한 달 동안 개최됩니다. 7월 17일과 24일에 야마보코[1]를 끌고 다니면서 교토 시내를 천천히 행진하는 야마보코 퍼레이드가 실시됩니다. 800년경에 전염병을 잠재우기 위해 시작된 고료에[2]에 기원을 두고, 야마보코 수십 기가 호화롭게 장식되어 관광객의 눈을 즐겁게 합니다. 호코

---

1 야마보코 산 모양의 장식대 위에 창·칼 등을 꽂은 화려한 수레   2 고료에 원한을 품고 죽은 영혼을 위로하기 위한 제사

ませています。鉾は２階建てになっており、山鉾の上では伝統的な伴奏楽器による「囃子」がにぎやかに演奏されます。

② ねぶた祭(ねぷた祭)

８月１日から７日にかけて東北地方の青森市ねぶた祭、弘前市ねぷた祭が行われています。極彩色の武者絵などを大きな燈籠(ねぶた・ねぷた)に描いて街中を引き回し、その燈籠の周囲に数千人が集まって踊りながら一緒に街を回ります。青森ねぶた祭の例年の観光客数は約300万人前後で、東北最大の祭りであるとともに、日本を代表する夏祭りの一つといえるでしょう。

③ 山王祭

東京の日枝神社で６月14日〜16日に開催される祭りです。1600年代の衣装を身にまとった行列や、子どもの健やかな成長を祈る子どものための行列、田楽という伝統的な舞踊の披露など、毎日異なる行事が開催されています。

④ 天神祭(天満祭)

大阪で７月24日〜25日の２日間にわたって開催され、のべ100万人以上の見物客でにぎわう祭りです。24日の前夜祭では、950年ごろの日本の時代衣装をまとった約3000人の大行列が繰り広げられ、太鼓を打つ人や伝統的な舞(踊り)も披露されます。翌日には、100隻あまりの船が淀川を行き交うなか、何千発もの花火が打ち上げられます。

⑤ 七夕祭り

８月６日から８日までの３日間、仙台市で行われる七夕行事です。繁華街の各商店街で大竹笹に豪華な吹き流しや色紙・短冊・千羽鶴・紙細工などを吊り下げて、その意匠や技術をコンクールで競います。七夕祭りは全国各地で行われますが、仙台七夕祭りは特に規模の大きさで有名です。

(鉾)는 2단으로 되어 있으며, 야마보코 위에서는 전통적인 반주 악기에 의한 '하야시[3]'가 흥겹게 연주됩니다.

② 네부타 마쓰리(네푸타 마쓰리)

8월 1일부터 7일에 걸쳐 도호쿠 지방의 아오모리시 네부타 마쓰리, 히로사키시 네푸타 마쓰리가 열리고 있습니다. 화려한 색감의 무사 그림 등을 큰 등롱(네부타·네푸타)에 그려서 시내를 여기저기 돌아다니며, 그 등롱 주위에 수천 명이 모여 춤을 추면서 함께 거리를 누빕니다. 아오모리 네부타 마쓰리의 예년 관광객 수는 약 300만 명 전후로 동북 최대의 마쓰리인 동시에, 일본을 대표하는 여름 마쓰리 중 하나라고 할 수 있겠습니다.

●● 네부타 마쓰리

③ 산노 마쓰리

도쿄의 히에 신사에서 6월 14일~16일에 개최되는 마쓰리입니다. 1600년대 의상을 차려입은 행렬이나 아이들이 건강하게 자라기를 비는 어린이를 위한 행렬, 덴가쿠라는 전통적인 무용 발표 등 매일 다른 행사가 개최됩니다.

④ 덴진 마쓰리(덴마 마쓰리)

오사카에서 7월 24일~25일 이틀에 걸쳐 개최되며, 총 100만 명 이상의 관광객으로 활기가 넘치는 마쓰리입니다. 24일 전야제에는, 950년경 일본의 전통 의상을 입은 약 3,000명의 대행렬이 펼쳐지고, 북을 치는 사람이나 전통적인 춤도 펼쳐집니다. 다음 날은 100척 남짓의 배가 요도가와 강을 오가며 수천 발의 불꽃을 쏘아 올립니다.

⑤ 다나바타 마쓰리

8월 6일에서 8일까지 3일간 센다이시에서 열리는 다나바타[4] 행사입니다. 번화가의 각 상점가에서 큰 대나무 장대에 호화로운 후키나가시[5]나 색종이·단자쿠[6]·센바즈루[7]·종이공예 작품 등을 매달고, 그 디자인이나 기술을 경연대회를 통해 경쟁합니다. 다나바타 마쓰리는 전국 각지에서 개최되지만, 특히 센다이 다나바타 마쓰리는 큰 규모로 유명합니다.

●● 센다이 다나바타 마쓰리

---

3 하야시 박자를 맞추어 흥을 돋우는 반주 음악　4 다나바타 칠석　5 후키나가시 좁고 긴 헝겊 여러 가닥을 반원형 또는 원형의 고리에 매어 긴 장대 끝에 매달아 바람에 나부끼게 하는 것　6 단자쿠 두껍고 조붓한 종이　7 센바즈루 많은 종이학을 실로 꿰어 단 것

⑥ 阿波踊り

毎年8月12日〜15日にかけて、徳島市を中心に徳島県一帯で行われる盆踊りです。現在の阿波踊りは、太鼓・笛などの楽器と歌に合わせ、男女の集団が数十組に分かれ町々を練り踊ります。踊りはリズミカルな音頭で、手足を交互に返して力強く押し出していくという動作の繰り返しで、子どもから老人まで簡単に踊ることができます。

NEWS コラム お神輿

祭りに行くと、彫刻や飾りで装飾された小さな建物またはお社を多くの人が担いで練り歩いている姿が見受けられます。これはお神輿と呼ばれ、古くは中国から伝えられ、現在でも多くの祭りの主役となっています。祭礼のときに、神がこの輿に乗り地域をめぐっていると考えられています。鶴亀や鳳凰などの彫刻が施されており、その巧妙な造りは、まさに移動する神社といえます。

2 │ 現代の祭り

高度経済成長以後、日本では農業を営む人が減少し、収穫を祝う祭りなどが衰退傾向にありました。しかし近年になり、観光や過疎対策として再び祭りが見直され、盛んになってきました。そのため、豊作祈願といった伝統的要素は薄くなり、人びとをひきつける娯楽性の強い祭りに変わってきました。

さらに、人が多く集まるようなにぎやかな催し物があると、そこに農業や宗教と関係ないものでも「祭」という語が付けられて、○○祭として年中行事となっているものもあります。

また祭りには、「的屋」と呼ばれる屋台の店が多く立ち並び、日本の祭りの風景として定着しています。

⑥ 아와오도리

매년 8월 12일~15일에 걸쳐 도쿠시마시를 중심으로 도쿠시마현 일대에서 하는 본오도리입니다. 현재의 아와오도리는 북·피리 등의 악기와 노래에 맞추어 남녀 집단이 수 십조로 나뉘어 거리를 누비며 춤을 춥니다. 춤은 리드미컬한 전통무용곡에 맞춰 손발을 엇바꾸어가며 힘차게 앞으로 내밀며 나아가는 동작의 반복이라 어린이부터 노인까지 쉽게 출 수 있습니다.

컬럼

오미코시

마쓰리에 가면 조각이나 장식물로 장식된 작은 건물 또는 신사를 많은 사람들이 어깨에 메고 천천히 걷는 모습을 볼 수 있습니다. 이것은 오미코시라고 불리며, 오래전 중국에서 전해져 오늘날에도 많은 마쓰리의 주역이 되고 있습니다. 제례 때에 신이 이 가마를 타고 그 지역을 순례한다고 생각합니다. 학·거북이나 봉황 등의 조각이 새겨져 있는데, 그 정교한 모양은 그야말로 이동하는 신사라고 할 수 있습니다.

●● 오미코시

2 | 현대의 마쓰리

고도경제성장 이후 일본에서는 농업에 종사하는 사람이 감소하여 수확을 축하하는 마쓰리 등이 쇠퇴하는 경향을 보였습니다. 그러나 근래 들어 관광이나 인구 과소 대책으로 다시 마쓰리를 재인식하게 되어 활기를 띠고 있습니다. 그 때문에 풍작 기원이라는 전통적인 요소는 옅어지고 사람들을 끌어들이는 오락성이 강한 마쓰리로 탈바꿈하고 있습니다.

●● 데키야가 늘어서 있는 풍경

게다가 사람이 많이 모이는 북적거리는 행사가 있으면, 거기에 농업이나 종교와 관계없는 것에도 '마쓰리'라는 말이 붙어, ○○마쓰리로 불리며 연중행사가 된 것도 있습니다.

또한, 마쓰리에는 '데키야'라 불리는 포장마차 가게가 많이 늘어서 일본의 마쓰리 풍경으로 정착되고 있습니다.

① さっぽろ雪祭り

北海道の中心地・札幌で2月5日〜11日ごろに開催される雪祭りは、古くから伝わる伝統的な祭りとは異なり、第2次世界大戦後に新しく行われるようになった祭りです。城・怪獣・有名人・アニメキャラクターなどの雪像が大通公園に展示され、海外からの観光客も含めて数十万人の見物客が集まります。

② 地蔵盆

近畿や北陸などの地域では、8月23・24日の地蔵菩薩の縁日に、地蔵盆がさかんに行われています。地蔵菩薩は子どもの守り仏として古くから信仰されており、室町時代の京都では無病息災を願う地蔵盆が流行しました。現在の京都では、地蔵菩薩の前に花や餅などを供え、長い数珠を子どもたちで回す「数珠回し」という儀式が行われています。また、町内会などが中心となって、お菓子を食べながらゲームや福引などをする、子どもが主役となった行事が中心となってきています。

③ ユニークな祭り

各地で、さまざまな工夫を凝らした個性的な祭りも開催されています。

よさこいソーラン祭り(北海道札幌市など)

高知県の祭りであるよさこい祭りの踊りを現代風の踊りにアレンジした祭りです。今では全国各地で開催されるようになってきました。

ヘトマト(長崎県五島市)

無病息災を願う行事で、奉納相撲・見物客へのススの塗りつけなどを行った後、長さ3メートルある大草履に若い女性を乗せて何度も胴上げをします。

鯛まつり(愛知県知多郡南知多町)

巨大な鯛の模型を作り、若者200人が担ぎながら海に浮かせ、泳いで湾内をめぐる祭りです。

① 삿포로 유키 마쓰리

홋카이도의 중심지 삿포로에서 2월 5일~11일경에 개최되는 유키 마쓰리는 예로부터 전해오는 전통적인 마쓰리와는 달리 제2차 세계대전 후에 새롭게 만들어진 마쓰리입니다. 성곽·괴수·유명인·애니메이션 등장인물 등의 얼음조각이 오도리공원에 전시되어, 외국에서 온 관광객도 포함해 수십만 명의 구경꾼들이 모여듭니다.

●● 삿포로 유키 마쓰리

② 지조본(제사)

긴키나 호쿠리쿠 등의 지역에서는 8월 23·24일 지장보살의 잿날에 지장 제사를 많이 지내고 있습니다. 지장보살은 어린이를 지키는 부처로 옛날부터 믿어 왔고, 무로마치 시대의 교토에서는 무병하고 탈이 없기를 기원하는 지조(지장) 제사가 유행하였습니다. 오늘날 교토에서는 지장보살 앞에 꽃이나 떡 등을 바치고 긴 염주를 아이들이 돌리는 '염주 돌리기'라는 의식을 거행하고 있습니다. 또한, 주민자치모임 등이 중심이 되어 과자를

●● 지장 제사의 염주 돌리기

먹으면서 게임이나 제비뽑기 등, 어린이가 주역이 된 행사를 주로 하고 있습니다.

③ 독특한 마쓰리

각지에서 다양한 지혜가 담긴 개성적인 마쓰리도 개최되고 있습니다.

요사코이 소란 마쓰리 (홋카이도 삿포로시 등)

고치현의 마쓰리인 요사코이 마쓰리의 춤을 현대풍 춤으로 바꾼 마쓰리입니다. 지금은 전국 각지에서 개최되고 있습니다.

헤토마토 (나가사키현 고토시)

무병하고 탈이 없기를 기원하는 행사로, 신에게 스모를 바치고 구경꾼들에게 그을음을 칠한 후, 길이 3m의 큼직한 짚신에 젊은 여성을 오르게 한 후 몇 번씩 헹가래를 칩니다.

도미 마쓰리 (아이치현 지타군 미나미치타초)

거대한 도미 모형을 만들어 젊은이 200명이 어깨에 멘 채로 바다에 띄우고, 헤엄치며 해안을 도는 마쓰리입니다.

このように、日本の祭りは伝統的な要素を残しつつ、近年の文化に合わせて変化しつづけてきました。そして、人びとを楽しませ、生活に変化を与えるものとなっています。また、祭りは観光客などの人の流れを作り、経済的にも大切な役割を担っているといえるでしょう。

▶ 日本各地の代表的祭り

ねぶたまつり(8月・青森市)

秋田竿燈まつり(8月・秋田市)

盛岡さんさ踊り(8月・盛岡市)

山形花笠まつり(8月・山形市)

七夕まつり(8月・仙台市)

よさこいソーラン祭り(6月・札幌市)

さっぽろ雪祭り(2月・札幌市)

天津神社のけんか祭(4月・糸魚川市)

どろんこ祭り(9月・早来町)

高山祭り(4月,10月・高山市)

日光東照宮千人行列(5月,10月・日光市)

出雲大社のまつり(11月・出雲市)

流しびな(4月・鳥取市)

山王祭(6月・東京都)

灘のけんか祭り(10月・姫路市)

祇園まつり(7月・京都府)

裸坊祭(11月・防府市)

天神まつり(7月・大阪市)

鯛まつり(7月・愛知県)

唐津くんち(11月・唐津市)

阿波踊り(8月・徳島市)

那智の火祭(7月・和歌山県)

高知よさこい祭り(8月・高知市)

ヘトマト(1月・五島市)

エイサー祭り(9月・沖縄市)

Q 日本の祭りでは、たくさん屋台が並ぶそうですが、どんな物が売られているのですか？

A 金魚すくい・ヨーヨー釣り・お面を売る店やゲームができる屋台、綿菓子、焼きとうもろこし、たこ焼き、焼きそば、焼きりんごなどの食べ物の屋台があります。

이렇게 일본의 마쓰리는 전통적인 요소를 계승하며 근래의 문화에 맞춰가며 변화해 왔습니다. 그리고 사람들을 즐겁게 해주고 생활에 변화를 주는 것이 되었습니다. 또한 마쓰리는 관광객 등 사람의 이동을 유발하여 경제적으로도 중요한 역할을 담당하고 있다고 할 수 있겠습니다.

▶ 일본 각지의 대표적 마쓰리

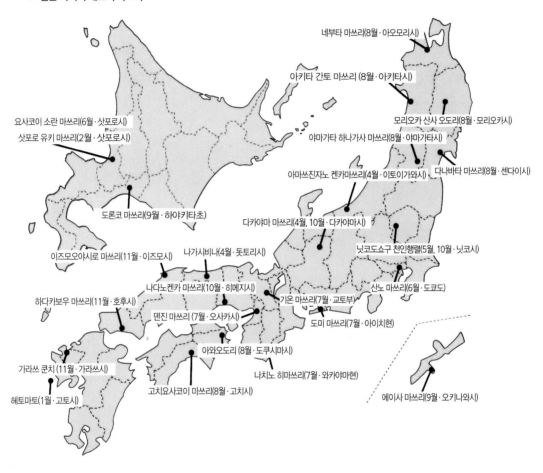

네부타 마쓰리(8월·아오모리시)
아키타 간토 마쓰리 (8월·아키타시)
모리오카 산사 오도리(8월·모리오카시)
야마가타 하나가사 마쓰리(8월·야마가타시)
다나바타 마쓰리(8월·센다이시)
아마쓰진자노 켄카마쓰리(4월·이토이가와시)
요사코이 소란 마쓰리(6월·삿포로시)
삿포로 유키 마쓰리(2월·삿포로시)
다카야마 마쓰리(4월, 10월·다카야마시)
닛코도쇼구 천인행렬(5월, 10월·닛코시)
도론코 마쓰리(9월·하야키타초)
나가시비나(4월·돗토리시)
산노 마쓰리(6월·도쿄도)
이즈모오야시로 마쓰리(11월·이즈모시)
나다노켄카 마쓰리(10월·히메지시)
기온 마쓰리(7월·교토부)
하다카보우 마쓰리(11월·호후시)
덴진 마쓰리 (7월·오사카시)
도미 마쓰리(7월·아이치현)
가라쓰 쿤치 (11월·가라쓰시)
아와오도리 (8월·도쿠시마시)
나치노 히마쓰리(7월·와카야마현)
헤토마토(1월·고토시)
고치요사코이 마쓰리(8월·고치시)
에이사 마쓰리(9월·오키나와시)

質問

Q 일본 마쓰리에서는 포장마차가 장사진을 이룬다고 합니다만, 어떤 것을 팔고 있습니까?

A 금붕어 건지기, 풍선 낚시, 가면을 파는 가게나 게임을 할 수 있는 포장마차, 솜사탕, 구운 옥수수, 다코야끼, 야키소바, 구운 사과 등의 음식 포장마차가 있습니다.

日本の芸能

日本の芸能といえば、歌舞伎や能が有名ですが、そのほかにも狂言、文楽、落語などがあります。それぞれが長い歴史をもっています。それぞれの歴史や特徴を知り、日本の伝統文化についての理解を深めましょう。

1 | 能

能は日本で最古の演劇といわれています。源流は奈良時代に中国から伝わった散楽(大道芸などの雑芸)で、民間に広まりました。現在では仮面芸能を中心に舞台でおごそかに上演されますが、かつては神社の野外で上演されていたこともあり、宗教的祈願の要素が含まれていました。2001年にユネスコから世界無形文化財に指定されました。

일본의 예능

일본의 예능이라고 하면 가부키나 노가 유명하지만, 그 외에도 교겐, 분라쿠, 라쿠고 등이 있습니다. 각각이 긴 역사를 가지고 있습니다. 각각의 역사와 특징을 알고, 일본의 전통 문화에 대한 이해의 폭을 넓혀갑시다.

●● 교겐

1 | 노

노는 일본에서 가장 오래된 연극이라고 합니다. 원류는 나라시대에 중국에서 전해진 산가쿠(다이도게[1] 등의 잡예)로 민간에 널리 퍼졌습니다. 오늘날은 가면 예능을 중심으로 무대에서 엄숙하게 상연되고 있지만, 예전에는 신사의 야외에서 상연되었던 것으로 미루어볼 때, 종교적 기원의 요소가 포함되어 있었습니다. 2001년에 유네스코로부터 세계무형문화재로 지정되었습니다.

---

1 다이도게 거리에서 하는 연예

特徴

能の演目は現在能と夢幻能に分けられます。現在能はすべての登場人物が現在生きている人という設定です。夢幻能はすでに亡くなった人が旅人や僧に自分の昔話を話して姿を消し、昔の回想場面を経て、亡くなった人の執念や思いが解消するという内容です。能は多くの場合、人の執念や生死を題材にしています。

2 | 歌舞伎

歌舞伎はほぼ江戸時代が始まるのと同時に始まりました。歌舞伎の語源は「傾く」(普通ではない、正道をはずれる)からきています。一般的には、下座音楽という笛・小鼓・大鼓・太鼓や三味線などの楽器の伴奏と、長唄という舞踊時の音楽、太夫という語り手の語りを背景に、華麗な衣装を着た役者が台詞劇を演じ舞います。

特徴

歌舞伎の特徴の一つに、隈取という化粧があります。隈取で使う色は紅、藍、墨、茶の４色のみで、化粧は役柄によって異なります。右の絵は、隈取の代表的な例の一つです。

内容

① 時代物：中世以前の武家や公家(貴族)など上層階級の事件(合戦など)を扱います。
② 世話物：江戸時代の庶民社会の実生活で起こった事件(恋愛におけるもめごとなど)を扱います。
③ お家物：お家騒動(家の存続に支障をきたす事件)を扱います。

屋号

歌舞伎役者は名字の他に「成田屋」、「高麗屋」、「中村屋」などの屋号をもっています。封建時代、庶民は名字をもつことを許されませんでした。役者は庶民よりもさらに厳しい扱いを受けていたので、歌舞伎の世界のなかだけで名字を名乗りました。それが屋号の由来です。

특징

노의 상연 종목은 겐자이노[2]와 무겐노[3]로 나뉘어집니다. 겐자이노는 모든 등장인물이 현재 살아 있는 사람이라는 설정입니다. 무겐노는 이미 죽은 사람이 나그네나 스님에게 자신의 옛날 이야기를 한 후 모습을 감추고, 지난날의 회상장면을 거쳐 죽은 사람의 원한이나 생각이 해소된다는 내용입니다. 노는 대부분의 경우 인간의 원한이나 생사를 소재로 하고 있습니다.

● ● 노 무대 '하고로모(날개옷)'
출연자는 田茂井廣道 씨
渡辺真也 씨 제공

---

2 | 가부키

가부키는 대략 에도시대가 시작됨과 동시에 시작되었습니다. 가부키의 어원은 '가부쿠'(평범하지 않다, 정도를 벗어나다)에서 왔습니다. 일반적으로는 게자음악(가부키의 효과음악)이라는 피리·작은북·큰북·북이나 샤미센 등의 악기 반주와 나가우타라는 춤출 때의 음악, 다유라는 이야기꾼의 이야기를 배경으로 화려한 의상을 입은 배우가 대사극을 공연합니다.

특징

가부키의 특징 중 하나로 구마도리라는 화장법이 있습니다. 구마도리에서 사용하는 색은 홍색, 남색, 먹색, 갈색의 4색뿐이며 화장은 배역에 따라 다릅니다. 오른쪽 그림은 구마도리의 대표적인 예 중 하나입니다.

● ● 독특한 화장 구마도리

내용

① 지다이모노 : 중세 이전의 무가나 귀족 등 상류계급의 사건(전투 등)을 다룹니다.
② 세와모노 : 에도시대 서민사회의 실생활에서 일어난 사건(연애할 때의 다툼 등)을 다룹니다.
③ 오이에모노 : 집안의 소동(집안 존속에 지장을 초래하는 사건)을 다룹니다.

야고

가부키 배우는 성씨 외에 '나리타야', '고라이야', '나카무라야' 등의 야고[4]를 가지고 있습니다. 봉건시대 서민은 성씨를 가지지 못하였습니다. 배우는 서민보다 더욱 혹독한 취급을 받고 있었기 때문에 가부키의 세계 안에서만 성씨를 썼습니다. 그것이 야고의 유래입니다.

---

2 겐자이노 현실 인간세계의 사건을 주제로 하는 노   3 무겐노 초자연적인 것을 다룬 노   4 야고 가부키 배우 등의 가문 이름

屋号	役者
成田屋	市川團十郎、市川海老蔵
高麗屋	松本幸四郎、市川染五郎
中村屋	中村勘九郎、中村勘太郎、中村七之助

襲名

襲名は役者の一生で大きな節目となる重要事で、先祖や親、あるいは師匠の名や芸風を継ぐことをいいます。自分よりも格が高い位を継ぐため、役者にとっては名誉ある儀式です。

また現在では市川猿之助(三代目)が確立したスーパー歌舞伎が人気を集めています。スーパー歌舞伎は、物語のテーマ性や水を使用した舞台装置、宙返りなどの動作、現代の言葉遣いで若者にも受け入れやすいように工夫されています。そのほかにも、現代劇の演出家による演出を取り入れるなど、新しい形の歌舞伎が模索されています。

---

3 | 狂言

能と同様に、散楽がもとになっており、民衆に親しまれました。元来は、能の合間に演じられた滑稽な台詞劇として発達しました。狂言は、人間の生きる姿を表現するものです。現代のお笑いとは異なりますが、自然に湧きあがる笑いを楽しんでもらうものです。

	能	歌舞伎	狂言
音楽	笛、小鼓、大鼓、太鼓、地謡	笛、小鼓、大鼓、太鼓、三味線、長唄など	なし
テーマ	現在能、夢幻能	時代物、世話物、お家物	喜劇。人間の生きる姿
化粧	化粧ではなく能面を用いる	隈取。役柄により異なる	化粧も仮面もなし

▶ 가부키의 주요 야고와 배우

야고	배우
나리타야	이치카와 단주로, 이치카와 에비조
고라이야	마쓰모토 고시로, 이치카와 소메고로
나카무라야	나카무라 간쿠로, 나카무라 간타로, 나카무라 시치노스케

●● 가부키 무대 '나루카미(천둥)'
前進座 제공

습명

습명은 배우의 일생에서 큰 고비가 되는 중대사로, 조상이나 부모 혹은 스승의 이름이나 예풍을 이어나가는 것을 말합니다. 자신보다 격이 높은 지위을 이어가는 것이므로 배우에게는 명예로운 의식입니다.

또 현재는 이치카와 엔노스케(3대째)가 확립한 슈퍼 가부키가 인기를 끌고 있습니다. 슈퍼 가부키는 이야기의 주제나 물을 사용한 무대장치, 공중회전 등의 동작, 현대어 사용으로 젊은이들도 쉽게 받아들일 수 있도록 고안되어 있습니다. 그 외에도 현대극 연출가에 의한 연출을 도입하는 등 새로운 형태의 가부키가 모색되고 있습니다.

3 | 교겐

노와 마찬가지로 산가쿠가 그 기본으로 되어 있으며 민중에게 사랑받았습니다. 원래는 노와 노 사이에 공연되는 익살스러운 대사극으로서 발달하였습니다. 교겐은 인간이 살아가는 모습을 표현하는 것입니다. 현대의 코미디와는 다르지만 자연스럽게 터져 나오는 웃음을 즐기는 것입니다.

	노	가부키	교겐
음악	피리, 작은북, 큰북, 북, 지우타이[5]	피리, 작은북, 큰북, 북, 샤미센, 나가우타 등	없음
테마	겐자이노, 무겐노	지다이모노, 세와모노, 오이에모노	희극. 인간이 살아가는 모습
화장	화장이 아니라 노 가면을 사용한다	구마도리. 배역에 따라 다르다	화장과 가면 모두 사용 안함

5 지우타이 배우 이외의 출연자들이 제창하는 노래

4 ｜ 文楽(人形浄瑠璃)

江戸時代に始まったドラマティックな芸能で、義太夫と呼ばれる語り手と三味線の伴奏に合わせて、人形を操る人形劇です。文楽という名称は大阪にある文楽座(国立文楽劇場)から来ています。

	能	歌舞伎	狂言	文楽
上演場所	能楽堂、公立会館のホール 寺社の能舞台 野外舞台での薪能など	歌舞伎座、国立劇場など	能と同じ	大阪の国立文楽劇場 東京の劇場 各地のホールなど
情報	新聞、情報誌、能楽堂のホームページまたは直接電話	各劇場のホームページ、ポスター、新聞	会場や狂言会に公演情報を聞くホームページ	劇場によって公演時期が決まっている。
チケット	上演される劇場や能楽堂、主催者に電話やFAX、葉書などで予約をして、指定の方法でチケットを引き取る。インターネットで予約ができる能楽堂もある。	各劇場の窓口やプレイガイドで購入、各劇場専用の電話やチケットぴあ、ローソンチケットで電話予約し、後日チケットを引き取る。	プレイガイドやチケットぴあ、能楽堂で購入、狂言会事務局で予約	劇場で直接購入、または電話予約、インターネット、チケットぴあ
値段	3,000～6,000円ぐらい。 学生割引あり	劇場や席によって異なる。	4,000～8,000円ぐらい 学生割引、ペアチケットあり	2,000～6,000円ぐらい

5 ｜ 落語

戦国時代末期から江戸時代初めにかけて始まった、寄席演劇の一つです。機知に富んだ結末(オチまたはサゲ)をもつ、滑稽な話です。形式は一人芸で、高座に座り、和服を着て、小道具は扇子や手拭いのみを使用します。

4 | 분라쿠(닌교조루리)

에도시대에 시작된 드라마틱한 예능으로, 기다유라고 불리는 이야기꾼과 샤미센 반주에 맞추어 인형을 조작하는 인형극입니다. 분라쿠라는 명칭은 오사카에 있는 분라쿠자(국립 분라쿠극장)에서 유래된 것입니다.

	노	가부키	교겐	분라쿠
상연 장소	노가쿠도, 공립 회관 홀, 절과 신사의 노 무대, 야외무대에서 다키기노 등	가부키자, 국립극장 등	노와 같음	오사카의 국립분라쿠극장, 도쿄의 극장, 각지의 홀 등
정보	신문, 정보지, 노가쿠도 홈페이지 또는 직접 전화	각 극장의 홈페이지, 포스터, 신문	공연장이나 교겐회에 공연정보를 묻는 홈페이지	극장에 따라 공연시기가 정해져 있다.
티켓	상영되는 극장이나 노가쿠도, 주최자에게 전화 및 팩스, 엽서 등으로 예약을 해서 지정된 방법으로 티켓을 받는다. 인터넷으로 예약 가능한 노가쿠도도 있다.	각 극장의 창구나 플레이 가이드에서 구입, 각 극장 전용 전화나 티켓피아(엔터테인먼트 티켓), 로손 티켓으로 전화예약하고 나중에 티켓을 받는다.	플레이 가이드나 티켓피아, 노가쿠도에서 구입, 교겐회 사무국에 예약	극장에서 직접 구입, 또는 전화 예약, 인터넷, 티켓피아
가격	3,000~6,000엔 정도 학생할인 있음	극장이나 좌석에 따라 다르다.	4,000~8,000엔 정도, 학생할인, 커플티켓 있음	2,000~6,000엔 정도

5 | 라쿠고

전국시대 말기부터 에도시대 초에 걸쳐 시작된 요세[6] 연극의 하나입니다. 기지가 풍부한 결말(오치[7] 또는 사게)을 가지는 해학적인 이야기입니다. 형식은 1인극으로, 높은 무대에 앉아서 일본 고유의 의상을 입고, 소도구로 부채와 손수건만을 사용합니다.

●● 라쿠고

---

6 요세 라쿠고 등의 대중 예능을 공연하는 연예장　7 오치 라쿠고 등에서 끝마무리로 하는 우스갯소리로 사게라고도 함

6 | 漫才(万歳)

正月に二人で組んで家々に福をよぶためにおもしろおかしく掛け合いをしていく、平安時代以来の千秋万歳が源流です。江戸時代に民俗芸能として発展し、明治時代になって「ボケ」(わざとふざける、洒落をいう)と、「突っ込み」(ボケに反応して指摘や叱りをいれる)からなる掛け合いの形式になりました。現在、大阪では「なんばグランド花月」などで観ることができ、テレビでもよく放送されます。漫才芸人がもっとも多いのが吉本興業株式会社です。若者を中心に大変人気があり、芸人個人のファンもいます。

NEWS

コラム

宝塚歌劇団

これまでに紹介した男性中心の伝統芸能とは違って、未婚女性ばかりの劇団として1914年に誕生しました。宝塚歌劇団の出演者たちは全員が宝塚音楽学校を卒業し、タカラジェンヌと呼ばれます。声域や身長などで男役を演じる人と娘役を演じる人に分かれています。演目の領域は広く、日本古来の舞踊集や王朝の物語、外国を舞台にしたドラマ、海外のミュージカルなどさまざまです。

宝塚歌劇団は1914年の初公演から、すでに100年以上の歴史があります。本拠・宝塚大劇場は兵庫県宝塚市にありますが、1934年には東京に東京宝塚劇場が開場しています。また海外でもこれまで約120都市で公演されています。

＊退団後に芸能界などで活躍している人たち
黒木瞳、涼風真世、大地真央、真矢ミキ、天海祐希、ほか。

6 | 만자이(만담)

정월에 두 사람이 한 조가 되어서 집집마다 복을 부르기 위해 재미있는 말들을 주고받으면서 돌아다니는, 헤이안시대 이래의 센즈만자이가 그 유래입니다. 에도시대에 민속 예능으로 발전하여 메이지시대가 되어서 '보케'(일부러 우스꽝스러운 소리를 함)와 '쏫코미'(보케에 대한 반응으로서 지적하고 꾸중함)로 구성된 대화형식이 되었습니다. 현재 오사카에서는 '난바 그랜드 가게쓰' 등에서 볼 수 있고, TV에서도 곧잘 방송됩니다. 만자이 배우가 가장 많은 곳이 요시모토흥업 주식회사입니다. 젊은이를 중심으로 대단히 인기가 있고 연예인 개인 팬도 있습니다.

컬럼

다카라즈카 가극단

지금까지 소개한 남성 중심의 전통예능과는 달리 미혼여성으로만 구성된 극단으로서 1914년에 생겼습니다. 다카라즈카 가극단의 출연자들은 전원이 다카라즈카 음악학교를 졸업하여 다카라젠느라고 불립니다. 음역이나 신장 등으로 남성 역을 연기하는 사람과 여성 역을 연기하는 사람으로 나누어져 있습니다. 공연 목록의 영역은 넓어서 일본 전통의 무용집이나 왕조 이야기, 외국을 무대로 한 드라마, 외국 뮤지컬 등 다양합니다.

다카라즈카 가극단은 1914년 첫 공연 이래, 이미 100년 이상의 역사가 있습니다. 본거지 다카라즈카 대극장은 효고현 다카라즈카시에 있지만, 1934년에는 도쿄에 도쿄 다카라즈카 극장이 개장되었습니다. 또한 외국에서도 지금까지 약 120개 도시에서 공연되고 있습니다.

* 탈퇴 후 연예계 등에서 활약하고 있는 사람들

　구로키 히토미, 스즈카제 마요, 다이치 마오, 마야 미키, 아마미 유키 외.

日本の芸道

「芸道」と聞いてあなたは何を思い浮かべますか。日本には古くから、現在も引き継がれているさまざまな芸道があります。時代とともに形を変化させながらも、それらの芸道の精神は、日本人の生き方や価値観に大きな影響を与えつづけています。歴史や内容を理解しながら、その精神に触れてみましょう。

1 | 茶道

① 茶道について

茶道とは、茶をとおして礼儀作法を修める道です。禅の精神が取り入れられ、わび、さび、和敬清寂を主体として成り立っています。わび、さび、和敬清寂とは、古びて趣のあるもののよさを楽しみ、心を和らげて、静けさを味わうということです。

일본의 예도

'예도'란 말을 들으면 여러분은 무엇이 떠오르십니까? 일본에는 오래전부터 현재에 이르기까지 이어지고 있는 다양한 예도가 있습니다. 시대와 더불어 형태를 바꿔가면서도 그 예도의 정신은 일본인의 생활방식이나 가치관에 큰 영향을 끼치고 있습니다. 역사나 내용을 이해하면서 그 정신에 접해 봅시다.

●● 백자 항아리

1 │ 다도

① 다도에 대해서

다도라는 것은 차를 통해 예의범절을 익히는 방법입니다. 선의 정신을 받아들여 와비[1], 사비[2], 화경청적[3]을 주체로 해서 성립되어 있습니다. 와비, 사비, 화경청적이란 세월의 연륜을 쌓아 정취가 있는 것을 즐기며 마음을 화평하게 하고 고요함을 즐긴다는 뜻입니다.

---

1 와비 간소함 속에 발견되는 맑고 한적한 정취   2 사비 한적고담(閑寂枯淡)한 정취를 상징하는 미적 개념   3 화경청적 일본의 다도정신을 표현하는 용어. '화경'은 다도에 임하는 주객 서로간의 마음가짐이고, '청적'은 다실, 다도구와 관련된 마음가짐을 의미함

茶道には、表千家、裏千家、武者小路千家を中心として、42流派ほどがあるといわれています。学んでいる人数がもっとも多いのは、裏千家です。茶道には、茶の点て方からふすまの開け閉めまで、流派ごとに少しずつ異なった「作法」が決められています。それらの作法を通じて、どのように生きていくべきかということへ、自然に導かれていくようになっています。茶道は、茶の点て方を中心に、建築、工芸、生け花、料理とも結びついた総合的芸術といわれています。

❷ 茶道の精神

茶道の精神の一つで「一期一会」という言葉があります。この言葉は「一生にただ一度の出会い」という意味です。この精神のもとに、主人は出会いを大切にするため、床の間に飾る掛け軸や花、茶碗などの道具を心を込めて用意します。

一方、客はそれらのものから主人のもてなしの心を思い、感謝の気持ちをもつのです。

NEWS コラム

「にじり口」にまつわるエピソード

窓のように見えるこの戸は、実は茶室の入り口です。茶室の入り口は、「にじり口」と呼ばれる高さ68cm、幅63cmのもので、この入り口からにじり寄って茶室に入ります。この大きさは、茶道を大成した千利休(1522〜1591)が淀川沿いの船の窓から思いついたものと伝えられていますが、なぜこんなに小さいのでしょうか。

一説には、茶室を外界からまったく遮断するためといわれていますが、ほかにもさまざまな意味があるといわれています。たとえば、屈む姿勢が謙虚な態度を表すとか、狭い入り口に屈んで入るためには、長いものをもっているとつかえてしまうことから、武士が刀をもっては茶室に入れないということを示しているとかいわれています。

また、にじり口から入るとき、敷居の溝に扇子をはめてから入ったという話もあります。これは、刀も外して、身を屈めて無防備になっているときに、突然誰かに戸を閉められ、首を落とされるなどということのないようにするための、用心と隙を見せない工夫だったと考えられます。

다도에는 오모테센케, 우라센케, 무샤노코지센케를 중심으로 42개 정도의 유파가 있다고 합니다. 배우는 사람 수가 가장 많은 것이 우라센케입니다. 다도에는 차를 끓이는 방법부터 후스마(미닫이문) 여닫기 방법에 이르기까지, 유파마다 조금씩 다른 '법도'가 정해져 있습니다. 그와 같은 법도를 통하여 어떻게 살아가야 하는가 라는 점으로 자연스럽게 유도되어 가도록 되어 있습니다. 다도는 차를 끓이는 방법을 중심으로 건축, 공예, 꽃꽂이, 요리도 결합된 종합적 예술이라고 일컬어지고 있습니다.

●● 일본의 차

② 다도의 정신

다도 정신의 하나로 '이치고이치에'라는 말이 있습니다. 이 말은 '일생에 단 한 번뿐인 만남'이라는 의미입니다. 이 정신 아래 주인은 만남을 소중히 하기 위해 도코노마[4]에 장식하는 족자나 꽃, 찻잔 등의 도구를 정성껏 준비합니다.

한편, 손님은 그와 같은 것들을 통하여 주인의 대접하는 마음을 생각하고 감사히 여깁니다.

NEWS

컬럼

'니지리구치'에 얽힌 에피소드

창처럼 보이는 이 문은 사실은 다실 입구입니다. 다실 입구는 '니지리구치'라고 불리는 높이 68cm, 폭 63cm의 문으로, 무릎걸음으로 조금씩 이동하여 이 문을 통해 다실에 들어갑니다. 이 크기는 다도를 집대성한 센노리큐(1522~1591)가 요도가와 강가의 배의 창문을 보고 떠올랐다고 전해지고 있는데, 왜 이렇게 작을까요?

일설에는 다실을 외부 세계와 완전히 차단하기 위해서라고 하지만, 그 외에도 여러 가지 의미가 있다고 합니다. 예를 들면 몸을 숙인 자세가 겸허한 태도를 나타낸다든가, 좁은 입구를 몸을 숙이고 들어가기 위해서는 긴 물건을 소지하고 있으면 걸리기 때문에, 무사들이 큰 칼을 차고서는 다실에 들어가지 못한다는 것을 나타내고 있다고도 합니다.

●● 다실의 니지리구치

또한 니지리구치로 들어갈 때 문턱의 홈에 부채를 꽂고 나서 들어갔다는 설도 있습니다. 이것은 칼도 풀고 몸을 숙여 무방비 상태가

되었을 때, 갑작스레 누군가에 의해 문이 닫히고 목이 베이는 등의 불상사가 없도록 하기 위한, 조심하고 허점을 보이지 않기 위한 (안전)장치였다고 생각됩니다.

4 도코노마 일본 건축에서 방바닥을 한 단 높여서 여러 가지로 장식하는 공간

2 ｜ 華道

❶ 華道について

華道は、仏教とともに伝来し、仏の前に花を供える習慣から始まったといわれています。華道は、16世紀ごろから茶道の流行にともない盛んになりました。茶道では、茶花といって必ず花を生けるからです。

❷ 華道の精神

華道は生け花とも呼ばれ、水盤(陶器や鉄でできた浅い器)に水を張り、剣山(金属板に多数の太い針が上向きに並んだもの)で花を固定し、盛り上げるように立体的に花を生けるというのが一般的です。はさみで長短をつけたり、葉の形を整えたり、手で葉をそらせるなどして、自然の美や心情を表します。また、現代では新しい芸術として、植物を使わない生け花も行われています。

華道には、池坊流、草月流など、さまざまな流派があり、現在も流派は増えつづけています。しかし、今は、アートフラワーやフラワーアレンジメントなどの西洋生け花を趣味にする人が多くなり、日本の伝統的な華道とは異なった生け花も増えています。

3 ｜ 書道

❶ 書道について

書道とは、漢字や仮名の文字を墨で書き、美的に表現する芸術です。日本では小学校や中学校などの学校教育のなかで「書写」の時間が設けられています。書写と書道の違いがわかりますか。

書写というのは、字形や大きさ、字の配置などを整えて書くことを学ぶもので、手本を見ながらそれをまねて書くのが基本となります。それに対して書道というのは、書写を基礎として、さまざまな表現方法を加えて、線や構成などによって創造的、個性的な美しさを表現するものであり、芸術の一つであるといえます。

2 │ 화도

1 화도에 대해서

화도는 불교와 함께 전래되어 부처님 앞에 꽃을 바치는 풍습에서 시작되었다고 합니다. 화도는 16세기경부터 다도의 유행과 함께 번성하였습니다. 다도에서는 다화라고 하여 반드시 꽃을 꽂기 때문입니다.

2 화도의 정신

화도는 '이케바나(꽃꽂이)'라고도 불리며 수반(도자기나 철로 된 얕은 그릇)에 물을 담고, 침봉(금속관에 여러 개의 굵은 바늘이 위로 향하여 놓은 것)에 꽃을 고정하여 수북이 담듯이 입체적으로 꽃을 꽂는 것이 일반적입니다. 가위로 잘라 길고 짧음의 조화를 이루고 잎사귀 모양을 다듬거나 손으로 잎을 구부려 가며 자연미와 마음을 표현합니다. 또 오늘날에는 새로운 예술로서 식물을 쓰지 않는 꽃꽂이도 이루어지고 있습니다.

화도에는 이케노보류, 소게쓰류 등 여러 가지 유파가 있으며 오늘날에도 유파는 계속 늘어나고 있습니다. 그러나 지금은 아트플라워나 플로리스트 등의 서양 꽃꽂이를 취미로 하는 사람이 많아져, 일본의 전통적인 화도와는 다른 꽃꽂이도 늘고 있습니다.

●● 화도 작품
嵯峨御流紅幸会 山田幸甫 씨

3 │ 서도

1 서도에 대해서

서도란 한자나 가나 문자를 먹으로 써서 미적으로 표현하는 예술입니다. 일본에서는 초등학교나 중학교 등의 학교 교육에 '서사(붓글씨)' 시간이 개설되어 있습니다. 서사와 서도의 차이점을 알고 있습니까?

서사라는 것은 글자의 형태나 크기, 글자의 배치 등을 다듬어 쓰는 것을 배우는 것으로, 글씨본을 보면서 그것을 모방하여 쓰는 것이 기본입니다. 그에 비해 서도라는 것은 서사를 기초로 하여 다양한 표현방법을 더하고 선이나 구성 등에 따라서 창조적, 개성적인 아름다움을 표현하는 것으로, 예술의 하나라고 할 수 있습니다.

②　書道パフォーマンス甲子園

2000年に入って、愛媛県三島高校書道部が地域の活性化のために行っていた「書道パフォーマンス」が人気を博しています。これは10人ほどでチームを組み、4m×6m四方の巨大な紙の上に、音楽や手拍子などに合わせて書を書くパフォーマンスです。2008年からは「書道パフォーマンス甲子園」(全国書道パフォーマンス選手権大会)が愛媛県で開催されています。

---

4 ｜ 武道

①　日本における武道

日本には、剣道、柔道、弓道などさまざまな武道があります。これらの武道は、スポーツと見られる場合もありますが、それだけではなく、稽古をつづけることによって心身を鍛え、人間形成を目ざす一つの芸術であるといえます。

②　剣道・士道(武士道)について

上にあげた武道のなかで、たとえば剣道に注目してみましょう。剣術は、元は人を殺す技術でしたが、平和な時代が訪れるにともなって、武士としての理想的な生き方を求めるための道に変わっていきました。このような武士の生き方、思想の集大成といわれるのが、士道です。

士道とは、長い武家制度の歴史のなかで生まれた「武者の習い」が、江戸時代に儒教と結びつき、武士の生きるための哲学となったものです。士道が武士道と呼ばれるようになったのは、明治以降のことで、1899年に新渡戸稲造によって書かれた『武士道』が、その集大成といわれています。この本は、仏教・神道・儒教を三大要素として、武士道を形作る、智・義・勇・仁・礼・信・誠・忠の精神を説いたものです。

❷ 서도 퍼포먼스 고시엔

2000년에 들어, 에히메현 미시마 고등학교 서예부가 지역의 활성화를 위해 진행했던 '서도 퍼포먼스(경연대회)'가 인기를 얻고 있습니다. 이것은 10명 정도로 팀을 이루어 4m×6m 사방의 거대한 종이 위에 음악이나 손장단 등에 맞추어 글을 쓰는 퍼포먼스입니다. 2008년부터는 '서도 퍼포먼스 고시엔'(전국 서도 퍼포먼스 선수권 대회)이 에히메현에서 개최되고 있습니다.

4 | 무도

❶ 일본에서의 무도

일본에는 검도, 유도, 궁도 등 여러 가지 무도가 있습니다. 이들 무도는 스포츠로 간주되는 경우도 있지만, 그 뿐만 아니라 연습을 계속함으로써 심신을 단련하고 인격 형성을 목표로 하는 하나의 예술이라고 할 수 있습니다.

●● 검도
라쓰메이칸대학 홍보과 제공

❷ 검도·사도(무사도)에 대해서

위에서 말한 무도 중에서 예를 들어 검도에 주목해 봅시다. 검술은 원래는 사람을 죽이는 기술이었지만, 평화로운 시대의 도래와 함께 무사로서의 이상적인 삶을 추구하기 위한 방법으로 변해 갔습니다. 이와 같은 무사의 생활 방식, 사상의 집대성이 사도입니다.

사도는 긴 무가 제도의 역사 속에서 탄생한 '무사의 관습'이 에도시대에 유교와 결합하여 무사들이 살아가기 위한 철학이 된 것입니다. 사도가 무사도로 불리게 된 것은 메이지 이후의 일이며, 1899년에 니토베 이나조가 쓴 『무사도』가 그 집대성이라고 합니다. 이 책은 불교·신도·유교를 3대 요소로 하여 무사도를 형성하는 지(智)·의(義)·용(勇)·인(仁)·예(礼)·신(信)·성(誠)·충(忠)의 정신을 설명한 것입니다.

●● 궁도
라쓰메이칸대학 홍보과 제공

5 | 日本画

日本画とは、もちろん、日本の絵画という意味です。明治時代以降にヨーロッパから入ってきた西洋の絵画と区別するために、在来の日本の伝統絵画は日本画と呼ばれるようになりました。日本画は、墨や岩絵の具などを使用し、絹や紙などの素材に毛筆を用いて描きます。伝統的に狩野派、円山派、四条派など多くの流派が存在してきました。

一方、日本の芸道としては、このほかにも、漆器、陶磁器などがあります。

Q 現存の有名な茶室には、どのようなものがありますか。

A 現存している有名な茶室は、京都にもっとも多く存在しています。京都の大山崎町にある妙喜庵の待庵は、千利休により造られた現存する唯一の茶室です。また、大徳寺聚光院には、千利休の墓所および千家歴代の墓があり、千利休好みに造られた二つの茶席があります。

5 │ 일본화

일본화라는 것은 물론 일본의 그림이라는 뜻입니다. 메이지시대 이후에 유럽에서 들어온 서양의 그림과 구별하기 위하여 예로부터 전해오는 일본 전통회화는 일본화라고 불리게 되었습니다. 일본화는 먹이나 분말 그림물감 등을 써서 명주나 종이 등의 소재에 붓을 사용하여 그립니다. 전통적으로 가노파, 마루야마파, 시조파 등 많은 유파가 존재해 왔습니다.

한편 일본의 예도로서는 이외에도 칠기, 도자기 등이 있습니다.

●● **일본화**
山口華楊 '맨드라미 뜰' 교토 미술관 소장

●● **칠기**

●● **도자기(기요미즈야키)**
武内裕 작품

●● **도자기(세토야키 접시)**

질문

Q **현존하는 유명한 다실로는 어떤 것이 있습니까?**

A 현존하는 유명한 다실은 교토에 가장 많이 있습니다. 교토의 오야마자키초에 있는 묘키안의 다이안은 센노리큐에 의해 만들어진 현존하는 유일한 다실입니다. 또한 다이토쿠지 주코인에는 센노리큐의 묘소 및 센케 역대의 묘들이 있고, 센노리큐 취향으로 만들어진 두개의 다실이 있습니다.

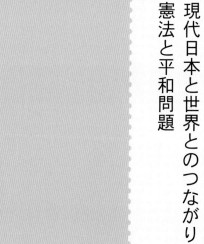

4 章

日本の社会 ●

現代日本の家族

日本人にとって「家族」とは何でしょうか。時代とともに人びとの生活スタイルは変わり、それにともない「家族」の様子も変化してきています。韓国や地域の家族観と比べてみましょう。

1 | 家族形態の変化

① 戦前の日本の家族

日本の家族は「イエ」制度のもとで成り立っていました。これは第二次世界大戦前の日本の家族制度を支えてきたもので、家長が家族に対して支配権をもち、長男が親と同居して嫁を迎え、財産などとともに「イエ」を継ぐという制度です。長男はその名字(姓)とともに伝統を受け継ぎ、「イエ」を守っていく役割を担っていました。

현대 일본의 가족

일본인에게 '가족'이란 무엇일까요? 시대와 함께 사람들의 생활 양식은 변하고, 그와 더불어 '가족'의 모습도 변화해 왔습니다. 한국이나 지역의 가족관과 비교해 봅시다.

● ● 일본의 가족

1 | 가족 형태의 변화

❶ 제2차 세계대전 전 일본의 가족

일본의 가족은 '이에[1]' 제도 하에서 성립되어 있었습니다. 이는 제2차 세계대전 전의 일본의 가족 제도를 지탱해 온 것으로, 가장이 가족에 대해 지배권을 가지고 장남이 부모와 동거하며 아내를 맞이하고 재산 등과 함께 '이에'를 이어가는 제도입니다. 장남은 그 성씨와 함께 전통을 이어받아 '이에'를 지켜 나가는 역할을 맡아 왔습니다.

---

1 이에 가족에 관한 일본의 사회적 집단. 조상 대대로 이어져 내려온 혈족으로서의 집단. 넓게는 그 집안의 명예나 재산까지 포함하는 가문, 집안.

この「イエ」制度は、家庭内における仕事の分担、家庭内の重要なことを決めるときに発言する権利など、あらゆる日常生活に浸透していました。この結果、「男性は仕事、女性は家事・子育て」という家族形態ができあがりました。この時代は三世代以上で構成される家族が主流でした。

② 現代の家族

「イエ」制度は戦後の民法改正により法的に取り払われ、次第に変化していきました。そして、個々のライフスタイルに合わせ、恋愛や結婚、離婚や出産などさまざまな選択をする人が多くなってきました。家族の形態も以前とは異なり、夫婦または夫婦とその子で構成される核家族化が進んでいます。また、未婚化・晩婚化の進行により、一人暮らしをする人や、高齢化にともない子どもが独立し、さらに配偶者を失って一人暮らしをする人も増えています。

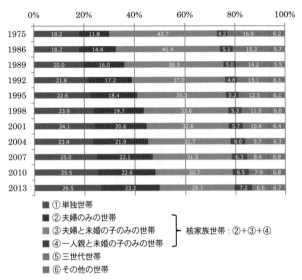

▶ 世帯数の構成割合の年次推移

	① 単独世帯	② 夫婦のみの世帯	③ 夫婦と未婚の子のみの世帯	④ 一人親と未婚の子のみの世帯	⑤ 三世代世帯	⑥ その他の世帯
1975	18.2	11.8	42.7	4.2	16.9	6.2
1986	18.2	14.4	41.4	5.1	15.3	5.7
1989	20.0	16.0	39.3	5.0	14.2	5.5
1992	21.8	17.2	37.0	4.8	13.1	6.1
1995	22.6	18.4	35.3	5.2	12.5	6.1
1998	23.9	19.7	33.6	5.3	11.5	6.0
2001	24.1	20.6	32.6	5.7	10.6	6.4
2004	23.4	21.9	32.7	6.0	9.7	6.3
2007	25.0	22.1	31.3	6.3	8.4	6.9
2010	25.5	22.6	30.7	6.5	7.9	6.8
2013	26.5	23.2	29.7	7.2	6.6	6.7

■ ① 単独世帯
■ ② 夫婦のみの世帯
■ ③ 夫婦と未婚の子のみの世帯　　核家族世帯：②+③+④
■ ④ 一人親と未婚の子のみの世帯
■ ⑤ 三世代世帯
■ ⑥ その他の世帯

厚生労働省『グラフでみる世帯の状況』(2013)

③ 家族と過ごす時間

家庭内暴力、子どもへの虐待、核家族化などの現象から、家族の結びつきがどんどん希薄になっていると思われがちです。確かに、平日は父母は労働時間が長いために帰宅時間が遅くなり、子どもも塾やお稽古事で、夕方から夜にかけて家にいる時間が短くなっています。しかし、休日は家族とともに過ごす人も多くいます。平日一緒に過ごせないぶん、休日が家族とともに楽しむ貴重な時間になっているのです。

이 '이에' 제도는 집안의 가사 분담, 집안의 중대사를 결정할 때에 발언권 등 모든 일상생활에 침투해 있었습니다. 그 결과 '남성은 일, 여성은 집안일·육아'라는 가족 형태가 만들어졌습니다. 이 시대에는 3세대 이상으로 구성되는 가족이 주류였습니다.

② 현대의 가족

'이에' 제도는 전후 민법 개정에 의해 법적으로 사라지고 점차 변화해 갔습니다. 그리고 개개인의 라이프 스타일에 맞추어 연애나 결혼, 이혼과 출산 등 다양한 선택을 하는 사람이 많아졌습니다. 가족의 형태도 이전과는 달리 부부 또는 부부와 그 자녀로 구성되는 핵가족화가 진행되고 있습니다. 또한 미혼화·만혼화의 진행으로 혼자 사는 사람이나, 고령화에 따라 자녀들이 독립하고 게다가 배우자를 잃고 혼자 사는 사람들도 늘고 있습니다.

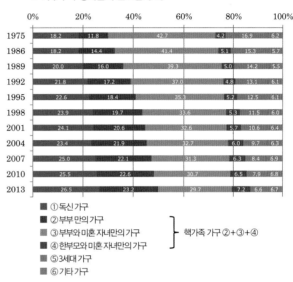

▶ 가구수 구성비율의 연도별 추이

후생노동성 「그래프로 보는 가구의 상황」 (2013)

③ 가족과 지내는 시간

가정 내 폭력, 자녀 학대, 핵가족화 등의 현상으로 가족의 유대감은 날로 약화되고 있다고 할 수 있습니다. 확실히 평일에는 부모는 근로 시간이 길어서 귀가 시간이 늦어지고, 자녀들도 학원이나 온갖 레슨 때문에 저녁 무렵부터 밤까지 집에 있는 시간이 짧아지고 있습니다. 그러나 휴일에는 가족과 함께 지내는 사람도 많습니다. 평일에 함께 지내지 못하는 만큼, 휴일이 가족과 함께 즐기는 귀중한 시간이 된 것입니다.

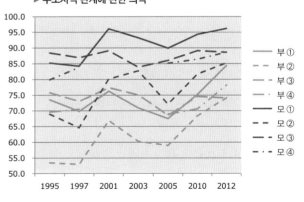

▶ 부모자식 관계에 관한 의식

제일생명 경제연구소 「라이프 디자인 백서」 (2013)

❹ 女性の変化

高度経済成長期以降、急速な技術の発展や女性の社会的地位の向上により、女性の働く場が広がりました。また、家計支出も今まで以上に増加し、特に生活費や子どもの養育費・教育費が高騰しました。そのため、それを補おうと、女性がどんどん社会進出しはじめ

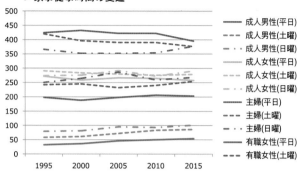

▶ 家事従事時間の変遷

500
450
400
350
300
250
200
150
100
50
0

1995　2000　2005　2010　2015

― 成人男性(平日)
--- 成人男性(土曜)
-‥ 成人男性(日曜)
― 成人女性(平日)
--- 成人女性(土曜)
-‥ 成人女性(日曜)
― 主婦(平日)
--- 主婦(土曜)
-‥ 主婦(日曜)
― 有職女性(平日)
--- 有職女性(土曜)

厚生労働省『グラフでみる世帯の状況』(2013)

ました。女性の職場進出は、女性が家事を行うとともに外で働くことになるので、さまざまな問題が生じることになりました。夫婦で家事を分担する家庭も見られるようになりましたが、基本的に家のことは妻の仕事という考えがいまだ根強く、外で働くとともに家事もやらなければならない女性の不満が目立っています。

---

2 ｜ 結婚・離婚について

---

❶ 結婚に対する考え方の変化

戦前の日本では結婚は家と家の結びつきと考えられ、多くの場合、家族(家長)の同意を必要としていました。戦後になって結婚は個人の自由によるものである、と考えられるようになりました。

1990年代に入り、未婚化や晩婚化が急速に進んでいます。学校の卒業後も親と一緒に暮らして、食・住などを親に依存しながら生活を送っている「パラサイトシングル族」も多くなっています。

④ 여성의 변화

고도경제성장기 이후, 급속한 기술 발전이나 여성의 사회적 지위 향상으로 여성 일자리들의 폭이 넓어졌습니다. 또한 가계 지출도 이전보다 증가했는데, 특히 생활비나 자녀의 양육비·교육비가 크게 올랐습니다. 그 때문에 그것을 보충하려고 여성이 점차 사회로 진출하기 시작했습니다. 여성의 사회 진출은 여성이 집안일을 하

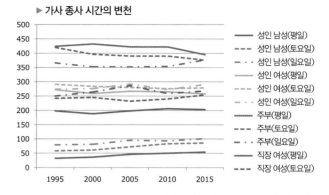

▶ 가사 종사 시간의 변천

성인 남성(평일)
성인 남성(토요일)
성인 남성(일요일)
성인 여성(평일)
성인 여성(토요일)
성인 여성(일요일)
주부(평일)
주부(토요일)
주부(일요일)
직장 여성(평일)
직장 여성(토요일)

후생노동성 「그래프로 보는 가구의 상황」 (2013)

면서 밖에서 일하는 것이므로 여러 가지 문제가 발생하게 되었습니다. 부부가 집안일을 분담하는 가정도 나타나고 있지만, 기본적으로 집안일은 아내의 일이라는 생각이 아직 뿌리 깊게 남아 있어, 밖에서 일하면서 집안일도 해야 하는 여성의 불만이 매우 커지고 있습니다.

2 | 결혼·이혼에 대해서

① 결혼에 대한 사고의 변화

제2차 세계대전 전의 일본에서는 결혼은 가문과 가문의 결합이라고 생각하여, 대부분의 경우 가족(가장)의 동의가 필요했습니다. 전후가 되자 결혼은 개인의 자유에 따르는 것이라고 생각하게 되었습니다.

1990년대 들어 미혼화와 만혼화가 급속하게 진행되고 있습니다. 학교 졸업 후에도 부모와 함께 살며, 식·

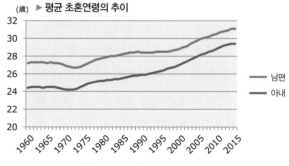

(歳) ▶ 평균 초혼연령의 추이

남편
아내

국립사회보장·인구문제연구소 「인구통계자료집」 (2016)

주 등을 부모에게 의존하면서 생활하고 있는 '패러사이트 싱글족'도 많아지고 있습니다.

② 未婚化・晩婚化

未婚化や晩婚化が進んでいる原因にはさまざまな理由が考えられます。

一つ目は、結婚すると、自由に使えるお金が減ってしまうことがあげられます。稼いだお金は主に生活費などにあてなくてはならず、独身のときより自由にお金が使えなくなります。

二つ目に、やりたいことが制限されることがあげられます。特に女性は、家事や育児などで負担をせおうことが多く、家庭に束縛されたくないという意識が強いようです。

三つ目に、結婚しなくても気楽に暮らせるようになったために結婚願望が低下したことです。親との同居などによって、親や周囲からの結婚に対する圧力が弱まっており、独身でいても仕事などで不都合を感じることは少なくなっています。

そのほかに、非正規雇用の増加など、経済的不安定のために結婚に踏み切れない人びとも増えています。

③ 離婚について

日本の離婚率は年々増加しています。この背景には、人びとの離婚に対する意識の変化があります。近年の離婚理由として「性格が合わない」「肉体的・精神的な虐待」などが増えています。女性の離婚理由として多かった「夫の暴力」はいまだその数は多いものの、近年、その割合は減少傾向にあります。その代わり、物理的暴力を伴わない「精神的な虐待」「生活費を渡さない」などを原因とする離婚が増加しています。自分の意志によってさまざまなことを選択できる時代になり、離婚は人生の再スタートだと捉える人も多くなっています。また、離婚が増えた時期というのは女性の職場進出が増えた時期でもあります。男性に頼らなくても、女性も働いて自分の生活を立てることができるようになったため、経済的不安が原因で離婚を思いとどまる人が減少したと考えられます。

❷ 미혼화·만혼화

미혼화나 만혼화가 진행되고 있는 원인으로는 여러가지 이유를 들 수 있습니다.

첫째, 결혼하게 되면 자유롭게 쓸 수 있는 돈이 줄어든다는 점을 들 수 있습니다. 수입은 주로 생활비 등에 충당해야 해서 독신일 때보다 자유롭게 돈을 쓸 수 없게 됩니다.

둘째, 하고 싶은 것이 제한된다는 점을 들 수 있습니다. 특히 여성은 가사나 육아 등을 부담하게 되는 경우가 많은데, 가정에 속박되기 싫다는 의식이 강한 것 같습니다.

셋째, 결혼하지 않아도 편하게 생활할 수 있게 되어 결혼하려는 의욕(기대감)이 낮아졌다는 점입니다. 부모와의 동거 등으로 부모나 주위의 결혼에 대한 압력이 약해지고 있고, 독신으로 있어도 직장 등에서 불편이나 불이익을 느끼는 경우는 적어지고 있습니다.

그 밖에 비정규직의 증가 등 경제적 불안정성 때문에 결혼을 할 수 없는 사람들도 늘고 있습니다.

❸ 이혼에 대해서

일본의 이혼율은 매년 증가하고 있습니다. 그 배경에는 사람들의 이혼에 대한 의식 변화가 있습니다. 근래의 이혼 사유로 '성격이 맞지 않는다', '육체적·정신적 학대' 등이 증가하고 있습니다. 여성의 이혼 사유로 많았던 '남편의 폭력'은 여전히 그

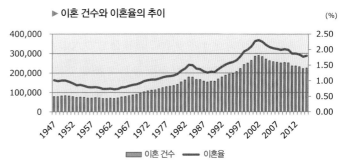

수는 많지만, 최근 그 비율은 감소 추세에 있습니다. 대신에 물리적 폭력을 수반하지 않는 '정신적 학대', '생활비를 주지 않는다' 등을 원인으로 하는 이혼이 증가하고 있습니다. 자신의 의사에 따라 다양한 것을 선택할 수 있는 시대가 되어, 이혼은 인생의 재출발이라고 인식하는 사람도 많아지고 있습니다. 또한 이혼이 늘어난 시기가 바로 여성의 사회 진출이 증가한 시기이기도 합니다. 남성에게 의지하지 않아도 여성도 일을 하여 자신의 생활을 꾸려나갈 수 있게 되었기 때문에, 경제적 불안이 원인이 되어 이혼을 단념하는 사람이 줄어들었다고 할 수 있습니다.

❹ 出生率の低下と少子化社会

2014年の出生率は1.42と発表されました(『人口動態統計』)。こうした少子化の原因として、未婚化・晩婚化の増加以外に、結婚していても子どもを産まなかったり、産む子どもの数を減らしたりすることがあげられます。現在の社会状況では仕事と子育ての両立は困難といわれています。また、子育てや教育にお金がかかっ

たり、共働き夫婦の場合、保育園や幼稚園に預けられなかったりするため、子どもを産みたくても産めない人もいます。女性が安心して子どもを産めるように、保育制度の充実や、労働条件の改善などが求められています。

---

3 | 定年とその後の人生

少子高齢化が進むなかで、老後に不安を感じる人の割合も高まっていますが、定年後の人生を新たなスタートとして捉え、意欲的に活動する人も増えています。近年、パソコン、インターネットに興味をもつ人の割合が高まっており、これらを学んだり、ホームページやブログを開設して情報交換をしたりすることで、社会との関わりをもっている人も増加しています。また、娯楽についても多方面に関心をもつ人が多く、さまざまなところへ旅行したり、公園で散歩やジョギングをする人も多くなっています。なかには定年後、地方で農業をしたいという人もおり、定年帰農セミナーなども開かれています。

④ 출생률 저하와 저출산 사회

2014년의 출생률은 1.42로 발표되었습니다. (『인구동태통계』). 이러한 저출산의 원인으로서 미혼화·만혼화의 증가 외에 결혼해도 자녀를 낳지 않거나 낳는 아이의 수를 줄이는 점을 들 수 있습니다. 오늘날의 사회 상황에서는 일과 육아의 양립은 어렵다고 합니다. 또한 육아와 교육에 돈이 들기도 하고, 맞벌이 부부의 경우, 보육원이나 유치원에 맡길 수 없기도 하기 때문에, 자녀를 낳고 싶어도 낳지 못

(‰) ▶ 합계 특수 출생률[2]

후생노동성 『인구동태통계』 (2015)

하는 사람도 있습니다. 여성이 안심하고 자녀를 낳을 수 있도록 보육제도의 정비나 노동 조건의 개선 등이 요구되고 있습니다.

3 정년과 그 후의 인생

저출산·고령화가 진행되는 가운데, 노후에 불안을 느끼는 사람의 비율도 높아지고 있습니다만, 정년 후의 인생을 새로운 출발점으로 여기고, 의욕적으로 활동하는 사람도 늘고 있습니다. 최근 컴퓨터, 인터넷에 흥미를 가지고 있는 사람의 비율이 높아지고 있으며, 이것들을 배우거나 홈페이지나 블로그를 개설하여 정보 교환을 함으로써, 사회적 연계성(네트워크)을 소중히 여기는 사람도 증가하고 있습니다. 또 오락에 관해서도 다방면에 관심을 가지는 사람이 많아서 여러 곳으로 여행을 한다든지, 공원에서 산책이나 조깅을 하는 사람도 많아졌습니다. 특히 정년 후 지방에서 농사일을 하고 싶다는 사람도 있어 정년 귀농세미나 등도 열리고 있습니다.

---

2 **합계 특수 출생률** 한 명의 여성이 평생에 평균 몇 명의 아이를 낳는가를 나타내는 수치

コラム

離婚にまつわる言葉　〜スピード離婚・熟年離婚・家庭内離婚(仮面夫婦)

1990年代後半には、新婚旅行へ行って帰ってきたらすぐ離婚してしまうという「成田離婚」という言葉が流行りましたが、近年では「スピード離婚」という1年足らずで離婚してしまうカップルが増えているといわれています。「熟年離婚」とは、長年連れ添った夫婦が離婚することをいいます。これも近年増えてきています。子どもが独立した後、自分の時間を大切にしようと考える人が多くなってきているようです。専業主婦であっても離婚時に夫の年金を分割して受けられるケースが認められるようになったことが影響を与えているともいわれています。「家庭内離婚」とは、実際の夫婦関係が破綻しているのに同居はつづき、法律的な離婚をしないことです。これには一度専業主婦になった女性が離婚したくても、離婚後の経済的自立がむずかしいことや、子どものために離婚しない、慰謝料や養育費がもらえないなど、さまざまな理由があります。

質問

Q1　日本では結婚すると姓はどうなりますか。

A1　日本では法律上、夫婦は同姓でなければなりません。しかし職場では、結婚しても旧姓を使用する人が増えています。近年では、結婚しても姓を変えない夫婦別姓を許容する人が、徐々に多くなっているようです。また、婚姻届を提出せずに夫婦関係を営む「事実婚」「夫婦別籍」を選択するカップルも徐々に増えています。

Q2　日本では同性婚は認められていますか。

A2　法律上では認められていないとされています。最近になって他国のパートナーシップ法を参考に法整備を進めていこうとする動きも見られます。また、2015年3月には東京都渋谷区で「渋谷区男女平等及び多様性を尊重する社会を推進する条例」が採択され、同性カップルの不利益を緩和することが定められました。このほかにも数は少ないですが、地方自治体レベルではこのような動きが徐々に始まっています。

이혼을 둘러싼 말 ~스피드 이혼·황혼이혼·가정 내 이혼(가면 부부)

1990년대 후반에는 신혼여행을 갔다가 돌아오면 바로 이혼해 버린다는 '나리타 이혼'이라는 말이 유행했지만, 최근에는 '스피드 이혼'이라는 1년도 안 돼 이혼해 버리는 커플이 늘고 있다고 합니다. '황혼 이혼'은 오랜 세월 같이 산 부부가 이혼하는 것을 말합니다. 이것도 최근 증가하고 있습니다. 자녀가 독립한 후에 자기 시간을 소중히 하려고 생각하는 사람들이 많아진 것 같습니다. 전업주부라도 이혼할 때 남편의 연금을 분할받을 수 있다고 인정된 판례가 영향을 미친 것으로 해석됩니다. '가정 내 이혼'이란 실제 부부관계가 파탄되었으나 동거는 계속되고, 법률적 이혼을 하지 않는 것입니다. 여기에는 한번 전업주부가 된 여성이 이혼하고 싶어도 이혼 후의 경제적 자립이 어려운 점이나, 자식 때문에 이혼하지 않고 위자료나 양육비를 받지 못하는 등 여러 가지 이유가 있습니다.

Q1　일본에서는 결혼을 하면 성(姓)은 어떻게 됩니까?

A1　일본에서는 법률상 부부는 동성이어야 합니다. 그러나 직장에서는 결혼해도 결혼 전의 성을 사용하는 사람이 늘고 있습니다. 최근에는 결혼해도 성을 바꾸지 않는, 부부 각자의 성을 허용하는 사람이 서서히 많아지고 있는 것 같습니다. 또한 혼인 신고를 하지 않고 부부 관계를 영위하는 '사실혼', '부부 각자 호적'을 선택하는 커플도 점차 증가하고 있습니다.

Q2　일본에서 동성 결혼은 인정되고 있습니까?

A2　법률상으로는 인정하지 않는 것으로 되어 있습니다. 최근 들어 다른 나라의 파트너십법을 참고로 법 정비를 진행해 가려고 하는 움직임도 보여집니다. 또한 2015년 3월에는 도쿄도 시부야구에서 '시부야구 남녀평등 및 다양성을 존중하는 사회를 추진하는 조례'가 채택되어 동성 커플의 불이익을 완화하는 내용을 담고 있습니다. 이 밖에도 수는 적지만 지방자치단체 수준에서는 이러한 움직임이 서서히 시작되고 있습니다.

宗教
しゅうきょう

日本には、神道、仏教、キリスト教や新宗教と呼ばれる新しい宗教など、さまざまな宗教が混在しています。現在の日本人は、誕生から結婚までは神道、葬式は仏教、さらに、クリスマスを祝うというように、それぞれの宗教を柔軟に受け入れています。

1　民俗信仰
みんぞくしんこう

古来、日本の人びとは、動物や草木、海や山など、生活風土のなかには精霊がたくさんいて、気象や豊作をコントロールすると考えていました。これらの精霊は、カミと呼ばれて崇められていました。

たとえば、山のカミは山を支配するカミですが、その性格はさまざまです。山で働く人びとにとっては、動物を支配し樹木を管理するカミであり、農民にとっては、春に山を降りてくる田のカミでした。ほかにも、火難除けのカミである火のカミ、雨乞いのカミである蛙ガミや、呪術・医薬のカミである蛇ガミ、お産のカミである箒ガミ

종교

일본에는 신도, 불교, 기독교나 신종교라고 불리는 새로운 종교 등 다양한 종교가 혼재해 있습니다. 오늘날의 일본인은 출생에서 결혼까지는 신도식, 장례식은 불교식, 그리고 크리스마스를 축하하는 등 다양한 종교를 유연하게 받아들이고 있습니다.

●● 일본의 신사

1 민속신앙

예로부터 일본인들은 동물이나 초목, 바다나 산 등 생활 풍토에는 정령이 많이 있어, 날씨나 풍작을 관장한다고 생각하였습니다. 이 정령은 가미라고 불리며 숭상받았습니다.

예를 들어 산의 가미는 산을 지배하는 가미이지만 그 성격은 다채롭습니다. 산에서 일하는 사람들에게는 동물을 지배하고 수목을 관리하는 가미이고, 농민에게는 봄에 산에서 내려오는 논의 가미였습니다. 이외에도 화재를 예방하는 가미인 불의 가미,

●● 일본의 가미 중 하나인 에비스

비가 오기를 비는 가미인 개구리 가미, 주술·의약의 가미인 뱀 가미, 출산의 가미인 빗자루 가미 등

などさまざまなカミがいます。

カミが自然現象に関与するように、人の幸福に関与すると考えられたのは祖先の霊や死霊です。祖先の霊は、子孫を守る家のカミとして位置づけられます。しかし、怨念を抱いて死んだ人の霊は怨霊に、だれにも祀られない霊は幽霊になるとされました。

2 神道

「神道」という言葉は、仏教が伝来したときにそれと区別するために用いられたものです。つまり、異なるものとの出会いによって、自らのカミ観念や世界観を自覚するようになり、それらが神道として体系化されていったのです。すべてではないものの、古来のカミは、古代の国家統一にともなって神道のカミとなり、八百万の神々と呼ばれるようになります。

目に見える神道の形として、もっともわかりやすいのが神社でしょう。神社はカミを祀る建物で、その建物のなかにカミが鎮座しているという観念が、現在では一般化しています。

ところで現在の神社は、明治維新(1868年)以降、国家神道の主体として伊勢神宮を頂点にピラミッド型に再編成されたもので、古来のものとは異なっている場合があります。国家神道とは、明治維新からアジア太平洋戦争の敗戦(1945年)までの約80年の間、日本国民が尊ぶべきとされた国家宗教で、現人神としての天皇崇拝がその軸となっていました。政府は、神社を国家神道の思想に適合するよう改変するとともに、多くの神社を新たに創建しました(明治神宮・平安神宮・靖国神社など)。

1945年、アジア太平洋戦争の敗戦とともに、国家神道もその幕を閉じます。天皇は、自己の神性を否定し、神社は国家権力から分離されました。現在、宗教法人となっている神社は約8万といわれています。

다양한 가미가 있습니다.

가미가 자연현상에 관여하는 것처럼 사람의 행복에 관여한다고 생각되었던 것은 조상의 영이나 사령입니다. 조상의 영은 자손을 지키는 집안의 가미로 자리매김됩니다. 그러나 원한을 품고 죽은 사람의 영은 원령이 되고, 아무도 제사 지내지 않는 영은 유령이 된다고 합니다.

2 신도

'신도'라는 말은 불교가 전래되었을 때 그것(불교)과 구별하기 위해서 사용된 것입니다. 즉, 이질적인 것과의 만남으로 인해 자신의 가미에 대한 관념이나 세계관을 자각하게 되고, 그것들이 신도로서 체계화되어 간 것입니다. 모든 것이 그런 것은 아니지만 예전의 가미는 고대의 국가통일과 함께 신도의 가미가 되고, '야오요로즈노 가미가미(수많은 신들)'로 불리게 됩니다.

●● 이세 신궁

눈에 보이는 신도의 형태로서 가장 알기 쉬운 것이 신사입니다. 신사는 가미를 섬기는 건물로, 그 건물 속에 가미가 진좌하고 있다는 생각이 오늘날 일반화되어 있습니다.

그런데 오늘날의 신사는 메이지 유신(1868년) 이후 국가 신도의 주체로서 이세 신궁을 정점으로 피라미드형으로 재편성된 것으로, 예전의 것과는 다른 경우가 있습니다. 국가 신도란 메이지 유신~아시아 태평양전쟁[1] 패전(1945년)까지의 약 80년 간 일본 국민이 섬겨야 한다고 여긴 국가 종교로, 현인신(인간 모습의 신)으로서 천황 숭배가 그 축이었습니다. 정부는 신사를 국가 신도 사상에 적합하도록 개혁함과 동시에 많은 신사를 새로이 창건했습니다(메이지 신궁·헤이안 신궁·야스쿠니 신사 등).

●● 헤이안 신궁

●● 야스쿠니 신사

1945년 아시아 태평양전쟁의 패전과 함께 국가 신도도 그 막을 내립니다. 천황은 자신의 신성을 부정하고, 신사는 국가 권력으로부터 분리되었습니다. 현재 종교 법인으로 되어 있는 신사는 약 8만이라고 합니다.

1 아시아 태평양전쟁 제2차 세계대전

3　仏教

日本に仏教が伝わったのは、6世紀中ごろのことといわれています。当時の権力者たちは、自分たちの幸福のため、自分たちの祖先の霊を祀るために、寺院を創建し、僧侶を養成しました。社会の最上層部からはじまった日本仏教が、一般大衆のなかに入ったのは、12世紀後半のことでした。

仏教は日本に定着する際に、日本古来の民俗信仰・習俗と互いに影響し合いながら、受け入れられました。死者のことを仏と呼ぶのも日本的な考えに基づくものです。すべての人が死んで、仏、つまり仏陀になるという教えは仏教にはありません。人は、死後、一定の期間が経つと、祖霊となり、カミと呼ばれます。このカミという言葉を仏に置き換えたため、死者を仏と呼ぶようになりました。言葉は仏教でも、内容は日本古来の民俗信仰だといえます。12世紀から13世紀にかけて、中国の影響も受けて日本独自の仏教宗派が続々と開かれました(鎌倉仏教といわれます)。現在、日本人が信仰する仏教の大半は、この鎌倉時代に開かれた宗派です。

4　キリスト教

キリスト教がはじめて日本に伝えられたのは、1549年のことです。しかしながら江戸時代には厳しく禁止され、ほぼその影響力はなくなりました。

その後、キリスト教の受容が進展したのは、明治維新、第二次世界大戦後など、いずれも大きな変革期でした。日本の宗教が、新しい時代への適応を欠いていると考えられたとき、キリスト教は新しい宗教として迎えられましたが、社会の変化が一段落すると、停滞しました。現在も信者数は停滞状況にあり、日本の宗教信者総数の2％にも満たない数字です。

しかし、キリスト教の影響は、数多くのミッション系の学校(立教大学・青山学院大学・関西学院大学など)、教会での結婚式、クリスマスのイルミネーションなど日本の至るところに見られます。また、文学に与えた影響も大きく、クリスチャンの文学者では、遠藤周作(『沈黙』『深い河』)、三浦綾子(『氷点』)などが有名です。信仰という面では、影響力が強いとはいえないものの、キリスト教は日本人の生活のなかに溶け込んでいます。

3 | 불교

일본에 불교가 전래된 것은 6세기 중반경이라고 합니다. 당시 권력자들은 자신들의 행복을 위해, 자신들 조상의 넋을 기리기 위해 사원을 창건하고 승려를 양성했습니다. 사회의 최상층 계급에서 시작된 일본 불교가 일반 대중 속에 전파된 것은 12세기 후반의 일이었습니다.

●● 가마쿠라시대에 지어진 엔카쿠지

불교는 일본에 정착할 당시 예로부터 전해오는 일본의 민속신앙·습관이나 풍속과 서로 영향을 주고받으며 받아들여졌습니다. 고인을 호토케(부처)라고 부르는 것도 일본적인 사고에 기인한 것입니다. 모든 사람이 죽어서 호토케, 즉 부처가 된다는 가르침은 불교에는 없습니다. 사람은 사후 일정 기간이 지나면 조령이 되어 가미라고 불립니다. 이 가미라는 말을 호토케로 대치했기 때문에 죽은 사람을 호토케라고 부르게 되었습니다. 말은 불교지만 내용은 예로부터 전해지는 일본의 민속신앙이라고 할 수 있습니다. 12세기부터 13세기에 걸쳐 중국의 영향도

●● 가마쿠라시대에 지어진 겐초지

받으며 일본의 독자적인 불교 종파가 속속 생겨났습니다(가마쿠라 불교라고 합니다). 현재 일본인이 믿고 있는 불교의 대부분은 이 가마쿠라시대에 생겨난 종파입니다.

4 | 기독교(천주교)

기독교(천주교)[2]가 처음으로 일본에 전해진 것은 1549년의 일입니다. 그러나 에도시대에는 엄격하게 금지되어 그 영향력은 거의 없어졌습니다.

그 후 기독교 수용이 진전된 것은 메이지 유신, 제2차 세계대전 후 등 모두 큰 변혁기였습니다. 일본의 종교가 새로운 시대에 적응하지 못하고 있다고 생각되었을 때 기독교는 새로운 종교로 받아들여졌지만, 사회의 변화가 일단락되자 정체되었습니다. 현재도 신자 수는 정체 상태이고, 일본의 종교 신자 총수의 2%에도 못 미치는 수치입니다.

그러나 기독교의 영향은 수많은 미션계 학교(릿쿄대학·아오야마가쿠인 대학·간세이가쿠인 대학 등), 교회에서의 결혼식, 크리스마스의 일루미네이션 등 일본 곳곳에서 볼 수 있습니다. 또한 문학에 끼친 영향도 커, 크리스천 문학가로는 엔도 슈사쿠 (『침묵』, 『깊은 강』), 미우라 아야코(『빙점』) 등이 유명합니다. 신앙이라는 면에서는 영향력이 강하다고는 할 수 없지만, 기독교는 일본인의 생활 속에 녹아들어 있습니다.

---

2 **기독교(천주교)** 일본의 キリスト教는 우리나라의 천주교와 기독교를 모두 포함함

5 | 新宗教

日本には、数多くの新宗教が存在しています。第二次世界大戦後間もないころは、新しい宗教が次々と生まれたため、「神々のラッシュアワー」と呼ばれました。2015年現在、14,613団体が宗教法人として登録されています。

既成宗教が魅力を失った際に「貧しさ、病気、争いごと」からの解放を求めて、多くの人びとが、これらの新宗教に集まるといわれています。主な教団としては、中山みき(1798～1887)が開いた天理教、谷口雅春(1893～1985)が開いた生長の家、日本国内で会員の世帯数が821万世帯にのぼる創価学会(それぞれ公式サイト発表)などがあります。

しかし、現代では、それまでの新宗教とは異なった新興宗教も登場し、ときには一般市民の脅威となりかねない事態を招いています。1995年には、オウム真理教が東京の地下鉄にサリンをまくという事件が発生しました。

6 | 日本人は無宗教か

日本の宗教信者の総数は、日本の総人口をはるかに上回っています。このことは、たとえば仏教徒でありながら、神道やほかの宗教の信者として数えられていることを意味しています。

日本人のなかには自分は「無宗教」だと感じている人が少なくありません。特定の教団に帰属しているという意識が欠如しているからです。しかしながら、実際には多くの人が日常生活の一部として神仏を崇拝しています。

日ごろ、神社に足を運ぶことがない若者たちも、元旦には初詣に出かけます。特に信仰心はなく、イベントに出かける程度の気持ち、というのが本音なのかもしれませんが、非常にたくさんの人がわざわざ初詣に出かけているところに、日本の宗教状況が象徴的に示されています。

5 신흥종교

일본에는 수많은 신흥종교가 존재하고 있습니다. 제2차 세계대전 후 얼마 지나지 않아 새로운 종교가 줄지어 생겨났기 때문에 '신들의 러시아워'라고 불렸습니다. 2015년 현재 14,613개의 단체가 종교 법인으로 등록되어 있습니다.

기성종교가 매력을 잃었을 때마다 '빈곤, 질병, 분쟁'으로부터 벗어나고자 하는 많은 사람들이 이들 신흥종교에 모여든다고 합니다. 주요 교단으로는, 나카야마 미키(1798~1887)가 개창한 천리교, 다니구치 마사하루(1893~1985)가 개창한 세이초노 이에, 일본 국내에서 회원 가구수가 821만 가구에 달하는 소카갓카이(각각 공식사이트 발표) 등이 있습니다.

그러나 현대에는 지금까지의 신흥종교와는 다른 신흥종교도 등장하여, 때로는 일반시민에게 위협이 될지도 모르는 사태를 초래하고 있습니다. 1995년에는 옴진리교가 도쿄 지하철에 사린가스를 뿌린 사건이 발생했습니다.

6 일본인은 무종교인가

일본의 종교 신자 총수는 일본 총인구를 훨씬 웃돌고 있습니다. 이는 예를 들면, 불교도이면서 신도나 다른 종교의 신자로서 계산되어 있다는 것을 의미합니다.

일본인 중에는 자신은 '무종교'라고 느끼고 있는 사람이 적지 않습니다. 특정 교단에 귀속되어 있다는 의식이 결여되어 있기 때문입니다. 그러나 실제로는 많은 사람이 일상생활의 일부로 신불을 숭배하고 있습니다.

평소에는 신사를 찾지 않던 젊은이들도 설날에는 하쓰모데를 하러 갑니다. 특별히 신앙심은 없고 이벤트에 나가는 정도의 마음이라는 것이 속내일지도 모르지만, 상당히 많은 사람이 일부러 하쓰모데를 간다는 점이 일본의 종교 상황을 상징적으로 나타내고 있습니다.

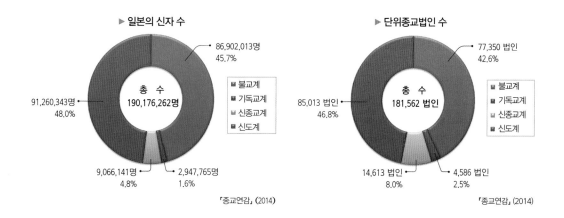

▶ 일본의 신자 수

86,902,013명
45.7%

총 수
190,176,262명

■ 불교계
■ 기독교계
■ 신종교계
■ 신도계

91,260,343명
48.0%

9,066,141명
4.8%

2,947,765명
1.6%

「종교연감」 (2014)

▶ 단위종교법인 수

77,350 법인
42.6%

총 수
181,562 법인

■ 불교계
■ 기독교계
■ 신종교계
■ 신도계

85,013 법인
46.8%

14,613 법인
8.0%

4,586 법인
2.5%

「종교연감」 (2014)

となりのトトロ

1988年に評判となったアニメに、宮崎駿監督の「となりのトトロ」があります。

大トトロの正体は、大きなクスノキの精霊です。古来の自然豊かな森や山には、たくさんの精霊たちがいました。精霊たちを崇め、敬う気持ちは、すなわち自然への畏怖の感情です。

しかし、近代化が進み、山がけずられ、森が切り開かれると、自然をこわがることはあまりなくなります。緑が消え、裸になった地面の傍らにはブルドーザーやクレーン車。トトロが出てくる余地はありません。しかも、第二次世界大戦後、本来の植生を無視して杉ばかり植えたせいで、日本の山は今や杉だらけです。花粉症の人は崇めるどころか、一本残らず引っこ抜いてしまいたいぐらいでしょう。

自然環境の破壊とともに、精霊の存在や姿を想像することすら、むずかしくなってきました。それでも、たまにとても大きな木に出会うと、ふわふわのトトロが近くにいるんじゃないかと、少し嬉しくなります。

이웃집 토토로

1988년에 호평을 받은 애니메이션에 미야자키 하야오 감독의 '이웃집 토토로'가 있습니다.

큰 토토로의 정체는 큰 녹나무의 정령입니다. 옛날부터 자연이 풍요로운 숲이나 산에는 많은 정령들이 있었습니다. 정령들을 섬기고, 숭상하는 마음은 즉, 자연에 대한 두려움을 느끼는 감정입니다.

그러나, 근대화가 진행되어 산이 깎이고 숲이 개척되자, 자연을 두려워하는 마음은 점차 옅어져갔습니다. 푸르름이 사라지고, 벌거숭이가 된 지면 옆에는 불도저나 크레인이 차지하고 있습니다. 토토로가 나올 만한 여지는 없습니다. 게다가 제2차 세계대전 후, 본래의 나무심기에 적합한 장소를 무시하고, 삼나무만 심은 탓에, 일본의 산은 오늘날 삼나무 투성이입니다. 꽃가루 알레르기가 있는 사람은 (이 삼나무를) 숭상하기는커녕, 한그루도 남김없이 뽑아버리고 싶을 정도겠지요.

자연환경의 파괴와 함께, 정령의 존재나 모습을 상상하는 것조차 어렵게 되었습니다. 그래도 가끔 아주 큰 나무를 만나게 되면, 푹신푹신한 토토로가 근처에 있는 것은 아닐까 하고 조금은 기분이 좋아집니다.

日本の教育

日本の学校にはどのような特徴があり、どのような学習をしているのでしょうか。また、現代の日本が抱える教育問題や教育改革はどうなっているのでしょうか。

1 日本の学校

日本の教育は、第二次世界大戦後の教育改革によって大きく変化し、学校制度や授業内容も敗戦前とはまったく違ったものになっています。

1 小学校

小学校は1872年に発布された「学制」によって、すべての国民を対象とする初等教育機関として発足し、戦時中は国民学校と名称が変更されていましたが、戦後の教育改革で1947年に明治以来の小学校の名称が復活しました。小学校の修業年限は6年で、7～12歳の子どもたちが就学しています。

일본의 교육

일본의 학교에는 어떤 특징이 있으며 무슨 학습을 하고 있을까요? 또 오늘날의 일본이 안고 있는 교육 문제나 교육 개혁은 어떻게 되고 있을까요?

●● 초등학교 수업 풍경

1 | 일본의 학교

일본의 교육은 제2차 세계대전 후의 교육 개혁에 의해 크게 변화했으며, 학교 제도나 수업 내용도 패전 전과는 완전히 달라졌습니다.

① 소학교(초등학교)

소학교는 1872년 발포된 '학제'에 의하여 전 국민을 대상으로 하는 초등교육기관으로서 발족되었고, 전시 중에는 국민학교로 명칭이 변경되었으나, 전후의 교육 개혁으로 1947년에 메이지 이래의 소학교라는 명칭이 부활되었습니다. 소학교의 수업 연한은 6년이며, 7~12세의 어린이들이 취학하고 있습니다.

●● 산수 문제를 푸는 아이들

❷ 中学校

敗戦前の中等教育では中学校(5年)と高等女学校(2年)、各種実業学校(5年)などの学校と、国民学校高等科、青年学校などの二系統がありましたが、敗戦後の教育改革で、これらはすべて中学校に統一され、1947年に3年間の義務教育・男女共学制となりました。

❸ 高等学校

高等学校は、敗戦後の教育改革によって旧制度では5年となっていた中学校が3年になったため、残りの2年間を延長して3年とし、義務教育(小学校6年・中学校3年)の上につづく上級学校として1948年に発足しました。高等学校は学区制、男女共学制、総合制を基本原則としており、普通教育を行う普通科と、農業科・工業科・商業科・家庭科などの各種専門教育を主とする学科があり、また、通信制も創設されました。

❹ 小・中・高等学校の学習内容

小・中学校では、教育活動を展開するなかで自ら学び自ら考える力の育成を図るとともに、基礎的な内容の確実な定着を図り、個性を生かす教育の充実に努めることが目標とされています。高等学校では、さらに学習の領域を広げるために、普通教育ではそれぞれの科目をより深く学ぶ教育課程が、専門教育では農・工・商業など専門性を深めるための教育課程が設置されています。

❷ 중학교

패전 전의 중등교육에서는 중학교(5년), 고등 여학교(2년), 각종 실업학교(5년) 등의 학교와, 국민학교 고등과, 청년학교 등의 두 계통이 있었으나, 패전 후의 교육 개혁으로 이것들은 모두 중학교로 통일되어, 1947년에 3년간의 의무교육·남녀공학제가 되었습니다.

❸ 고등학교

고등학교는 패전 후 교육 개혁에 의해 구제도에서는 5년이었던 중학교가 3년이 되었기 때문에, 남은 2년을 연장하여 3년으로 하고, 의무교육(소학교 6년, 중학교 3년) 이후에 이어지는 상급 학교로서 1948년에 발족되었습니다. 고등학교는 학군제, 남녀공학제, 통합제를 기본원칙으로 하고 있으며, 보통교육을 하는 보통과와 농업과·공업과·상업과·가정과 등의 각종 전문교육을 주로 하는 학과가 있고, 또한 통신고등학교도 창설되었습니다.

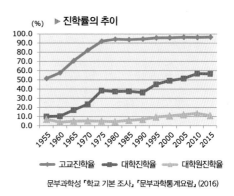

▶ 진학률의 추이

─●─ 고교진학률　─■─ 대학진학률　─▲─ 대학원진학율

문부과학성 「학교 기본 조사」, 「문부과학통계요람」 (2016)

❹ 소·중·고등학교의 학습내용

소학교·중학교에서는 교육활동을 수행하는 가운데 스스로 배우고 스스로 생각하는 힘의 육성을 꾀함과 동시에, 기초적인 내용을 확실히 습득시키고 개성을 살리는 교육을 충실히 하는 것이 목표로 설정되어 있습니다. 고등학교에서는 한층 더 학습 영역을 넓히기 위해 보통교육에서는 개별 과목을 보다 심도 있게 배우는 교육 과정이, 전문교육에서는 농·공·상업 등 전문성을 심화하기 위한 교육 과정이 설계되어 있습니다.

▶ 소학교 연간수업시간 수 (시간)

구　분	국어	사회	산수	이과	생활	음악	도화공작	가정	체육	도덕	외국어	종합학습	특별활동	총시간수
제1학년	306		136		102	68	68		102	34			34	850
제2학년	315		175		105	70	70		105	35			35	910
제3학년	245	70	175	90		60	60		105	35		70	35	945
제4학년	245	90	175	105		60	60		105	35		70	35	980
제5학년	175	100	175	105		50	50	60	90	35	35	70	35	980
제6학년	175	105	175	105		50	50	55	90	35	35	70	35	980

「학교교육법 시행규칙 별표제1」

▶ 중학교 연간수업시간 수 (시간)

구　분	국어	사회	수학	이과	음악	미술	보건체육	기술가정	외국어	도덕	종합학습	특별활동	총시간수
제1학년	140	105	140	105	45	45	105	70	140	35	50	35	1015
제2학년	140	105	105	140	35	35	105	70	140	35	70	35	1015
제3학년	105	140	140	140	35	35	105	35	140	35	70	35	1015

「학교교육법 시행규칙 별표제2」

2 教育における社会問題

戦後、日本はめざましい経済成長をとげ、それとともに日本の教育は世界でも非常に高い評価を受けるようになりました。しかし1980年以降、校内暴力・不登校・いじめ・学級崩壊・子どもによる凶悪犯罪などが深刻な社会問題になっています。

❶ 学級崩壊

学級崩壊とは、授業中の私語・立ち歩き・授業妨害などで授業が成立しなくなる状態だけでなく、授業は成りたっていても教師と子どもの信頼関係が成立しなくなる状態をも含み、その結果、教室の秩序が保てなくなることをいいます。特に、担任がほとんどの授業を受け持つ、小学校の低学年で増加しています。これに対して、今までは40人近い児童を一人の担任教師が担当していた状況から、教師の数を複数に増やして対応するなどの対策がたてられています。

❷ 不登校

不登校とは、何らかの心理的・情緒的・身体的要因や社会的要因・背景により、登校しない、または登校したくてもできない状況にあるため、年間30日以上欠席した者のうち、病気や経済的な理由による者を除いた児童・生徒のことを指します。文部科学省の調査によると、小学校で255人に一人、中学校で36人に一人の児童・生徒が不登校となっています(2014年度)。現在では「どの子にも起こりうるものである」との認識が一般的になっています。

このように、現代の日本の子どもが多くの問題を抱えるようになった背景としては、少子化や核家族化、地域の教育力の低下などによる人間関係の希薄化、家庭における過保護・過干渉や放任、集団内の人間関係の構築・維持能力の欠如、受験競争、マスメディアの影響など、さまざまな原因が考えられています。

2 | 교육 관련 사회문제

전후 일본은 눈부신 경제성장을 이루고, 아울러 일본의 교육은 세계에서도 상당히 높은 평가를 받게 되었습니다. 그러나 1980년 이후 교내 폭력·등교 거부·집단 괴롭힘·학급 붕괴·어린이에 의한 흉악 범죄 등이 심각한 사회문제가 되고 있습니다.

① 학급 붕괴

학급 붕괴란 수업 중의 잡담·자리 이탈·수업 방해 등으로 수업 진행이 불가능한 상태일 뿐 아니라 수업은 진행되고 있다고 해도 교사와 학생들 간의 신뢰 관계가 성립되지 않은 상태도 포함하며, 그 결과 교실의 질서를 유지할 수 없게 되는 상태를 말합니다. 특히 담임교사가 대부분의 수업을 맡고 있는 소학교 저학년에서 증가하고 있습니다. 이에 비해 지금까지는 40명에 가까운 아동을 담임 교사 한 명이 담당하던 상황에서, 교사 수를 둘 이상으로 늘려서 대응하는 등 대책이 세워지고 있습니다.

② 등교 거부

등교 거부란 어떠한 심리적·정서적·신체적 요인이나 사회적 요인·배경에 의해 등교하지 않거나 또는 등교하고 싶어도 등교할 수 없는 상황으로, 연간 30일 이상 결석한 학생 중 질병이나 경제적 이유에 의한 학생을 제외한 아동·학생을 가리킵니다. 문부과학성의 조사에 따르면, 소학교에서 255명 중 1명, 중학교에서 36명 중 1명의 아동·학생이 등교하지 않고 있습니다(2014년도). 현재는 '어느 아이에게도 일어날 수 있다'라는 인식이 일반적입니다.

이처럼 현대의 일본 아이들이 많은 문제를 안게 된 배경으로는 저출산화나 핵가족화, 지역 교육력의 저하 등에 의한 인간관계의 약화(희박화), 가정에서의 과잉보호·과잉간섭이나 방임, 집단 내의 인간관계 구축·유지 능력의 결여, 입시 경쟁, 대중매체의 영향 등 여러 가지 원인을 생각할 수 있습니다.

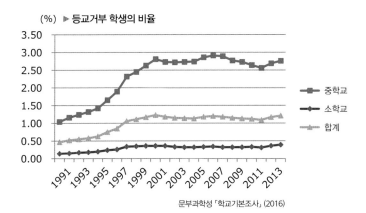

(%) ▶ 등교거부 학생의 비율

■ 중학교
◆ 소학교
▲ 합계

문부과학성 「학교기본조사」 (2016)

3 | 教育改革

近年、日本では社会の状況が大きく変化するなかで、21世紀を生きる人材を育てるため、一人一人の個性を生かしてその能力を充分に伸ばす新しい教育のあり方が問われています。そのようななかで2000年以降、ゆとりのなかで自ら学び自ら考える力などの「生きる力」の育成を目指す「ゆとり教育」が取り組まれましたが、2002年以降は学力低下が問題となり、見直しが進められています。

❶ 学校週5日制と子どもの生活

「ゆとり教育」の一つとして実施された学校週5日制は、学校・家庭・地域社会が一体となって、子どもたちが自然体験や社会体験などを行う機会を増やし、豊かな心やたくましさを育てようとするものです。しかし、学校週5日制が導入された現在では、小学生・中学生ともに家での学習時間は減少しています。学習意欲の低下や学力低下問題と合わせて、今後、学校週5日制が子どもの発達を保障するものとなるような支援体制や環境整備が求められています。

❷ 「総合的学習」の時間

「総合的学習」の時間は、教育内容・指導基準・評価基準など、これまで学習指導要領のなかで明確に規定されていたさまざまな事項に拘束されずに、従来の教科教育とは大きく異なる自由な要素を導入した、まったく新しい学習形態です(Q&A参照)。それぞれの学校が創意工夫をこらした、特色ある教育を展開することを目指しています。2008年以降、「ゆとり教育」の見直しにともなって、その時間数は徐々に削減されています。

최근 일본에서는 사회 상황이 크게 변화하는 가운데, 21세기를 살아갈 인재를 키우기 위하여, 한 사람 한 사람의 개성을 살려 그 능력을 충분히 계발할 새로운 교육 형태가 논의되고 있습니다. 그와 같은 상황 속에서 2000년 이후, 여유롭게 스스로 배우고 스스로 생각하는 힘 등 '살아가는 역량'의 육성을 지향하는 '여유있는(유토리) 교육'이 중시되었지만, 2002년 이후에는 학력 저하가 문제가 되어 재검토가 진행되고 있습니다.

❶ 학교 주5일제와 아이들의 생활

'여유 있는(유토리) 교육'의 하나로 실시된 학교 주5일제는 학교·가정·지역사회가 일체가 되어 아이들이 자연 체험이나 사회 체험 등을 할 기회를 늘리고 여유로운 마음과 강인함을 키우려는 것입니다. 그러나 학교 주5일제가 도입된 현재는 소학생·중학생 모두 가정 내의 학습 시간은 감소하고 있습니다. 학습의욕이나 학력 저하 문제에 대응하기 위해, 앞으로 학교 주5일제가 아이들의 발달을 보장할 수 있도록 하는 지원 체제나 환경 정비가 요구되고 있습니다.

❷ '종합적 학습' 시간

'종합적 학습' 시간은 교육 내용·지도 기준·평가 기준 등 지금까지 학습 지도 요령 속에서 명확히 규정되어 있던 잡다한 사항에 구속되지 않고, 종래의 교과 교육과는 크게 다른 자유로운 요소를 도입한 완전히 새로운 학습 형태입니다(Q&A참조). 각각의 학교가 창의적으로 연구한 특색 있는 교육을 전개해 나가는 것을 지향하고 있습니다. 2008년 이후, '여유 있는(유토리) 교육'의 재검토에 따라, 그 시간 수는 서서히 줄어들고 있습니다.

塾へ通う子どもたち

現代社会において、児童・生徒が学校以外の教育機関として「学習塾」を利用することは珍しくありません。2008年に文部科学省が調査した「子どもの学校外での学習活動に関する実態調査」によると、小学6年生37.8％、中学3年生65.2％(ともに公立)となっており、高校受験がある中学生になるほど高くなっていますが、近年は中学受験率の上昇なども影響して小学校低学年での伸び率が大きくなっています。

学校で学習する内容を削減しても、子どもたちが受験をしなければならないことに変わりはないので、学校で学ぶ時間が減った分を塾に通って補うことになります。そのため、学校週5日制にしても、その分、塾に通う時間が増えるだけで、実際、子どもたちに「ゆとり」は生まれないのではないかといった疑問の声も聞かれます。

Q1 総合的学習の時間ではどのようなことをするのですか。

A1 それぞれの学校によって違いますが、自然体験やボランティア活動などの体験学習や問題解決的な学習が積極的に行われ、生徒が自分たちで自由に調べるテーマを決めて発表することもあります。

Q2 学校の特別活動にはどんなことがありますか。

A2 遠足に行ったり、工場などの社会見学やスキー学習がある学校もあり、子どもがもっとも楽しみにしているイベントの一つです。

컬럼

학원에 다니는 아이들

현대 사회에서 아동·학생이 학교 이외의 교육기관으로 '보습학원'을 이용하는 것은 새삼스러운 현상은 아닙니다. 2008년에 문부과학성이 조사한 '아이의 과외 학습 활동에 관한 실태 조사'에 의하면, 소학교 6학년생 37.8%, 중학교 3학년생 65.2%(모두 공립)로, 고등학교 입시가 있는 중학생이 될수록 높아지고 있는데, 최근에는 중학교의 수험률 상승 등도 영향을 미쳐 초등학교 저학년에서의 증가율이 커지고 있습니다.

학교에서 학습할 내용을 줄여도 아이들이 시험을 봐야 한다는 점에는 변화가 없기 때문에, 학교에서 배우는 시간이 줄어든 만큼 학원을 다니며 보충하게 됩니다. 그로 인해 학교 주5일제를 도입해도 그만큼 학원에 다니는 시간이 늘기만 할 뿐, 실제로 아이들에게 '여유'는 생기지 않는 것이 아닌가 하는 비판의 목소리도 들립니다.

질문

Q1 종합적 학습 시간에는 어떤 활동을 합니까?

A1 각각의 학교에 따라 다른데, 자연 체험이나 봉사 활동 등의 체험 학습이나 문제 해결적인 학습이 적극적으로 이루어지고, 학생들이 스스로 자유롭게 조사할 주제를 정해 발표하기도 합니다.

Q2 학교의 특별 활동에는 어떤 것이 있습니까?

A2 소풍을 간다든지, 공장 등의 사회 견학이나 스키 강습이 있는 학교도 있어, 학생들이 가장 기대하는 이벤트 중 하나입니다.

日本の政治と経済

日本の政治と経済は、現在大きな曲がり角にあるといわれています。その歴史的経緯と特質などについて見ていきましょう。

1 明治維新と第二次世界大戦後の改革

日本における政治と経済の近代化は、この150年の間に起こったことです。

1868年に武家政権である江戸幕府が倒れ、新しい政治改革が始まりました。さらに、1945年の第二次世界大戦敗戦後の制度改革と経済復興が、現在の日本の政治と経済の礎となっています。明治維新と戦後改革・復興に際してはともに制度、技術などをほぼ外国から導入しました。

일본의 정치와 경제

일본의 정치와 경제는 현재 큰 갈림길에 서 있다고 합니다. 그 역사적 경위와 특징 등에 대해서 살펴 봅시다.

●● 일본의 국회의사당

1 | 메이지 유신과 제2차 세계대전 후의 개혁

일본의 정치와 경제의 근대화는 근래 150년 동안에 일어난 일입니다.

1868년 무가 정권인 에도 막부가 무너지고, 새로운 정치 개혁이 시작되었습니다. 게다가 1945년 제2차 세계대전 패전 후의 제도 개혁과 경제 부흥이 현재 일본의 정치와 경제의 초석이 되었습니다. 메이지 유신과 전후 개혁·부흥에 즈음하여 아울러 제도, 기술 등을 거의 외국에서 도입하였습니다.

❶ 制度

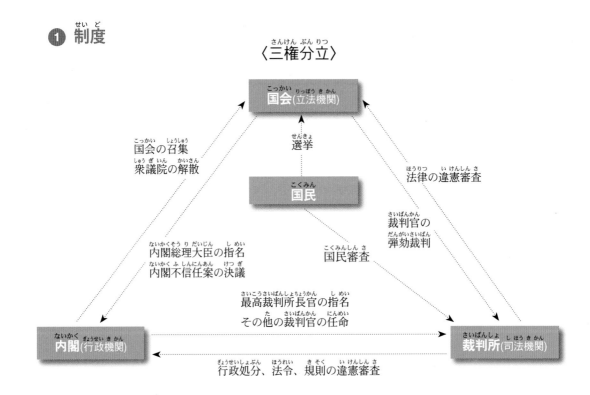

〈三権分立〉

```
三権分立：政治権力を立法権、行政権、司法権の三つに分散して権力の
          集中を防ぐ原理
立法：国民の権利義務について法律を定める
行政：立法でつくられた法に基づき国民全体の利益を実現する
司法：国民の権利義務に生じた争いを法によって裁く
```

　現代の日本政治の基本は、敗戦後に制定された日本国憲法です。憲法では立法、行政、司法の三権分立と相互間の抑制均衡を原則としています。なかでも、「国会は、国権の最高機関であって、国の唯一の立法機関である」と定められ、国会が他の政府部門に優越する地位にあることが明示されています。それは主権は国民にあるという民主主義の大原則に基づいて国会は国民に選ばれた議員で組織されているからです。

2 │ 일본의 정치

❶ 제도

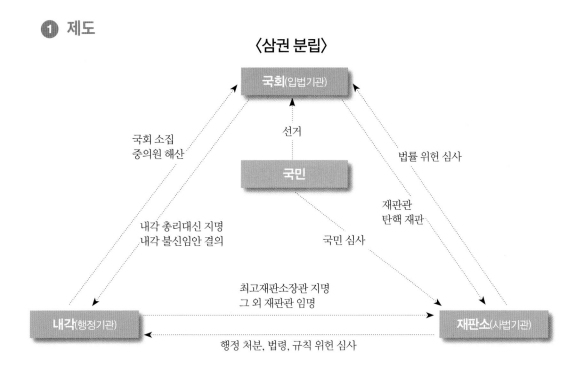

〈삼권 분립〉

삼권 분립 : 정치권력을 입법권, 행정권, 사법권 세 개로 분산시켜 권력 집중을
막는 원리
입법 : 국민의 권리 의무에 대해 법률을 정한다
행정 : 입법으로 만들어진 법을 바탕으로 국민 전체의 이익을 실현한다
사법 : 국민의 권리 의무에서 발생한 분쟁을 법에 의해 심판한다

현대 일본 정치의 기본은 패전 후에 제정된 일본국헌법입니다. 헌법은 입법, 행정, 사법의 삼권 분립과 상호 간의 견제 균형을 원칙으로 하고 있습니다. 그중에서도 '국회는 국가 권력의 최고 기관으로 국가의 유일한 입법기관이다'라고 규정하고, 국회가 타 정부 부처보다 우월한 지위에 있음이 명시되어 있습니다. 이는 주권은 국민에게 있다고 하는 민주주의의 대원칙에 입각하여 국회가 국민이 선출한 의원으로 조직되어 있기 때문입니다.

❷ 現代政治への軌跡

現代日本の政治の根底には明治維新と第二次世界大戦後の体制改革があります。

明治維新以後も江戸時代までの共同体や共同体意識は広く残ることとなりましたが、イギリスにならった議会の開設やドイツにならった憲法の制定、アメリカにならった教育制度など、日本は西洋化を進めて近代的外観を整えました。

第二次世界大戦後、連合国の占領軍のもとで日本の旧体制を解体するためのさまざまな改革が行われました。これはそれまで残存していた前近代的共同体などを除去するという意味で、近代化・民主化を急速に促進する作用をもっていました。このとき実施された民主化政策としては、財閥解体、戦時中の政・官・財界の指導者の追放、農地改革、労働運動の育成、教育制度の改革などがあげられます。こうした民主化の集大成が日本国憲法の制定であり、国民主権の原則がとられ、広範な国民の私的権利が基本的人権として保障されました。

❸ 政治意識の変化

明治維新以前までは大多数の人びとは農村に住み、協調的な仲間意識・共同体意識のなかで生活してきました。この意識は、明治維新以後も容易に解体せず、現代に至るまでの政治意識の背景には、この共同体意識があると指摘されています。これは保守感覚として政治の底流にあり、日常生活の意識のなかにも広く残っているといわれています。

1955年から38年間つづいた自由民主党の長期単独政権は、この保守性の象徴的なものといわれます。しかし、ロッキード事件(1976年)、佐川急便事件(1992年)やゼネコン汚職事件(1993年)に象徴される政・官界と大企業の癒着による汚職事件に見られた政治腐敗が国民の大きな政治批判を受けました。また、広い範囲の政党から政治改革の動きが現れ、1993年には非自民の連立政権が誕生しました。これは55年体制の崩壊といわれています。

以後、国民の政治意識も変わってきました。都市部の住民や農村部の戦後世代などから、生活に密着した新しい政治意識も起こってきました。この結果、選挙における住民独自候補の推薦、環境問題などをめぐる住民運動・草の根運動、住民投票、国・地方の政治を監視するオンブズマンなど、それまでになかった新しい政治意識も生まれてきています。

❷ 현대 정치에 이르는 길(궤적)

현대 일본 정치의 바탕에는 메이지 유신과 제2차 세계대전 후의 체제 개혁이 있습니다.

메이지 유신 이후에도 에도시대까지의 공동체 혹은 공동체 의식은 광범위하게 남았지만, 영국을 본뜬 의회 개원이나 독일을 본뜬 헌법 제정, 미국을 본뜬 교육 제도 등 일본은 서양화를 추진하며 근대적인 모습을 갖추게 되었습니다.

제2차 세계대전 후 연합국 점령군 아래에서 일본의 옛 체제를 해체하기 위한 여러 가지 개혁이 이루어졌습니다. 이는 그때까지 남아 있던 전근대적 공동체 등을 제거한다는 취지로, 근대화·민주화를 급속히 촉진하는 작용을 하였습니다. 당시 실시된 민주화 정책으로는 재벌해체, 전시 중의 정·관·재계 지도자 추방, 농지 개혁, 노동 운동 육성, 교육 제도 개혁 등을 들 수 있습니다. 이러한 민주화의 집대성이 일본국헌법의 제정이며, 국민 주권의 원칙이 세워져 광범위한 국민의 사적 권리가 기본적 인권으로서 보장되었습니다.

❸ 정치 의식의 변화

메이지 유신 이전까지는 대다수 사람들은 농촌에 살며 협조적 동료 의식이나 공동체 의식 속에서 생활해 왔습니다. 이러한 의식은 메이지 유신 이후에도 쉽게 해체되지 않고, 현대에 이르기까지 정치 의식의 배경에는 이 공동체 의식이 있다고 지적되고 있습니다. 이것은 보수적인 감각으로서 정치의 표면에 나타나지 않으며 일상생활의 의식 속에서도 폭넓게 남아 있다고 합니다.

1955년부터 38년간 이어진 자유민주당의 장기 단독 정권은, 이(일본) 보수성의 상징적인 것이라고 합니다. 그러나 록히드 사건[1](1976년), 사가와 택배 사건[2](1992년)이나 제네콘 독직 사건[3](1993년)으로 상징되는 정·관계와 대기업 유착에 의한 독직 사건[4]에서 볼 수 있는 정치 부패가 국민으로부터 커다란 정치 비판을 받았습니다. 또한 넓은 범위의 정당에서 정치 개혁의 움직임이 나타나, 1993년에는 비자민 연립 정권이 탄생하였습니다. 이것을 55년 체제[5]의 붕괴라고 합니다.

이후 국민의 정치 의식도 변해 왔습니다. 도시 주민이나 농촌의 전후 세대의 생활밀착형의 새로운 정치 의식도 생겨나기 시작했습니다. 그 결과 선거에서 주민 독자 후보의 추천, 환경문제 등을 둘러싼 주민 운동, 풀뿌리 운동, 주민 투표, 국가·지방정치를 감시하는 옴부즈맨[6] 등 지금까지 없었던 새로운 정치 의식도 생겨나게 되었습니다.

---

1 **록히드 사건** 미국 군수업체 록히드가 일본의 고관에게 뇌물을 줌으로써 빚어진 사건　2 **사가와 택배 사건** 사가와 택배의 정치 헌금 사건으로, 전·현직 수상과 자민당의 유력 정치인 등이 연루된 대형 비리 사건　3 **제네콘 독직 사건** 1993년에 발각된 종합건설회사와 얽힌 정경유착의 독직 사건　4 **독직 사건** 어떤 직책에 있는 사람이 그 직책을 더럽힌 사건, 특히 공무원이 그 지위나 직권을 남용하여 뇌물을 받는 따위의 부정한 행위를 저지르는 사건, 부정부패 사건　5 **55년 체제** 1955년에 보수진영의 일본민주당과 자유당이 합류하여 자유민주당이 결성되고, 좌우사회당이 연합한 결과, 보수와 혁신의 대립 하에서의 보수 일당 우위가 40년 가까이 이어지는 체제가 만들어짐　6 **옴부즈맨** 정부나 의회에 의해 임명된 관리로서, 시민들에 의해 제기된 각종 민원을 수사하고 해결해주는 사람

3 | 日本の経済

❶ 経済発展の軌跡

今日の日本経済の大きな発展は、明治維新から第二次世界大戦前までの近代化と、第二次世界大戦後の戦後復興、それにつづく高度経済成長によるものです。

西欧列強のアジア侵略の現状を見た明治政府は、西欧列強の重圧をはね返すために殖産興業の経済政策を猛然と進めました。西欧の先進技術・制度を積極的に導入し、この結果、1918年には工業構成比が57％を占める工業国になりました。1930年代以降の戦時体制下では、軍需産業を中心とした産業構造となりましたが、敗戦を迎えると、極度のインフレ状態となりました。

第二次世界大戦後、敗戦の荒廃から世界でも例を見ない速さで日本経済は蘇りました。この復興を可能にした要因は、米国の経済援助、朝鮮戦争による特需などがあったと考えられます。1955年には生産水準がおおむね戦前の水準に戻り、1956年の『経済白書』で「もはや、戦後ではない」と宣言されました。

世界のGDP(国民総生産)全体に占める日本の比重は、1955年の2％強から、1980年には約10％に増加し、世界有数の「経済大国」となりました。そして経常収支の黒字が累積した結果、2015年末の対外純資産高は339兆円となり、25年連続で世界１位となっています(財務省2016年発表)。

❷ 日本の産業構造

経済の急激な発展は産業構造の変化をもたらしました。1970年から90年の20年間に、日本の就業人口に占める第一次産業は半減して10％を割り込み、第二次産業の割合がほぼ横ばいである一方、第三次産業の比重が約50％から60％に高まりました。

第一次産業

日本の第一次産業は就業人口、生産規模ともに比率は年々低くなっています。しかし、食料自給率の低下、高い生産コスト、輸入規制による貿易摩擦、就労者の高齢化・後継者不足など、深刻な問題が生まれています。

3 | 일본의 경제

❶ 경제 발전의 궤적

오늘날 일본 경제의 큰 발전은 메이지 유신에서 제2차 세계대전 전까지의 근대화 및 제2차 세계대전 후의 전후 부흥, 그에 이어지는 고도경제성장에 의한 결과입니다.

서구 열강의 아시아 침략 현상을 본 메이지 정부는 서구 열강의 중압을 물리치기 위해 산업육성 정책을 적극적으로 추진했습니다. 서구의 선진기술·제도를 적극적으로 도입한 결과, 1918년에는 공업구성비가 57%를 차지하는 공업국이 되었습니다. 1930년대 이후의 전시체제하에서는 군수산업을 중심으로 한 산업구조가 되었지만, 패전을 맞으면서 극도의 인플레이션 상태가 되었습니다.

제2차 세계대전 후, 패전의 폐허에서 미증유의 속도로 일본 경제는 되살아났습니다. 이 부흥을 가능케 한 요인은 미국의 경제 원조, 한국전쟁으로 인한 특수 등이 있었다고 생각됩니다. 1955년에는 생산 수준이 거의 전쟁 전의 수준으로 돌아왔으며, 1956년의 『경제백서』에서 '이제 전후가 아니다'라고 선언되었습니다.

세계 GDP(국민총생산) 전체에서 일본이 차지하는 비중은 1955년의 2%대에서 1980년에는 약 10%로 증가하여 세계 유수의 '경제대국'이 되었습니다. 그리고 경상수지 흑자가 누적된 결과, 2015년 말 대외 순자산 규모는 339조 엔으로 25년 연속으로 세계 1위가 되었습니다(재무성 2016년 발표).

▶ 세계의 명목GDP 비율

	일본	미국	중국	기타
1980	9.8	25.8	2.8	61.6
1990	13.9	26.7	1.8	57.6
2000	14.1	30.6	3.6	51.7
2010	8.4	22.8	9.3	59.5
2015	5.6	24.6	15.2	54.6

IMF "World Economic Outlook Databases"

❷ 일본의 산업구조

경제의 급격한 발전은 산업구조의 변화를 가져왔습니다. 1970년부터 90년의 20년간, 일본의 취업 인구에서 제1차 산업이 차지하는 비중은 반감되어 10% 이하가 되고, 제2차 산업의 비율이 거의 현상 유지인 한편, 제3차 산업의 비중이 약 50%에서 60%로 높아졌습니다.

제1차 산업

일본의 제1차 산업은 취업 인구, 생산 규모 모두 해마다 비율이 낮아지고 있습니다. 하지만, 식량 자급률 저하, 높은 생산비, 수입 규제에 의한 무역 마찰, 취업노동자의 고령화·후계자 부족 등 심각한 문제가 생기고 있습니다.

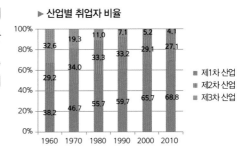

▶ 산업별 취업자 비율

	1960	1970	1980	1990	2000	2010
제1차 산업	38.2	46.7	55.7	59.7	65.7	68.8
제2차 산업	29.2	34.0	33.3	33.2	29.1	27.1
제3차 산업	32.6	19.3	11.0	7.1	5.2	4.1

총무성 통계국 「노동력 조사」

第二次産業

日本の近代化の原動力は、手工業的な生産方式に替わる近代的技術・機械設備による工場生産方式を採り入れた工業(第二次産業)でした。

戦後復興・高度成長期には、それまで中心産業であった繊維工業が輸出の主要品目となり、つづいて、工作機械や自動車、電子機器などの産業に移っていきました。特に小型化されたデジタルビデオ・カメラ、DVD関連などの電子機器や自動車は広く世界に認められてきました。

第三次産業

経済水準が高まり、高度化が進むにつれて第三次産業が伸びてきました。なかでも教養・娯楽・文化などの精神的欲求が増大し、また、技術や経営に関する情報サービス、高齢化などによる医療サービスの需要が伸びています。この結果、第一次産業や第二次産業から離職した人びとの雇用の受け皿ともなり、就業者数、総生産ともに50％を超える規模になっています。

❸ 日本の企業

経済発展を支えてきた日本企業には、日本的経営と政府の協調的な連携といった二つの特質があるといわれています。これらの特質によって日本経済・企業は、「日本株式会社」ともいわれてきました。

日本的経営

日本経済発展の原動力の一つといわれる日本的経営とは、終身雇用、年功序列、企業内組合などによって企業の安定基盤を築き、効率的な生産を実現してきたことを指しています。

しかし、企業の国際化や、1991年のバブル経済崩壊後の不況などで業績が悪化し、人員整理や希望退職を募るケースが増え、終身雇用制の見直しが起こっています。また、日本的経営に見られる年功序列型の給与体系も見直され、能力賃金制や年俸制をとるなど、年功序列に代わる賃金体系の導入が始まっています。

国際化のなかで日本的経営は大きな転機を迎えていますが、一方、急激な変化は働く人びとのストレスによるさまざまな問題を生み、国民の生活に及ぼす影響は大きな社会問題となってきています。特に中高年の自殺者の増加などは悲惨な問題といえます。

제2차 산업

일본 근대화의 원동력은 수공업적인 생산방식을 대신하여 근대적 기술·기계 설비에 의한 공장 생산방식을 채택한 공업(제2차 산업)이었습니다.

전후 부흥·고도성장기에는 지금까지 중심산업이었던 섬유공업이 수출의 주요 품목이 되고, 이어서 기계설비나 자동차, 전자 기기 등의 산업으로 옮겨 갔습니다. 특히 소형화된 디지털 비디오·카메라, DVD 관련 등의 전자 기기나 자동차는 세계로부터 널리 인정받아 왔습니다.

제3차 산업

경제 수준이 높아지고 고도화가 진전됨에 따라 제3차 산업이 성장하기 시작했습니다. 그중에서도 교양·오락·문화 등의 정신적 욕구가 증대되고, 또 기술이나 경영에 관한 정보 서비스, 고령화 등에 따른 의료 서비스의 수요가 늘고 있습니다. 그 결과 제1차 산업이나 제2차 산업에서 이직한 사람들을 고용하는 부문이 되기도 하여 취업자 수, 총생산 모두 50%를 넘는 규모가 되었습니다.

❸ 일본의 기업

경제 발전을 지탱해 온 일본 기업에는 일본적 경영(방식) 및 정부와의 협조적 연계라는 두 가지 특성이 있다고 합니다. 이러한 특성에 의해 일본 경제·기업은 '일본 주식회사'라고 불리기도 했습니다.

일본적 경영

일본 경제 발전의 원동력 중 하나라고 하는 일본적 경영이란 종신고용, 연공서열, 기업 내 조합 등에 의해 기업의 안전 기반을 구축하여, 효율적인 생산을 실현해 온 방식을 가리키고 있습니다.

그러나 기업의 국제화나 1991년 버블 경제 붕괴 후의 불황 등으로 실적이 악화되어, 정리해고나 희망 퇴직을 모집하는 사례가 늘어나고, 종신고용제에 대한 재검토가 일어나고 있습니다. 또 일본적 경영에서 볼 수 있는 연공서열형의 급여체계도 재검토되어, 성과급제나 연봉제를 채택하는 등 연공서열을 대체할 임금체계 도입이 시작되었습니다.

국제화 속에서 일본적 경영은 커다란 전환기를 맞이하는 한편, 급격한 변화는 종사자들의 스트레스로 인한 다양한 문제를 낳아, 국민 생활에 미치는 영향은 큰 사회문제가 되고 있습니다. 특히 중·노년층 자살자 증가 등은 비참한 문제라고 할 수 있습니다.

働く人々の諸問題

現代日本は伝統的タテ社会の崩壊、女性の社会進出、職業の多様化など大きな変化を迎えています。より合理的な社会に変わりつつも、過労死、ラッシュアワーなどのさまざまな問題も抱えています。

1 | タテ社会

長い間、日本の社会は、細かなタテの関係によって構成されてきました。企業社会でも、年齢、入社年次、勤続年数などによってタテの序列がありました。このような関係では、自分が序列のどの位置にいるかを常に意識して行動する必要があります。尊敬語や謙譲語が存在するのもこのためといわれています。こうしたタテの関係が日本の集団主義の原理だと考えられています。

しかし、近年タテの関係は急速に崩れつつあります。会社でも、水平的な分業が取り入れられ、職場環境は急速に変化しています。

근로자의 여러 문제

오늘날 일본은 전통적 수직사회의 붕괴, 여성의 사회 진출, 직업의 다양화 등 큰 변화를 겪고 있습니다. 보다 합리적인 사회로 변하면서도 과로사, 혼잡한 출퇴근 시간 등 다양한 문제도 안고 있습니다.

● ● 아침의 출근 모습

1 수직사회

오랫동안 일본 사회는 철저한 수직관계에 의해 구성되어 왔습니다. 기업사회에서도 연령, 입사연차, 근속연수 등에 따라서 수직서열이 있었습니다. 이러한 관계에서는 자신이 서열의 어느 위치에 있는지를 항상 의식하며 행동할 필요가 있습니다. 존경어나 겸양어가 존재하는 것도 이 때문이라고 합니다. 이러한 수직관계가 일본의 집단주의 원리라고 생각됩니다.

그러나 최근 수직관계는 급속히 무너지고 있습니다. 회사에서도 수평적인 분업이 도입되어 직장환경은 급속히 변화하고 있습니다.

2　多様化する就業形態

タテの関係による集団主義は、終身雇用制によって支えられてきました。しかし、近年、終身雇用制が適用されない労働者層が増加しています。パート労働者、派遣労働者、契約社員あるいはアルバイトと呼ばれる非正規雇用者層です。産業構造の変化や技術革新の結果、こうした雇用形態の労働者が必要とされるようになってきたといわれています。一方、自由度の高い雇用形態を望む労働者が増加したことも背景にあります。

3　女性の社会進出

戦後、女性の社会進出が進んで、特に若い年代の女性は仕事をもつことが普通になりました。1991年には、子どもを養育するために1年間休業することが認められる育児休業法も制定されました。2010年には法改正が行われ、同一事業者に引きつづき1年以上雇用されている男女の労働者に対象が拡大されました。一方、保育園不足のため、子どもを預けられない「待機児童問題」が深刻となり、女性の社会進出を阻む事態となっています。

4　通勤ラッシュアワー

日本の主要都市における通勤時間帯は、電車・バスは一様に混雑しています。特に朝の7時30分〜9時ごろがもっとも混雑し、この時間帯をラッシュアワーと呼んでいます。首都圏における勤務地と自宅との距離は平均30kmほどで、電車で1時間あまりをかけて通勤するのが普通となっています。都心部の土地の値上がりのため、住宅地はどんどん都心から離れていく傾向にあるからです。ひどい場合は、新幹線を使って通勤する人もいます。

2 │ 다양해지는 취업 형태

수직관계에 의한 집단주의는 종신고용제에 의해 유지되어 왔습니다. 그러나 최근에는 종신고용제가 적용되지 않는 노동자층이 증가하고 있습니다. 시간제 노동자, 파견 노동자, 계약사원 혹은 아르바이트라고 불리는 비정규고용자층입니다. 산업 구조의 변화나 기술혁신의 결과, 이러한 고용형태의 노동자가 필요해졌다고 합니다. 한편, 자율성이 높은 고용형태를 바라는 노동자가 증가한 것도 그 배경에 있습니다.

3 │ 여성의 사회 진출

전후, 여성의 사회 진출이 많아지고 특히 젊은 층의 여성들이 직업을 가지는 일이 일반화되었습니다. 1991년에는 자녀를 양육하기 위하여 1년간 휴직하는 것이 허용되는 육아휴직법도 제정되었습니다. 2010년에는 법 개정이 이루어져 동일 사업자에 계속해서 1년 이상 고용된 남녀 근로자로 대상이 확대되었습니다. 한편 어린이집 부족으로 자녀를 맡길 수 없는 '대기아동 문제'가 심각해져 여성의 사회 진출을 막는 사태로 이어지고 있습니다.

4 │ 통근 러시아워

일본 주요 도시의 통근시간대 전철·버스는 어느 곳이든 혼잡합니다. 특히 아침 7시 30분~9시경이 가장 혼잡하여, 이 시간대를 러시아워라고 부르고 있습니다. 수도권의 근무지와 자택 간의 거리는 평균 30km 정도로, 전철로 1시간 남짓 걸려 통근하는 것이 보통입니다. 도심의 땅값 상승 때문에 주택지가 자꾸 도심에서 멀어지는 경향 때문입니다. 심한 경우에는 신칸센으로 통근하는 사람도 있습니다.

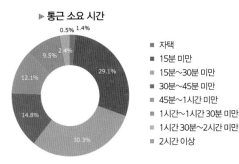

▶ 통근 소요 시간

0.5% 1.4%
2.4%
9.5%
12.1%
14.8%
30.3%
29.1%

■ 자택
■ 15분 미만
■ 15분~30분 미만
■ 30분~45분 미만
■ 45분~1시간 미만
■ 1시간~1시간 30분 미만
■ 1시간 30분~2시간 미만
■ 2시간 이상

총무성 통계국 「사회생활 기본조사보고」 (2011)

●●● 통근시간의 혼잡한 역

5 | 日本の労働問題

❶ 過労死

近年、過労死が深刻な問題になっています。過労死とは、働き過ぎて死に至ることをいいます。「KAROSHI」と英語になるほどに、日本の過労死は世界的に知られています。日本特有の「サービス残業」(手当てのもらえない残業)が行われている企業もあり、特に管理職は残業しても当たり前と考えられています。したがって、数字にあらわれない過大な労働時間が存在しているという指摘もあります。さらに片道1時間以上の通勤負担も加わり、肉体的・精神的疲労からストレスとなり、病気にかかり死に至ることもあります。

❷ 失業者

2016年6月の失業率は3.1％といわれています(総務省発表)。しかしながら、実際は非正規雇用者も含めての数値であり、不安定雇用は増えつづけています。また、最近は企業の合理化により、退職を余儀なくされるケースが増えているといわれています。このため仕事に就いている人も、いつ職を失うかわからないといった不安に駆られることが多くなっています。このほか「不況」によるホームレスの数も少なくありません。厚生労働省の調べによると2016年現在、6,235人のホームレスがいるといわれています。

❸ ワーキングプア

1990年代以降、労働市場の規制緩和や自由化が進められたことや、日本経済の長期不況もあいまって、派遣社員や契約社員、パート労働者などの不安定で低賃金の非正規雇用労働者が増加しています。正社員なみにフルタイムで働いても生活維持が困難であったり、生活保護水準にも満たない収入しか得られなかったりするワーキングプアが社会問題となっています。

5 | 일본의 노동 문제

❶ 과로사

최근 과로사가 심각한 문제가 되고
있습니다. 과로사란 지나치게 일을
해서 죽음에 이르는 것을 말합니다.
'KAROSHI'라는 영어가 생길 정도
로 일본의 과로사는 세계적으로 알
려져 있습니다. 일본 특유의 '서비스
잔업'(수당을 받지 못하는 잔업)이
시행되고 있는 기업도 있고, 특히 관
리직은 잔업을 하는 것이 당연하다
고 여겨질 정도입니다. 따라서 숫자
로 나타나지 않는 지나친 노동 시간

● ● 과로사를 보도하는 마이니치신문과 아사히신문 (2016.10.8)

이 존재하고 있다는 지적도 있습니다. 게다가 편도 1시간 이상의 출퇴근 부담도 더해져, 육체적·정
신적 피로가 스트레스가 되어 병에 걸리고 죽음에 이르게 되는 경우도 있습니다.

❷ 실업자

2016년 6월 실업률은 3.1%라고 합니다(총무성 발표). 그렇지만 실제로는 비정규직 근로자도 포함한
수치이며, 불안정 고용은 계속 증가하고 있습니다. 또 최근에는 기업의 합리화(효율화)에 의해 어
쩔 수 없이 퇴직하는 경우가 증가하고 있다고 합니다. 이 때문에 취업한 사람도 언제 직장을 잃을
지 모른다는 불안에 쫓기는 경우가 많아졌습니다. 이 외에 '불황'에 의한 노숙자 수도 적지 않습니
다. 후생노동성의 조사에 따르면 2016년 현재 노숙자가 6,235명이라고 합니다.

❸ 워킹 푸어

1990년대 이후 노동시장의 규제완화와 자
유화가 진행된 점이나, 일본 경제의 장기불
황도 겹쳐져 파견사원이나 계약사원, 파트
타임 근로자 등 불안정하고 저임금인 비정
규직 근로자가 증가하고 있습니다. 정규직
만큼 풀타임으로 일해도 생활 유지가 어렵
거나 생활보호 수준에도 미치지 못하는 수
입밖에 벌지 못하는 워킹 푸어가 사회문제
가 되고 있습니다.

▶ 정규고용과 비정규고용 노동자의 추이 (단위:만 명)

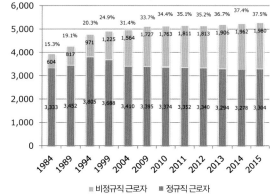

■ 비정규직 근로자　■ 정규직 근로자

총무성 「노동력 조사」

コラム

日本人の労働時間

日本人の労働時間は1年間で1,745時間、韓国やロシアよりも短く、世界で15位です(OECD2012年調査)。1990年の調査では先進国でもっとも長い2,031時間でしたが、余暇時間が増加してきたことがわかります。

▶ 労働時間の比較

1位	メキシコ	2,226時間
2位	韓国	2,090時間
3位	ギリシャ	2,034時間
4位	チリ	2,029時間
5位	ロシア	1,982時間
15位	日本	1,745時間

OECD「Average annual hours actually worked per worker」(2012)

컬럼

일본인의 근로시간

일본인의 근로시간은 1년간 총 1,745시간이며, 한국이나 러시아보다 짧아, 세계 15위입니다(OECD 2012년 조사). 1990년 조사에서는 선진국에서 가장 긴 2,031시간이었는데, 여가시간이 증가되고 있다는 점을 알 수 있습니다.

▶ **근로시간의 비교**

1위	멕시코	2,226시간
2위	한국	2,090시간
3위	그리스	2,034시간
4위	칠레	2,029시간
5위	러시아	1,982시간
15위	일본	1,745시간

OECD 「Average annual hours actually worked per worker」 (2012)

日本のあゆみ

日本は世界とさまざまなつながりをもってきました。韓国と日本はどのようなつながりをもってきたのでしょうか。ここで紹介できなかったことも調べてみましょう。

1 | 日本の対外関係史

❶ 遣唐使

遣唐使は630年から894年の間に日本の朝廷から唐に派遣された公式の使節です。政治家・留学生・通訳・船大工などが遣唐使船に乗り込み、唐を目ざしました。遣唐使船は遭難することも多く、たくさんの人が死にました。このような苦労をしてまで唐に行ったのはなぜでしょうか。当時の日本は唐と朝貢関係にあり、遣唐使には唐の皇帝に朝貢品を献上し、唐と友好関係を結ぶという役割や東アジア情勢の把握、唐の

일본의 발자취

일본은 세계의 여러 나라와 교류를 해 왔습니다. 한국과 일본은 어떤 관계를 맺어 왔을까요? 이 책에서 소개하지 못한 내용도 조사해 봅시다.

● ● 고려판대장경

1 일본의 대외관계사

1 견당사

견당사는 630년~894년 사이에 일본의 조정이 당나라에 파견된 공식 사절입니다. 정치가·유학생·통역·조선공(배를 만드는 목수) 등이 견당사선을 타고 당나라로 향하였습니다. 견당사선은 조난을 당하는 경우도 많아서 많은 사람이 죽었습니다. 이러한 고생을 하면서까지 당나라에 간 이유는 무엇일까요? 당시 일본은 당과 조공 관계에 있었고, 견당사에게는 당의 황제에

● ● 견당사선
倉橋町 제공

進んだ文化・制度の導入という役割がありました。留学生は法律や天文・仏教などを学び、たくさんの本を買って帰りました。9世紀に入ると民間の商人が貿易をするようになり、商人たちが国を越えて協力して国際貿易を行いました。そして、文化を学びたいと思う人びとは遣唐使船以外でも唐に行くことができるようになりました。

❷ 勘合貿易(日明貿易)

宋・元以来、中国の比較的自由な貿易政策によって活発な交流が行われていました。しかし、明は朝貢形式をとらない貿易は厳しく禁止しました。そこで室町幕府の3代将軍足利義満(1358～1408)は明に使者を送り、明の皇帝から日本国王の称号を与えられ、朝貢形式の貿易を開始しました。1404年以降は勘合符をもっていくことにより、正式な船であることを証明しました。勘合貿易は認められた商人しかできなかったため、密貿易もさかんに行われました。勘合貿易をとおして両国の文化が交流し、日本には印刷術・絵画・建築・食物など現在の生活とも深い関係をもつ文化が取り入れられました。このほか、禅宗もこの貿易によって大きく発達しました。

❸ 朝鮮通信使

朝鮮とは豊臣秀吉(1537～1598)の朝鮮侵攻によって正式な国交が途絶えていましたが、対馬の宗氏らの努力によって1607年に国交が回復し、朝鮮から通信使が再び派遣されるようになりました。通信使には朝鮮国王の国書を将軍に渡し、返書を受け取るという大切な役割がありました。また日本と朝鮮の文化交流という面でも大きな役割を果たしました。通信使のなかには朝鮮の最高の学者・画家なども加わっていました。そこで通信使の宿舎にはたくさんの日本人学者らが詰めかけ、学問・風俗慣習などについて筆談をしました。行列には楽隊や大道芸人なども参加しており、特に楽隊の人気が高かったと伝えられています。使節の来日を記念して絵本や人形・版画なども作られ、人気を集めました。通信使の行列に魅了された人びとは、行列をまねした祭りも行うようになりました。現在も岡山県瀬戸内市牛窓町などで朝鮮通信使の影響を残す祭りを見ることができます。

게 조공품을 헌상하고 당과 우호 관계를 체결하는 역할이나 동아시아 성세 파악, 당나라의 선진 문화·제도의 도입 같은 역할이 있었습니다. 유학생은 법률이나 천문·불교 등을 배우며 많은 서적을 사서 돌아왔습니다. 9세기에 들어오면 민간 상인이 무역을 하게 되어, 상인들이 국경을 초월하여 협력해서 국제무역을 하였습니다. 그리고 문화를 배우고 싶은 사람들은 견당사 선박 이외로도 당나라에 갈 수 있게 되었습니다.

② 간고 무역(일본과 명나라의 무역)

송·원시대 이래 중국의 비교적 자유로운 무역정책에 의해 (일본과의) 활발한 교류가 이루어졌습니다. 그러나 명나라는 조공 형식을 취하지 않는 무역은 엄격하게 금지했습니다. 그래서 무로마치 막부의 3대 쇼군[1] 아시카가 요시미쓰(1358~1408)는 명나라에 사신을 보내 명나라의 황제로부터 일본 국왕의 칭호를 받고 조공 형식의 무역을 개시했습니다. 1404년 이후는 간고후[2]를 지참하는 것으로 인증된 배라는 것을 증명했습니다. 간고

● ● 교토에 있는 선사 료안지의 세키테이
http://escassy.jp/ 제공

무역(중일무역)은 인정받은 상인밖에 할 수 없었기 때문에 밀무역도 빈번히 행해졌습니다. 간고 무역을 통해서 양국의 문화가 교류하여, 일본에는 인쇄술·회화·건축·식품 등 현재의 생활과도 깊은 관계를 가진 문화가 들어오게 되었습니다. 이 밖에 선종(불교)도 이 무역을 통해 크게 발달하였습니다.

③ 조선통신사

조선과는 도요토미 히데요시(1537~1598)의 조선 침공에 의해 정식 국교가 단절되었지만, 쓰시마(대마도)의 소 씨들의 노력으로 1607년에 국교가 회복되고 조선으로부터 통신사가 다시 파견되게 되었습니다. 통신사는 조선 국왕의 국서를 쇼군에게 건네주고 답신을 받아가는 중요한 역할이 있었습니다. 또 일본과 조선의 문화 교류라는 면에서도 큰 역할을 하였습니다. 통신사 안에는 조선 최고의 학자·화가 등도 참가하고 있었습니다. 그래서 통신사의 숙소에는 많은 일본인 학자들이 몰려들어 학문·풍속 관습 등에 대해서 필담을 나눴습니다. 행렬에는 악대나 거리 곡예인 등도 참가하였는데, 특히 악대의 인기가 높았다고 전해집니다. 사절단의 일본 방문을 기념하여 그림책이나 인형·판화 등도 만들어져 인기를 끌었습니다. 통신사 행렬에 매

● ● 조선통신사 인형
http://www.don.am/
~Shigeru/index.html 제공

료된 사람들은 행렬을 모방한 마쓰리도 하게 되었습니다. 현재도 오카야마현 세토우치시 우시마도초 등에서 조선통신사의 영향이 고스란히 남아 있는 마쓰리를 볼 수 있습니다.

---

1 쇼군 병마와 정치의 실권을 쥔 막부의 주권자　2 간고후 무로마치 시대에 일본에서 온 무역선에 대하여 명(明)나라 정부에서 정식 무역선이라고 인정하여 그 표식으로 준 문서

2 | 日本の対外戦争

日本は近代以前にも元寇・朝鮮侵攻などたくさんの対外戦争をしてきました。近代以降の対外戦争は特にアジアの人びとに大きな惨禍をもたらしました。具体的には、1894〜1895年の日清戦争、1904〜1905年の日露戦争、1914〜1919年の第一次世界大戦、1931〜1945年のアジア・太平洋戦争(十五年戦争)などがあげられます。また、日本には戦争を取り扱った映画や博物館も数多く存在しています。それらでは日本人の被害や加害、日本軍人の行跡などが扱われています(平和博物館・戦争資料館と戦争に関する日本の映画の情報は付録参照)。

3 | 天皇

現在、「日本国民統合の象徴」とされる天皇には、古代以来の歴史があります。天皇という称号は7世紀ごろから使われるようになったと考えられています。天皇の力の大きさ・役割は時代によって異なり、常に強い権力をもっていたわけではありません。また、常に日本列島で唯一の王であったわけでもありません。現在の沖縄県には15世紀に琉球王国が誕生し、天皇とは別の王がいました。

❶ 天皇の歴史

古代、天皇(大王)は階級差が大きくなるにつれて次第に支配者の地位に上昇しました。しかし摂政・関白・上皇など天皇以外の人が政治の実権を握ることも少なくありませんでした。鎌倉時代から江戸時代にかけては武家が政治の実権を握り、天皇が政治の舞台に出ることは極端に少なくなりました。

明治維新以後の近代国家は天皇制国家として形成されました。1890年に出された教育勅語では国家や天皇のために命を惜しまないこと(忠君・愛国)が国民の道徳とされました。アジア・太平洋戦争の際には天皇は戦争の指導者たちから「現人神」という役割を与えられました。1945年にポツダム宣言の受諾により無条件降伏して以後、天皇制も大きく変化しました。

2 | 일본의 대외 전쟁

일본은 근대 이전에도 겐코(원나라·몽골과의 전쟁)·조선 침공 등 많은 대외 전쟁을 해 왔습니다. 근대 이후의 대외 전쟁은 특히 아시아 사람들에게 큰 재앙을 초래하였습니다. 구체적으로는 1894~1895년 청일전쟁, 1904~1905년 러일전쟁, 1914~1919년 제1차 세계대전, 1931~1945년 아시아·태평양전쟁(15년간 전쟁) 등을 들 수 있습니다. 또한 일본에는 전쟁을 다룬 영화나 박물관도 많습니다. 이곳에서는 일본인의 피해나

●● 치비치리가마(오키나와현)

가해, 일본 군인의 행적 등이 다루어지고 있습니다.(평화박물관·전쟁자료관과 전쟁에 관한 일본영화 정보는 부록 참조)

3 | 천황

오늘날 '일본 국민 통합의 상징'으로 여겨지는 천황에게는 오래된 역사가 있습니다. 천황이란 칭호는 7세기경부터 쓰이게 된 것으로 생각됩니다. 천황 권력의 크기·역할은 시대에 따라 다르며 항상 강한 권력을 가지고 있었던 것은 아닙니다. 또 항상 일본열도에서 유일한 왕이었던 것도 아닙니다. 오늘날의 오키나와현에는 15세기에 류큐 왕국이 탄생하였는데, 천황과는 별개의 왕이 있었습니다.

① 천황의 역사

고대의 천황(오키미)은 계급의 차이가 커짐에 따라 점차 지배자의 위치로 상승하였습니다. 그러나 섭정[3]·관백[4]·상황[5] 등 천황 이외의 사람이 정치적 실권을 잡는 일도 적지 않습니다. 가마쿠라시대부터 에도시대에 걸쳐서는 무가가 정치의 실권을 잡고, 천황이 정치 무대에 나서는 일은 극히 적어졌습니다.

메이지 유신 이후의 근대 국가는 천황제 국가 형태로 형성되었습니다. 1890년에 발표된 교육칙어에서는 국가나 천황을 위해 목숨을 아끼지 않는 정신(충군·애국)이 국민의 미덕으로 여겨졌습니다. 아시아·태평양전쟁 때에는 천황은 전쟁의 지도자들로부터 '현인신[6]'이라는 역할을 부여받았습니다. 1945년에 포츠담 선언 수락으로 무조건 항복한 이후 천황제도 크게 변화했습니다.

---

3 **섭정** 천황을 대신하여 대권을 행하는 직으로, 주로 황족이 주도함 4 **관백** 헤이안 시대 이후 천황을 보좌하여 정무를 맡아 보던 최고의 중직
5 **상황** 양위한 천황에 대한 존칭 6 **현인신** 사람 모습으로 이 세상에 나타난 신으로, 즉 천황을 가리키는 말

❷ 現代の天皇

敗戦後、天皇は政治との関わりを否定され、国の「象徴」になりました。天皇には戦争の責任があるとして、天皇制を廃止しようという考えもありました。それにもかかわらず天皇制が残ったのは、占領軍が天皇の力を利用して改革をうまく進めようとしたためといわれています。近年、天皇の権威を再び強めようとする動きも見られるようになりました。天皇の地位をめぐっては現在も日本人の間にさまざまな意見があります。

あんぱんの誕生

日本は19世紀後半から欧米の近代的技術・経済制度・しきたりを輸入し、富国強兵・殖産興業を目指しました(文明開化)。近代的な工場や鉄道、洋風の服・食事・建築などが取り入れられました。このころの指導者は、欧米人との大きな体力差に悩みました。そして西洋料理を普及させることで、体力的にも肉体的にも日本人の劣等感を取り除くことが重要だと考えました。西洋料理は庶民にはなかなか広まりませんでしたが、女性向けの雑誌・料理学校などをとおして次第に広まっていきました。このころ誕生した食べ物の1つがあんぱんです。それまで庶民にとってパンは異国の食べ物としてなじみにくく、米を好んで食べていました。そこでおやつとして食べられる菓子パンが研究され、あんぱんが誕生したのです。1874年に木村屋があんぱんを発売し、行列ができるほどの人気商品になりました。この後ジャムパン・クリームパン・カレーパンなど、さまざまな菓子パンが次々と誕生しました。

Q 時代劇は日本の歴史を勉強するのに役立ちますか。

A 時代劇には娯楽性や原作との関係から、歴史上の事実とは異なる要素が入り込んでいることがあります。しかし、事実を完全に無視しているわけではなく、時代劇は日本の昔の様子を知るきっかけの一つになると思います。

❷ 현대의 천황

패전 후, 천황은 정치와의 관계를 부정하고 국가의 '상징'이 되었습니다. 천황에게 전쟁의 책임이 있다고 하여 천황제를 폐지하자고 하는 의견도 있었습니다. 그럼에도 불구하고 천황제가 남게 된 것은 점령군이 천황의 힘을 이용하여 개혁을 손쉽게 추진하려고 했기 때문이라고 합니다. 근래에는 천황의 권위를 다시 강화하려는 움직임도 나타나고 있습니다. 천황의 지위를 둘러싸고 현재도 일본인 사이에 여러 의견이 있습니다.

▶ 천황에 대해 친밀감을 느끼고 있습니까?

9.2%　1.1%
15.5%
28.6%
45.6%

- ◼ 매우 친밀감을 느끼고 있다
- ◼ 어느 정도 친밀감을 느끼고 있다
- ◻ 그다지 친밀감을 느끼지 않는다
- ◼ 전혀 친밀감을 느끼지 않는다
- ◼ 잘 모르겠다. 무응답

NHK 「즉위 20년 황실에 관한 의식조사」 (2010)

▶ 천황제에 대해 어떻게 생각합니까?

7.5%　4.7%　5.9%
81.9%

- ◼ 천황에게 정치적 권한을 부여한다
- ◼ 천황은 현재와 마찬가지로 상징으로 좋다
- ◼ 천황제는 폐지한다
- ◼ 잘 모르겠다. 무응답

NHK 「즉위 20년 황실에 관한 의식조사」 (2010)

칼럼

팥빵의 탄생

일본은 19세기 후반부터 서구의 근대적 기술·경제 제도·관습을 수입하여 부국강병·산업육성을 지향했습니다(문명개화). 근대적인 공장이나 철도, 서양풍의 의복·식사·건축 등이 도입되었습니다. 이 무렵의 지도자는 서구인과의 체력의 차가 크다는 점을 고민했습니다. 그리고 서양 요리를 보급함으로써 체력적·육체적으로도 일본인의 열등감을 없애는 것이 중요하다고 생각했습니다. 서양 요리는 서민에게는 좀처럼 확산되지 않았지만, 여성용 잡지·요리 학교 등을 통해서 점차 확산되기 시작했습니다. 이즈음에 탄생한 먹거리 중 하나가 팥빵입니다. 그때까지만

● ● 팥빵
中村あずさ 씨 제공

해도 서민에게 있어서 빵은 이국의 음식으로 친근감을 느끼기 어려웠으며 쌀을 즐겨 먹었습니다. 그래서 간식으로 먹을 수 있는 빵이 연구되었고, 팥빵이 탄생한 것입니다. 1874년에 기무라야가 팥빵을 발매하자 줄을 설 정도의 인기 상품이 되었습니다. 이후 잼 빵, 크림 빵, 카레 빵 등 각종 빵이 연이어 탄생하였습니다.

질문

Q 시대극은 일본 역사를 공부하는 데 도움이 됩니까?

A 시대극에는 오락성이나 원작과의 관계에서 역사상의 사실과는 다른 요소가 들어가 있는 경우가 있습니다. 그러나 사실을 완전히 무시하고 있는 것은 아니라서, 시대극은 일본의 옛 모습을 이해하는 하나의 계기가 된다고 생각합니다.

▶ 歴史上の人物人気ランキング

順位	氏名	年度	どんな人物？
1	織田信長	1534〜1582	戦国大名。天下統一を目指したが本能寺の変で死去。
2	徳川家康	1542〜1616	江戸幕府を開く。豊臣氏を滅ぼす。
3	坂本龍馬	1835〜1867	江戸幕府末期の討幕運動で活躍。小説やアニメなどの題材になっている。
4	豊臣秀吉	1537〜1598	信長に仕え、信長の死後に天下統一を実現。朝鮮侵攻を行う。
5	聖徳太子	574〜622	推古天皇の摂政として中央集権体制の樹立に努める。長い間、高額紙幣に肖像画が使用されていた。
6	武田信玄	1521〜1573	戦国大名。井上靖の小説『風鈴火山』など、多くの小説や映画などで取り上げられている。
7	源 義経	1159〜1189	幼名を牛若丸という。壇ノ浦で平氏を滅亡させる。幼いころの伝説は歌舞伎などの題材となっている。
8	西郷隆盛	1827〜1877	江戸幕府末期の尊皇攘夷運動で活躍。明治維新の指導者。西南戦争で敗れた後も「西郷伝説(生存説)」が広まった。
9	福沢諭吉	1835〜1901	明治期の啓蒙思想家。1984年から一万円紙幣の肖像に採用されている。
10	野口英世	1876〜1928	黄熱病研究で知られる医学者。子ども向けの偉人伝でよく取り上げられる。2004年より千円紙幣に描かれている。

NHK放送文化研究所世論調査部「日本人の好きなもの」(2008)

▶ 역사상 인물 인기 랭킹

순위	이름	연도	어떤 인물?
1	오다 노부나가	1534~1582	센고쿠 다이묘. 천하 통일을 목표로 했지만 혼노지의 변으로 사망.
2	도쿠가와 이에야스	1542~1616	에도막부를 연다. 도요토미 씨를 멸망시킨다.
3	사카모토 료마	1835~1867	에도 막부 말기의 막부 토벌 운동으로 활약. 소설이나 애니메이션 등의 소재가 되고 있다.
4	도요토미 히데요시	1537~1598	노부나가를 섬기고, 노부나가 사후 천하 통일을 실현. 조선 침공을 행한다.
5	쇼토쿠 태자	574~622	스이코 천황의 섭정으로서 중앙집권체제 수립에 노력한다. 오랫동안 고액 지폐에 초상화가 사용되었다.
6	다케다 신겐	1521~1573	센고쿠 다이묘. 이노우에 야스시의 소설 '풍림화산' 등 많은 소설이나 영화 등에서 다루어지고 있다.
7	미나모토노 요시쓰네	1159~1189	아명을 '우시와카마루'라고 한다. 단노우라에서 헤이 씨를 멸망시킨다. 어린 시절의 전설은 가부키 등의 소재가 되고 있다.
8	사이고 다카모리	1827~1877	에도 막부 말기의 존황양이 운동에서 활약. 메이지 유신의 지도자. 세이난 전쟁에서 패한 후에도 '사이고 전설(생존설)'이 퍼졌다.
9	후쿠자와 유키치	1835~1901	메이지 시대의 계몽사상가. 1984년부터 만 엔 지폐의 초상으로 채용되고 있다.
10	노구치 히데요	1876~1928	황열병 연구로 알려진 의학자. 어린이를 위한 위인전에서 자주 거론된다. 2004년부터 1000엔 지폐에 그려져 있다.

NHK 방송문화연구소 여론조사부 '일본인이 좋아하는 것' (2008)

現代日本と世界とのつながり

現代はあらゆるものが世界中を飛び交っています。日本も人、モノ、情報などさまざまな分野で世界中とつながりを持っています。この傾向は今後ますます強まっていくと考えられます。

1　日本と世界とのつながり

四方を海で囲まれた日本と世界の各地をつなぐには、飛行機や船が欠かせません。航空輸送は、日本と世界を行き来するために重要な手段です。日本人海外旅行者のほとんどが航空機を利用しています。

一方、海上輸送は長距離・大量輸送を低価格で行えるという利点から、国際貿易において大きな役割を担っています。2014年の世界の海上荷動量は過去最高を記録し、そのうちの9.1％を日本が占めています(『海運統計要覧2016』)。

현대 일본과 세계와의 연계

오늘날은 모든 것이 전 세계를 오가고 있습니다. 일본도 사람, 물건, 정보 등 여러 분야에서 전 세계와 연계되어 있습니다. 이런 경향은 앞으로 더욱더 강해질 것으로 생각됩니다.

● ● 세계화와 해외여행

1 | 일본과 세계와의 연계

사방이 바다로 둘러싸인 일본과 세계 각지를 연결하려면 비행기나 배가 필수 수단입니다. 항공수송은 일본과 세계를 왕래하기 위해 중요한 수단입니다. 일본인 해외여행자의 대부분이 항공기를 이용하고 있습니다.

한편, 해상수송은 장거리·대량수송을 저가로 할 수 있다는 이점으로 국제무역에서 큰 역할을 맡고 있습니다. 2014년 세계 해상수송량은 과거 최고를 기록하였으며 그 중 9.1%를 일본이 차지하고 있습니다(『해운통계요람 2016』).

交通・輸送網のほかに日本と世界をつなぐのが、情報通信技術です。2015年時点での世界の固定ブロードバンドサービス契約数は約8億契約を超え、移動体通信サービスの契約数は約73億契約を突破しており、今後も増加すると予測されます。人びとは、テレビやインターネットを通じて、世界各国の情報をリアルタイムで入手することができるようになりました。

2　世界との身近なつながり、食

食べるということは、人間が生きていくための基本となることです。その食材を日本は輸入に大きく依存しています。そのことは日本の食料自給率が40％弱(カロリーベース)と、主要先進国のなかで最低水準であることにも示されています。

その背景の一つとしては、貿易の自由化や外食産業の発展などによって、安価な食材が大量に求められるようになったことがあげられます。

▶ 食料自給率の変遷

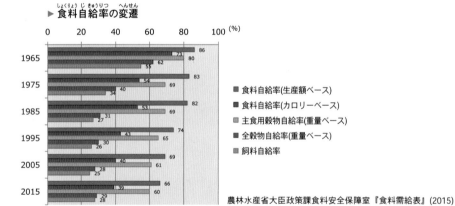

農林水産省大臣政策課食料安全保障室『食料需給表』(2015)

▶ 食料自給率の国際比較

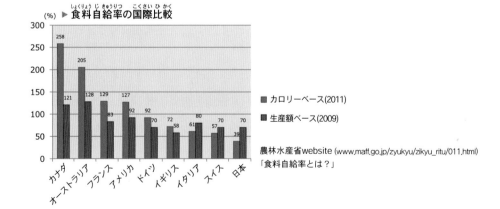

農林水産省website (www.maff.go.jp/zyukyu/zikyu_ritu/011.html)
「食料自給率とは?」

교통·수송망 외에 일본과 세계를 이어주는 것이 정보통신기술입니다. 2015년 시점에서 세계의 고정 브로드밴드 서비스 계약 수는 약 8억 계약을 넘어 이동통신서비스 계약자 수는 약 73억 계약을 돌파하고 있으며, 앞으로도 증가할 것으로 예상됩니다. 사람들은 TV나 인터넷을 통하여 세계 각국의 정보를 실시간으로 입수할 수 있게 되었습니다.

2 세계와의 친근한 매개체, 음식

먹는다는 것은 인간이 살아가기 위한 기본이 되는 것입니다. 그 식재료를 일본은 수입에 크게 의존하고 있습니다. 그것은 일본의 식량자급률이 약 40%(칼로리 기준)로 주요 선진국 중에서 최저 수준이라는 점에도 나타나 있습니다.

그 배경 중 하나로는, 무역 자유화나 외식산업의 발전 등에 의해 값싼 식재료를 대량으로 구할 수 있게 되었다는 점을 들 수 있습니다.

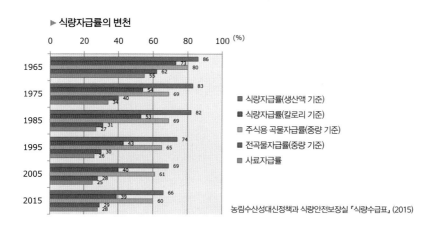

▶ 식량자급률의 변천

■ 식량자급률(생산액 기준)
■ 식량자급률(칼로리 기준)
▨ 주식용 곡물자급률(중량 기준)
▨ 전곡물자급률(중량 기준)
▨ 사료자급률

농림수산성대신정책과 식량안전보장실 「식량수급표」 (2015)

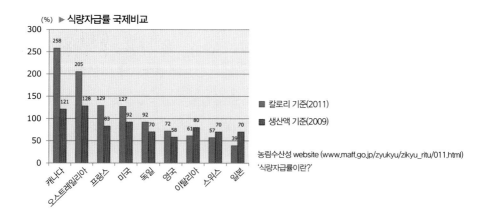

(%) ▶ 식량자급률 국제비교

■ 칼로리 기준(2011)
■ 생산액 기준(2009)

농림수산성 website (www.maff.go.jp/zyukyu/zikyu_ritu/011.html) '식량자급률이란?'

3 | ポピュラー文化のつながり

❶ 日本から世界へ

近年、海外への日本文化の浸透が、「クールジャパン」の名とともに認識されるようになってきました。

1980～90年代に、日本のアニメ、マンガ、テレビドラマやポピュラー音楽が、海外の若い層を中心に受け入れられていきました。その結果、全世界で放映されるアニメーションの60％は日本製といわれるほどになりました。ポピュラー文化の浸透により、海外の人びとにとって、日本が身近な存在となったのではないでしょうか。

❷ 世界から日本へ

アメリカの映画、特にハリウッドの大作は世界中で上映されています。ハリウッドの映画は日本でも人気があります。

また香港や台湾、韓国などアジア発の映画も世界的に有名になっていますが、日本では、テレビドラマも人気を博しています(韓流ドラマ、華流ドラマ)。NHKで放映された韓国ドラマ『冬のソナタ』が大ヒットし、主演男優のペ・ヨンジュンは日本のマスメディアでも大きく取り上げられました。

4 | 情報通信技術と国際ビジネス

近年、急速に日本企業の国際化が進んでいます。なかでも、今日の国際ビジネスの形を大きく変えたのが情報通信技術です。インターネットによる企業間の取引(BtoB)が、海外の取引先を相手にすることを可能にしたのです。インターネットを利用して、国境を越えて、広く取引先をつのる企業も多くなっています。また、インターネットをとおした企業と消費者間の取引(BtoC)も活発になってきました。

3 | 대중문화의 연계

① 일본에서 세계로

최근 해외로의 일본 문화 침투가 '쿨 재팬'이라는 이름과 함께 인식되게 되었습니다.

1980~90년대에 일본의 애니메이션, 만화, TV 드라마나 대중음악이 해외의 젊은 층을 중심으로 수용되기 시작했습니다. 그 결과 전 세계에서 방영되는 애니메이션의 60%는 일본 제품이라고 할 정도가 되었습니다. 대중문화의 침투로 외국 사람들에게 일본이 친근한 존재가 된 것은 아닐까요?

② 세계에서 일본으로

미국 영화, 특히 할리우드의 대작은 전 세계에서 상영되고 있습니다. 할리우드 영화는 일본에서도 인기가 있습니다.

또한 홍콩이나 대만, 한국 등 아시아 제작 영화도 세계적으로 유명해졌는데, 일본에서는 TV 드라마도 인기를 얻고 있습니다(한류 드라마, 화류 드라마). NHK에서 방영된 한국드라마『겨울 연가』는 크게 히트하여, 주연 남자 배우 배용준은 일본의 대중 매체에서도 크게 인기를 누렸습니다.

▶ 중국에서의 인기 애니메이션 랭킹

1위	즐거운 양과 회색 늑대	중국
2위	명탐정 코난	일본
3위	나루토	일본
4위	도라에몽	일본
5위	원피스	일본
6위	크레용신짱	일본
7위	슬램덩크	일본
8위	세인트 세이야	일본
9위	드래곤볼	일본
10위	톰과 제리	미국

Chase China&Asia 조사 (2012)

4 | 정보통신기술과 국제 비즈니스

근래 급속도로 일본 기업의 국제화가 진행되고 있습니다.

그중에서도 오늘날의 국제 비즈니스 형태를 크게 변화시킨 것이 정보통신기술입니다. 인터넷에 의한 기업 간의 거래(B2B)가 해외 거래처를 상대할 수 있게 한 것입니다. 인터넷을 이용하여 국경을 넘어 널리 거래처를 모집하는 기업도 많아졌습니다. 또한 인터넷을 통한 기업과 소비자 간의 거래(B2C)도 활발해졌습니다.

▶ BtoB / BtoC 전자상거래 시장 규모

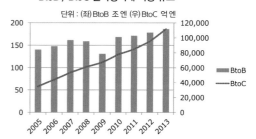

단위 : (좌) BtoB 조 엔 (우) BtoC 억 엔

덴쓰총연『정보미디어백서』 (2015)

5 人のつながり

❶ 人びとの動き

交通や情報通信技術が発達し、国境を越えた人の動きも活発になってきました。スマートフォン(スマホ)やSNS(ソーシャル・ネットワーキング・サービス)の普及も、人びとのつながりを強めています。

外国人登録をし、日本で生活する人びとも年々増え、2015年末現在、194カ国・地域、223万2,189人で、過去最高の数となりました。全外国人登録者の在留資格の構成比は、「永住者」が31.4%でもっとも多く、以下、「特別永住者」「留学」「定住者」「日本人の配偶者」の順となっています。また、「就労」のため日本に在留する人も増えています。

他方、海外に在留する日本人も2005年に100万人を超え、年々増加しています。

❷ 旅行

現代は、多くの人が国境を越えて旅行しています。日本から外国へ旅行する人の数も年々増えています。1964年には年間13万人であった海外渡航者が、この50年で約130倍に増加しました。旅行の形態も団体旅行や個人旅行など多様化しており、世界各国へと旅しています。

一方、訪日外国人旅行者は日本人海外渡航者と大きく差が開いていましたが、2010年代に入り急速に伸びはじめ、2013年には1,000万人を超えました。また、2015年には45年ぶりに訪日外国人旅行者が日本人海外渡航者を上回りました(19,737,409人/16,213,789人)。これは国によるビジットジャパンキャンペーン(2003年〜)や、中国人観光客の大幅な増加などによるものといわれています。

❶ 사람들의 움직임

교통이나 정보통신기술이 발달하여 국경을 초월한 사람들의 움직임도 활발해졌습니다. 스마트폰이나 SNS(소셜 네트워킹 서비스)의 보급도 사람들과의 연계를 강화하고 있습니다.

외국인 등록을 하고 일본에서 생활하는 사람들도 해마다 늘어, 2015년 말 현재 194개국·지역, 223만 2,189명으로 과거 최고 수치가 되었습니다. 전체 외국인 등록자의 체류자격 구성비는 '영주자'가 31.4%로 가장 많고, 이하 '특별영주자', '유학', '정착자', '일본인 배우자'의 순입니다. 또 '취업'을 위해 일본에 체류하는 사람도 늘고 있습니다.

한편, 해외에 체류하는 일본인도 2005년에 100만 명을 넘어 매년 증가하고 있습니다.

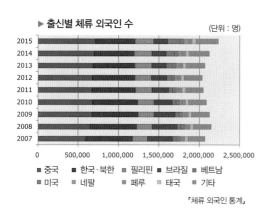

▶ 출신별 체류 외국인 수 (단위 : 명)

■ 중국　■ 한국·북한　■ 필리핀　■ 브라질　■ 베트남
■ 미국　■ 네팔　■ 페루　■ 태국　■ 기타

「체류 외국인 통계」

▶ 해외 체류 일본인 수 (단위 : 만 명)

■ 영주자
■ 장기체류자

「해외 체류 일본인 조사통계」 (2016)

❷ 여행

오늘날 많은 사람들이 국경을 넘어 여행하고 있습니다. 일본에서 외국으로 여행 가는 사람의 수도 해마다 늘고 있습니다. 1964년에는 연간 13만 명이었던 해외 여행자가, 50년 사이에 약 130배로 증가했습니다. 여행 형태도 단체여행이나 개인여행 등 다양화했으며, 세계 각국으로 여행을 하고 있습니다.

▶ 여행자 수의 추이 (단위 : 만 명)

■ 방일 외국인 여행자
■ 출국 일본인

일본정부관광국 website(www.jnto.go.jp)

한편, 방일 외국인 여행자는 일본인 해외 여행자와 크게 차이가 나고 있었습니다만, 2010년대 들어 급속히 늘기 시작해, 2013년에는 1,000만 명을 넘었습니다. 또한 2015년에는 45년 만에 방일 외국인 여행자가 일본인 해외여행자를 상회했습니다(19,737,409명 / 16,213,789명). 이것은 일본정부의 '일본 방문 캠페인(2003년~)'과 '중국인 관광객의 대폭적인 증가' 등에 의한 것으로 알려져 있습니다.

コラム

セリエAや大リーグといった言葉が、日本のテレビや新聞に載らないことはほとんどありません。その理由の一つは、そこで活躍する日本人選手がいるからです。サッカーの中田英寿選手や野球の野茂英雄選手、イチロー選手の活躍によって、その後、多くの日本人選手(松井秀喜選手、田中将大選手、ダルビッシュ有選手、本田圭佑選手、長友祐都選手など)が海外移籍するようになりました。

また、外国人選手の日本での活躍も目立ちます。プロ野球(アレックス・ラミレス選手：ベネズエラ、ホセ・フェルナンデス：ドミニカ共和国)やJリーグ(アデミウソン・ジュニオール選手：ブラジルなど)での活躍はもとより、相撲界での活躍にも目を見張るものがあります。モンゴル出身の力士白鵬関、日馬富士関などをはじめとして、中国やロシア出身の力士などが頑張っています。親しみやすいスポーツ選手の活躍によって、外国が身近なものとなっています。

세리에A나 메이저리그라는 말이 일본의 TV나 신문에 실리지 않는 일은 거의 없습니다. 그 이유 중 하나는, 거기에서 활약하는 일본인 선수가 있기 때문입니다. 축구의 나카타 히데토시 선수나 야구의 노모 히데오 선수, 이치로 선수의 활약에 의해, 그 후 많은 일본인 선수(마쓰이 히데키 선수, 다나카 마사히로 선수, 다르빗슈 유 선수 , 혼다 게이스케 선수, 나가토모 유토 선수 등)가 해외 이적을 하게 되었습니다.

또한 외국인 선수가 일본에서 활약하는 것도 눈에 띕니다. 프로야구(알렉스 라미레스 : 베네수엘라, 호세 페르난데스 : 도미니카공화국)나 J리그(아데밀손·주니오르 선수 : 브라질 등)에서의 활약을 비롯해, 스모계에서의 활약에 있어서도 우리를 놀랍게 합니다. 몽골 출신의 스모 선수 하쿠호, 하루마 후지 등을 비롯하여, 중국이나 러시아 출신의 스모 선수들도 맹활약중입니다. 친근감을 더하는 스포츠 선수들의 활약으로 외국이 보다 더 가깝게 느껴집니다.

憲法と平和問題

2001年9月11日のアメリカ同時多発テロをきっかけにしたイラク戦争への自衛隊派遣、そして、2015年の集団的自衛権を容認する安保法制の成立など、憲法問題が大きく取り上げられ議論されてきました。

1 日本国憲法

日本国憲法は、第二次世界大戦後の1947年に施行されました。日本国憲法の大きな特徴は①基本的人権の尊重、②国民主権、③平和主義です。

① 基本的人権の尊重

代表的なものに以下のような権利があります。
・健康で文化的な最低限度の生活を営むことを保障する「生存権」
・精神の自由、人身の自由、経済活動の自由などの「自由権」

헌법과 평화 문제

2001년 9월 11일 미국 동시다발 테러를 계기로 일어난 이라크 전쟁으로의 자위대 파견, 그리고 2015년 집단적 자위권을 용인하는 안보법제의 성립 등 헌법문제가 크게 이슈화되어 논의되어 왔습니다

●●● 오키나와현의 미군 통신 시설

1 일본국헌법

일본국헌법은 제2차 세계대전 후인 1947년에 시행되었습니다. 일본국헌법의 큰 특징은 ①기본적 인권의 존중, ②국민주권, ③평화주의입니다.

① 기본적 인권의 존중

대표적인 것으로 다음과 같은 권리가 있습니다.
· 건강하고 문화적인 최소한의 생활을 영위할 것을 보장하는 '생존권'
· 정신적 자유, 신체의 자유, 경제 활동의 자유 등의 '자유권'

・人種、信条、性別、出身、社会的身分などにより差別されない「法の下の平等」
・教育を受ける権利、勤労の権利などの「社会権」
・選挙など国の政治に参加する「参政権」

❷ 国民主権

戦前の憲法では主権者は天皇でしたが、日本国憲法では国民が主権者となりました。戦後、天皇制は残されましたが、天皇は国の政治に関わることができないことが定められ、「日本の象徴」とされています。

❸ 平和主義

平和主義の中心は、第9条に定められている「戦争の放棄」「戦力の不保持」「交戦権の否認」です。またその他に、憲法に明記されてはいませんが、日本政府は「非核三原則」を掲げています。これは核兵器を「作らず、持たず、持ち込ませず」という三つの原則です。

2 平和主義の憲法

日本国憲法は平和憲法として知られています。憲法第9条では徹底した戦争と戦力の放棄を宣言しています。しかし、第三次安倍晋三内閣が憲法改正を明確に掲げていることもあり、今日この憲法についてさまざまな議論が交わされています。特に海外への自衛隊の派遣は、自衛隊の存在とともに大きな問題となっています。

❶ 有事法制

2001年の9.11同時多発テロを背景に2003年「有事法制」が成立しました。これは日本が攻撃を受けた場合や、攻撃が予想されたときに自衛隊の活動をスムーズに行うことを企図したものです。しかし、この「有事法制」は憲法の平和主義に反しているという反対意見も多くあります。

· 인종, 신조, 성별, 출신, 사회적 신분 등에 의해 차별받지 않는 '법 아래의 평등'

· 교육을 받을 권리, 근로의 권리 등의 '사회권'

· 선거 등 국가의 정치에 참여하는 '참정권'

② 국민주권

전쟁 전의 헌법에서는 주권자가 천황이었으나, (개정된) 일본국헌법에서는 국민이 주권자가 되었습니다. 전후 천황제는 남게 되었지만, 천황은 국가 정치에 관여할 수 없도록 규정되어 '일본의 상징'으로 되어 있습니다.

③ 평화주의

평화주의의 중심은 제9조에 정해져 있는 '전쟁의 포기', '전력 보유 금지', '교전권 불인정'입니다. 또한 그 외에 헌법에 명기되어 있지는 않지만, 일본정부는 '비핵 3원칙'을 내세우고 있습니다. 이는 핵무기를 '만들지 않는다, 보유하지 않는다, 들여오지 않는다'라는 세 가지 원칙입니다.

● ● 평화기념상(나가사키시 평화공원)

2 평화주의 헌법

일본국헌법은 '평화헌법'으로 알려져 있습니다. 헌법 제9조에서는 전쟁과 전력의 완전 포기를 선언하고 있습니다. 그러나 제3차 아베 신조 내각이 헌법 개정을 명확하게 내세우고 있는 것도 있고, 오늘날 이 헌법에 대해서 여러 가지 논의가 오가고 있습니다. 특히 해외로의 자위대 파견은 자위대의 존재와 함께 큰 문제가 되고 있습니다.

① 유사법제

2001년 9.11 동시다발 테러를 배경으로 2003년 '유사법제'가 성립되었습니다. 이는 일본이 공격을 받았을 경우나 공격이 예상되었을 때 자위대의 활동을 원활히 수행할 수 있도록 한 것입니다. 그러나 이 '유사법제'는 헌법의 평화주의에 위배된다는 반대 의견도 많이 있습니다.

❷ 自衛隊のイラク派遣

2004年1月、日本の自衛隊は復興支援のためにイラクに派遣されました。戦闘に巻きこまれるおそれのあるイラクへの派遣にあたって、日本国内では賛成・反対どちらの意見も多く出されました。

❸ 第9条と自衛隊の問題

自衛隊の派遣について、もっとも大きな問題となっているのが憲法第9条です。第9条のポイントは「戦争の放棄」「戦力の不保持」「交戦権の否認」の三つです。

しかし、日本の自衛隊は世界でも有数の「戦力」をもっています。自衛隊は憲法に違反した存在だ、という意見があります。このことに関して、政府はこれまで「自衛のための戦力は、憲法第9条にいう『戦力』にあたらないとする」という解釈を行ってきました。現在、政府は自衛のための最小限の戦力をもつことや自衛隊は憲法に違反しないという解釈をしています。このため、「最小限」の範囲や自衛権がどこまで及ぶのかなど、多くの論議をよんでいます。

日本国憲法　第9条

① 日本国民は、正義と秩序を基調とする国際平和を誠実に希求し、国権の発動たる戦争と、武力による威嚇又は武力の行使は、国際紛争を解決する手段としては、永久にこれを放棄する。

② 前項の目的を達するため、陸海空軍その他の戦力は、これを保持しない。国の交戦権は、これを認めない。

---

❹ 集団的自衛権と安全保障関連法

2015年、第二次安倍晋三内閣は、憲法第9条は集団的自衛権を否定するものではないと、それまでこれを認めなかった歴代内閣の憲法解釈を変え、集団的自衛権を行使できる安保法制を国会で成立させました。多くの憲法学者がこの法制は憲法違反であるとし、また、半数以上の国民が反対するなかで成立した安全保障関連法は、今後に多くの問題を残しました。

② 자위대의 이라크 파견

2004년 1월, 일본의 자위대는 복구 지원을 위해 이라크에 파견되었습니다. 전투에 말려들 위험성도 있는 이라크로 파견할 당시 일본 국내에서는 찬반 의견이 분분했습니다.

③ 제9조와 자위대 문제

자위대 파견에 대해서 가장 큰 문제가 되고 있는 것이 헌법 제9조입니다. 제9조의 핵심은 '전쟁 포기', '전력 보유 금지', '교전권 불인정'의 세 가지입니다.

그런데 일본의 자위대는 세계 유수의 '전력'을 가지고 있습니다. 자위대는 헌법에 위반되는 존재라는 의견이 있습니다. 이에 관해 정부는 지금까지 '자위를 위한 전력(戰力)은 헌법 제9조에서 말하는 "전력"에 해당하지

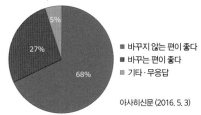

▶ 헌법 제9조를 바꾸는 편이 좋은가

- 바꾸지 않는 편이 좋다
- 바꾸는 편이 좋다
- 기타·무응답

아사히신문 (2016. 5. 3)

않는다'라는 해석을 해 왔습니다. 현재 정부는 자위를 위한 최소한의 전력을 가지는 점이나 자위대는 헌법에 위반되지 않는다는 해석을 하고 있습니다. 이 때문에 '최소한'의 범위나 자위권이 어디까지 미칠 것인가 등 많은 논의를 불러 일으키고 있습니다.

일본국헌법 제9조

① 일본 국민은 정의와 질서를 기조로 하고 있는 국제 평화를 성실히 희구하고, 국권의 발동인 전쟁과 무력에 의한 위협 또는 무력 행사는 국제 분쟁을 해결하는 수단으로서는 영원히 이것을 포기한다.

② 전항의 목적을 달성하기 위하여 육해공군과 기타 전력은 이를 보유하지 않는다. 국가 교전권은 이를 인정하지 않는다.

---

④ 집단적 자위권과 안전보장관련법

2015년 제2차 아베 신조 내각은 헌법 제9조는 집단적 자위권을 부정하는 것이 아니라고, 지금까지 이를 인정하지 않았던 역대 내각의 헌법 해석을 바꾸고, 집단적 자위권을 행사할 수 있는 안보법제를 국회에서 성립시켰습니다. 많은 헌법학자가 이 법제는 헌법위반이며, 또 절반 이상의 국민이 반대하는 가운데 성립된 안전보장관련법은 그 후 많은 문제를 남겼습니다.

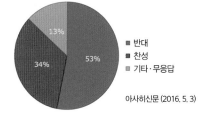

▶ 안전보장관련법에 찬성인가 반대인가

- 반대
- 찬성
- 기타·무응답

아사히신문 (2016. 5. 3)

❺ 憲法の改正

　日本の自衛隊の存在や集団的自衛権に基づく海外派遣に関して、今の憲法では限界があるため、憲法を改正しようという動きが起こっています。自衛隊の存在を憲法で認め、国際社会のなかでの役割を広げようというものです。しかし、憲法で自衛隊の存在を認めることは、戦争への道を進むことになるという強い反対意見もあります。日本の憲法の最大の特徴である平和主義が現在大きく揺らいでいます。

⑤ 헌법 개정

일본 자위대의 존재나 집단적 자위권에 기초한 해외 파견에 관해서 현재의 헌법으로는 한계가 있기 때문에 헌법을 개정하려는 움직임이 일어나고 있습니다. 자위대의 존재를 헌법으로 인정하고 국제사회 안에서의 역할을 확대시키려는 것입니다. 그러나 헌법에서 자위대의 존재를 인정하는 것은 전쟁의 길을 가게 된다는 반대의견도 강합니다. 일본 헌법의 가장 큰 특징인 평화주의가 현재 크게 흔들리고 있습니다.

▶ 헌법 전체를 개정할 필요가 있는가

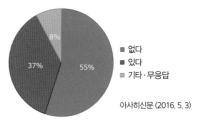

- 없다
- 있다
- 기타·무응답

8%
37%
55%

아사히신문 (2016. 5. 3)

부록

연중행사·경축일 등의 일람표

● 전통행사 | ● 새롭게 도입된 외래 이벤트성 행사 | ● 경축일(법률로 정해진 국민의 축일)
● 현재 인식·실시율이 저하된 전통행사 | ● 24절기 | ● 기타

1月	1일	설날(元旦)	새해 첫날. 첫 참배인 하쓰모데(初詣)를 하고 오세치 요리를 먹으며 새해를 맞이합니다.
		새해맞이(初日の出)	설날의 해돋이. 미에현(三重県) 이세(伊勢)의 후타미가우라(二見浦)가 유명합니다.
	1~2일	첫 꿈(初夢)	1일과 2일 밤에 걸쳐 꾸는 꿈. 1년의 운세를 점칩니다.
	2일	가키조메(書初め)	새해 들어 처음으로 붓글씨를 쓰는 것. 글 쓰는 실력이 향상되기를 기원합니다.
	7일	나나쿠사가유(七草粥)	7가지 채소를 넣어서 쑨 죽. 질병을 예방합니다.
	11일	가가미비라키(鏡開き)	가족의 건강과 깊은 유대를 기원하며 가가미모치(鏡餅)를 먹습니다.
	15일경	돈도야키(どんど焼き)	설 장식 등을 태웁니다. 불기운을 쬐면 질병을 예방할 수 있다고 합니다.
	둘째 월요일	성인의 날(成人の日)	성인이 된 것을 축하하는 날. 성인식이 거행됩니다.
2月	3일	세쓰분(節分)	주로 입춘 전날을 가리킵니다. '귀신은 밖으로, 복은 안으로(鬼は外、福は内)'라는 큰 소리와 함께 콩을 뿌리는 마메마키(豆巻き) 행사를 합니다.
	4일경	입춘(立春)	봄의 시작.
	11일	건국기념일(建国記念の日)	건국을 축하하고 애국심을 기르기 위해 1967년부터 실시되고 있습니다.
	14일	밸런타인데이(バレンタインデー)	여성이 남성에게 초콜릿 등을 선물하며 사랑을 고백합니다. 제과회사의 캠페인에 의해 1970년대부터 널리 유행하였습니다. 좋아하는 남성 이외에 신세 진 사람에게 감사의 마음을 담아서 주는 '의리(우정) 초콜릿(義理チョコ)'도 있습니다.

3月	3일	히나마쓰리(雛祭り)	물가에서 몸을 깨끗하게 하는 중국의 행사나, 종이를 사람의 모습으로 만든 가타시로(形代)에 액을 옮겨 강에 흘려보내는 일본 고대의 행사 등이 융합하여 오늘날의 히나마쓰리(雛祭り)가 되었습니다. 가타시로를 집에 장식하게 되고, 귀족 여자 아이들의 인형놀이와 융합하는 등 시대변천을 거쳐, 지금의 호화로운 히나인형으로 발전했습니다. 모모노셋쿠(桃の節句)라고도 합니다.
	14일	화이트데이 (ホワイトデー)	1978년에 전국사탕공업협동조합이 행사화하여 이 날로 제정되었습니다. 밸런타인데이에 받은 선물에 대한 답례로 남성이 여성에게 선물을 합니다.
	21일경	춘분(春分) 춘분의 날(春分の日)	낮과 밤의 길이가 같음. 매년 정부가 날짜를 정하여 전년 2월 관보에 게재합니다. 자연을 기리고 생물을 소중히 하는 날입니다.
	20~26일경	하루히간(春彼岸)	히간(彼岸)은 사후세계인 '저 세상'을 가리키며, 히간 행사는 불교 관념과 일본 고래의 선조신앙이 결부되어 생겼습니다. 하루히간은 춘분의 전후 3일씩 7일간입니다.
	상순~하순	선발 고교 야구대회 (選抜高校野球大会)	일본에서 야구가 제일 강한 고등학교로 인정받는 것을 목표로 시합을 합니다.
	하순	졸업식(卒業式)	학교나 대학의 과정을 수료한 학생에게 졸업장 등을 수여하고 축하합니다.
4月	상순	입학식·입사식 (入学式·入社式)	학교나 회사에서 입학식·입사식을 거행합니다.
	8일	하나마쓰리(花祭り)	관불회라고 하는 불교행사로 석가의 탄생을 축하합니다. 각지에 있는 사원에서 꽃을 장식하고 산수국차를 불상에 끼얹는 의식을 거행합니다.
	29일	쇼와의 날(昭和の日)	쇼와 일왕의 탄생일. 1989~2006년까지는 '녹색의 날(みどりの日)'이었습니다.
	3월 하순~ 4월 하순	하나미(花見)	하나미의 하나(花)는 벚꽃을 나타냅니다. 서둘러 떨어지는 허무함이 감성에 호소하는지 벚꽃 명소를 찾는 사람은 끊이지 않습니다. 벚꽃을 감상하고 시가를 읊는 귀족 행사와 음식을 들고 들과 산에서 하루를 보내는 서민 행사가 융합하여 대중화·오락화한 것이 현재의 하나미입니다.

5月	1일	노동절(メーデー)	발상지 미국. 세계적으로 노동자의 단결 제전이 행해지며, 일본에서는 1920년에 시작되었습니다.
	3일	헌법기념일(憲法記念日)	일본국헌법의 시행을 기념하고, 국가의 안녕과 번영을 기원합니다.
	4일	녹색의 날(みどりの日)	자연의 은혜에 감사하고 자연과 친숙해지는 날입니다.
	5일	어린이날(こどもの日)	아이의 성장과 행복을 기원합니다. *쇼와의 날부터 어린이날에 걸친 연휴를 '황금연휴(ゴールデンウィーク)'라고 합니다.
	5일	단고노셋쿠(端午の節句)	창포로 나쁜 기운을 몰아내는 중국의 풍습이 전해져 귀족 사이에 퍼졌습니다. 원래 민간에서는 창포 행사나 여성이 신을 모시고 풍작을 기원하는 행사를 하고 있었는데, 근세 무가 사회에서 창포(菖蒲)와 상무(尚武, 무사를 공경함)가 쇼부(しょうぶ)로 발음이 같다는 점에 착안하여 무기나 노보리바타(幟旗, 폭이 좁은 천의 옆과 위에 많은 고리를 달고, 장대를 끼워서 세우는 기)를 장식하여 출세를 기원하는 행사가 시작되었습니다. 그것들이 융합하여 오늘날의 형식을 갖추게 되었다고 합니다.
	6일경	입하(立夏)	여름의 시작.
	둘째 일요일	어머니의 날(母の日)	발상지 미국. 어머니에게 위로와 감사의 마음을 담아 카네이션 등을 보냅니다.

6月	1일	고로모가에(衣替え)	교복 등을 여름옷으로 바꿉니다.
	21일경	하지(夏至)	낮이 가장 긴 날.
	23일	위령의 날(慰霊の日)	1945년 6월 23일 오키나와전에서의 조직적 전투가 종결된 날. 류큐 정부 및 오키나와현이 제정한 기념일로, 1991년 오키나와현은 조례에서 공휴일로 정했습니다. 오키나와현 주최로 오키나와 전체 전몰자 위령제가 개최됩니다.
	셋째 일요일	아버지의 날(父の日)	발상지 미국. 아버지에게 위로와 감사의 마음을 담아 선물을 합니다.
	30일	오하라이(大祓)	'나고시노 하라에(夏越の祓え)'라고도 하며, 신사의 참배로에 설치된 큰 고리를 빠져나가며 액막이를 합니다.

7 月	1일경	우미비라키(海開き)	해수욕 금지 명령을 푸는 날입니다.
		가와비라키(川開き)	수해방지를 기원하는 행사로 도쿄(東京) 료고쿠(両国)의 가와비라키(隅田川 주변)가 유명합니다.
		야마비라키(山開き)	등산 금지 명령을 풀고 등산객의 안전을 기원합니다. 센겐(浅間) 신사의 '후지산 야마비라키 마쓰리(富士山山開祭)'가 유명합니다.
	7일	다나바타(七夕)	나라시대의 견우와 직녀 전설과, 이 별을 모시며 기예가 좋아지기를 비는 행사가 중국에서 전래되었습니다. 더하여 물에 관한 행사, 여성이 베를 짜서 액막이를 하는 등의 일본 고래의 행사가 융합하였습니다. 현재는 오로지 전자의 행사만이 이루어지고 있습니다.
	15일 (음력 15일)	주겐(中元), 나나가쓰본 (七月盆, 음력 본)	1년의 중간에 해당하는 날. 현재 한 달 늦춰 본(盆) 행사를 하는 곳이 많습니다.
	셋째 월요일	바다의 날(海の日)	휴일을 늘리기 위해 제정되었습니다. 바다의 은혜에 감사하는 날입니다.
	20~30일경	토왕지절(土用の丑の日)	토왕이란 입춘·입하·입추·입동 전의 18일간을 가리키며, 입추 전의 가장 더운 여름 토왕이 유명합니다. 그 기간의 축일(丑日)에는 장어 등 체력이 강해지는 음식을 먹고, 여름을 타지 않도록 준비합니다.

8 月	6일	히로시마 원폭기념일 (広島原爆記念日)	1945년, 히로시마에 원폭이 투하된 날. 원폭 희생자의 영혼을 위로하고 세계의 영구평화를 기념하기 위해, 매년 히로시마 평화기념공원에서 '히로시마 원폭 희생자 위령식 및 평화기원식'이 개최됩니다.
	8일경	입추(立秋)	가을의 시작.
	9일	나가사키 원폭기념일 (長崎原爆記念日)	1945년, 나가사키에 원폭이 투하된 날. 원폭 희생자의 영혼을 위로하고, 세계평화를 기념하기 위해, 매년 나가사키 평화공원에서 '나가사키 원폭 희생자 위령 평화기원식전'이 개최됩니다.
	11일	산의 날(山の日)	2016년부터 시행된 공휴일. 산과 친해지는 기회를 얻고, 산의 은혜에 감사하는 날입니다.
	13일~16일	한 달 늦은 본(月遅れ盆)	고인과 조상의 넋을 기리는 오본(お盆) 행사를 합니다.
	13일	무카에비(迎え火)	묘소를 청소하고 그곳에 초를 밝힌 후, 그 불을 초롱에 넣어 불단까지 가지고 돌아와 혼백을 집 안으로 맞아들입니다. 이 불을 무카에비라고 하는데, 오늘날 무카에비를 밝히는 가정은 적습니다.

8月	**15~16일**	토로나가시(灯篭流し) 오쿠리비(送り火)	오쿠리비를 밝혀 집에 불러들였던 혼백을 묘소로 돌려보냅니다. 본다나(盆だな)의 장식이나 공양은 배에 띄워 강이나 바다에 흘려보냅니다. 현재는 두 가지 모두 그다지 행하지 않습니다. 16일에 하는 교토 5산의 오쿠리비(五山の送り火)나 나가사키의 쇼료나가시(精霊流し)가 유명합니다. ●● 토로나가시(히로시마)
	15일	종전기념일 (終戦記念日)	정부 주최의 '전국 전몰자 추도식'을 필두로, 전쟁으로 사망한 사람들을 추모하고 평화를 바라는 추도행사가 각지에서 열립니다. 정오 시보를 신호로 묵도를 올립니다.
	상순~하순	전국 고교야구 선수권 대회 (甲子園)	일본 고교 야구의 최강을 결정합니다.

9月	**1일**	소방의 날(防災の日)	1923년 9월 1일에 일어난 간토대지진에 연유해 제정되었습니다. 매년 전국 각지에서 소방훈련이 실시됩니다.
	18일경	주고야(十五夜)	달맞이(お月見)의 하나로, 음력 8월15일입니다. 참억새나 달맞이 떡을 신불에 바치고 달을 감상하며 즐깁니다.
	23일경	추분(秋分) 추분의 날(秋分の日)	낮과 밤의 길이가 같음. 날짜는 매년 정부가 정해 전년 2월 관보에 게재됩니다. 조상을 존경하고 돌아가신 분을 기리는 날입니다.
	20~26일경	아키히간(秋彼岸)	묘소를 청소하고 경단이나 꽃을 바쳐 조상을 공양합니다. 추분 전후 3일씩 7일간입니다.
	셋째 월요일	경로의 날(敬老の日)	노인을 공경하는 날.

10月	**1일**	고로모가에(衣替え)	교복 등을 겨울옷으로 바꿉니다.
	둘째 월요일	체육의 날(体育の日)	이날을 기점으로 운동회가 열립니다.
	17일경	주산야(十三夜)	'달맞이(お月見)' 행사 중 하나로 음력 9월 13일입니다.
	31일	할로윈(ハロウィン)	미국에서 정착된 민간행사로, 최근 일본도 종교색이 옅은 행사로 젊은 사람들 사이에 널리 퍼져 있습니다.

11月	**3일**	문화의 날(文化の日)	제2차 세계대전 이전에는 메이지 일왕의 탄생일인 메이지절(明治節)이었지만, 제2차 세계대전 이후에 자유를 사랑하고 문화를 장려하는 경축일로 정해졌습니다.
	8일경	입동(立冬)	겨울의 시작.

11月	15일	시치고산(七五三)	3세·5세·7세를 어린이 성장과정의 중요한 고비로 여겨, 3세·5세의 남자 아이와 3세·7세의 여자 아이의 성장을 축하하는 날입니다.	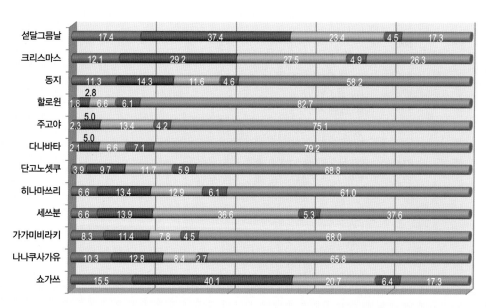
	23일	근로 감사의 날 (勤労感謝の日)	노동에 감사하는 날. 제2차 세계대전 이전에는 니나메사이(新嘗祭, 수확에 감사하는 날)라는 경축일이었습니다.	
12月	22일경	동지(冬至)	낮이 가장 짧은 날. 혹독한 추위를 이겨내기 위해 호박을 먹고 활력을 되찾고 유자탕에서 목욕을 즐깁니다.	
	23일	천황탄생일(天皇誕生日)	헤이세이(平成)시대 아키히토(明仁) 일왕의 생일.	
	24일	크리스마스 이브 (クリスマスイブ)	일본에서는 크리스마스보다 이브가 더 활기찹니다.	
	25일	크리스마스(クリスマス)	성탄절.	
	31일	섣달그믐날(大晦日)	장수를 기원하며 메밀국수(年こしそば)를 먹고 대청소(大掃除)를 하면서 한해를 정리하고 새해를 맞이합니다.	

■연중행사·이벤트 실시 상황(10~70세대의 남녀 8,197명 대상)

섣달그믐날	17.4	37.4	23.4	4.5	17.3
크리스마스	12.1	29.2	27.5	4.9	26.3
동지	11.3	14.3	11.6	4.6	58.2
할로윈	1.8	6.6 / 2.8	6.1		82.7
주고야	2.3	5.0	13.4	4.2	75.1
다나바타	2.1	5.0 / 6.6	7.1		79.2
단고노셋쿠	3.9	9.7	11.7	5.9	68.8
히나마쓰리	6.6	13.4	12.9	6.1	61.0
세쓰분	6.6	13.9	36.6	5.3	37.6
가가미비라키	8.3	11.4	7.8	4.5	68.0
나나쿠사가유	10.3	12.8	8.4	2.7	65.8
쇼가쓰	15.5	40.1	20.7	6.4	17.3

■ 요리 등을 손수 만들기도 하고 꽤 힘을 쏟는다
■ 손수 만든 것과 구입한 것이 거의 비슷하다
▨ 시판품을 사와 끝내는 경우가 많다
■ 물건은 준비하지 않지만, 축하·이벤트는 한다
■ 축하·이벤트는 하지 않는다

「계절행사·연중행사에 관한 앙케트」 2013.1.25~2.8 (DIMSRIVE 조사)
http://www.dims.ne.jp/timelyresearch/

일본사 연표

연대	일본	세계
구석기 시대	수십 만 년 전~약 1만 년 전, 선토기(先土器)문화 **약 1만년 전** 　일본열도가 생김	**400만년 이상 전** 　인류 출현 　4대 문명 탄생
조몬(縄文) 시대	약 1만 2천 년 전~기원전 3세기, 조몬(縄文)문화[1]	
야요이(弥生) 시대	기원전 3세기~3세기, 야요이(弥生)문화[2] 　벼농사·금속기가 전래됨 　각지에 작은 나라가 생김	**기원전 27** 　로마제국 성립
고분(古墳) 시대	3세기 후반~6세기 말, 고분(古墳)문화[3] **57**　왜의 노국왕(奴国王)이 한나라에 사절을 보냄 **239**　히미코(卑弥呼)가 위나라에 사절을 보냄 　야마토(大和) 왕권의 통일이 진행됨 　소가(蘇我) 씨와 모노노베(物部) 씨의 대립	**375**　게르만족 대이동 **486**　프랑크왕국 성립
아스카(飛鳥) 시대	6세기 말~710, 아스카(飛鳥)문화 **593**　쇼토쿠태자(聖徳太子)가 섭정이 됨 **603**　관위 12계 **604**　헌법 17조 **607**　오노노 이모코(小野妹子)를 수나라에 파견 **630**　견당사 파견 개시 **645**　다이카 개신(大化の改新) **672**　진신의 난(壬申の乱) **701**　다이호 율령(大宝律令)	**610**　무하마드의 이슬람교 창시 **661**　이슬람제국 성립 　이슬람 문화 번영
나라(奈良) 시대	710~794, 덴표(天平)문화[4] **710**　도읍을 헤이조쿄(平城京)로 옮김 **743**　간전영년사재법(墾田永年私財法)으로 장원이 생김	

1　**조몬(縄文) 문화:** 이 시대에 만들어진 토기는 표면에 새끼줄(縄) 문양이 많기 때문에 조몬 토기라고 불린다. 사냥·어로를 주로 하여 생활했다.

2　**야요이(弥生) 문화:** 도쿄도 야요이마치(弥生町)에서 이 시대의 토기가 발견된 것이 이름의 유래가 되고 있다. 한반도에서 도래인이 벼농사와 금속기를 가져왔다.

3　**고분(古墳) 문화:** 큰 고분이 만들어지고, 도래인에 의해 문자·유교·불교 등도 전래되었다.

4　**덴표(天平) 문화:** 당나라 문화를 비롯해 서방 각지의 영향을 받은 문화로 귀족적이고 불교적이다.

연대	일본	세계
헤이안(平安)시대	794~1192, 국풍(国風)문화[5]	
	794 도읍을 헤이안쿄(平安京)로 옮김	
	858 후지와라노 요시후사(藤原良房)가 섭정이 됨[6]	
	887 후지와라노 모토쓰네(藤原基経)가 관백이 됨[6]	
	894 견당사 폐지	
	935 다이라노 마사카도의 난(平将門の乱)	
	939 후지와라노 스미토모의 난(藤原純友の乱)	
	1016 후지와라노 미치나가(藤原道長)가 섭정이 됨	
	1086 시라카와상황(白河上皇)의 인세이(院政) 개시	**1096** 제1차 십자군 원정
	1156 호겐의 난(保元の乱)	
	1159 헤이지의 난(平治の乱)	
	1167 다이라노 기요모리(平清盛)가 태정대신(太政大臣)이 됨	
	1185 다이라 씨(平氏) 멸망	
가마쿠라(鎌倉)시대	1192~1333, 가마쿠라(鎌倉)문화	
	1192 미나모토노 요리토모(源頼朝)가 정이대장군[7](征夷大将軍)이 됨	**1206** 칭기즈칸의 몽골 통일
		1215 영국에 대헌장이 생김
	1221 조큐의 난(承久の乱)	
	1232 고세이바이 시키모쿠(御成敗式目) 제정	
	1274 분에이의 역(文永の役)	**1275** 마르코폴로 원에 도착
	1281 고안의 역(弘安の役)	이탈리아 르네상스
	1333 가마쿠라 막부 멸망	
	1334 겐무의 신정(建武の新政)	
겐무(建武)신정	1333~1336	
무로마치(室町)시대	1336~1392, 남북조시대, 기타야마(北山)문화	
	1336 남북조(南北朝)로 나뉘어 대립	
	1338 아시카가 다카우지(足利尊氏)가 정이대장군이 됨	
	1378 아시카가 요시미츠(足利義満)가 무로마치(室町)로 막부를 옮김	
	1392~1493	
	1392 남북조 통일	
	1404 감합 무역(勘合貿易) 개시	**1453** 동로마제국 멸망
	1428 첫 농민폭동이 일어남	**1492** 콜럼버스 아메리카 도착
	1467 오닌의 난(応仁の乱)	
	1493~1573 전국시대, 남반(南蛮)문화[8]	**1517** 루터의 종교개혁
	1543 포르투갈인이 총기를 전함	**1526** 무굴제국이 일어남
	1549 기독교 전래	**1533** 잉카제국 멸망

---

5 국풍 문화: 그때까지의 당풍 문화를 소화한데다 견당사 정지의 영향으로 태어난 문화. 가나문자와 우아한 귀족 문화, 정토교의 유행이 특징이다.

6 섭관 정치: 후지와라 씨가 섭정(어린 천황을 대신하여 정치를 하는 직)·관백(성인이 된 천황을 대신하여 정치를 하는 직)을 독점하여 정치를 했다.

7 정이대장군: 가마쿠라 시대 이후 무력과 정권을 쥔 막부의 주권자의 직명.

8 남반 문화: 기독교 포교에 의해 초래된 문화. 남반인(남유럽인)이 중심이 되었다. 기독교가 금지되자 기독교의 영향이 큰 것은 제거되었다.

연대	일본	세계
아즈치 모모야마 (安土桃山) 시대	**1573~1603, 모모야마(桃山)문화** **1573** 오다 노부나가(織田信長)가 무로마치 막부를 무너뜨림 **1590** 도요토미 히데요시(豊臣秀吉)가 전국통일 **1592** 조선침략[9] 개시 **1600** 세키가하라 전투(関ケ原の戦い)	**1600** 영국 동인도 회사 설립
에도(江戸) 시대	**1603~1868, 겐로쿠(元禄)문화, 가세이(化政)문화** **1603** 도쿠가와 이에야스(德川家康)가 정이대장군이 됨 **1615** 오사카 나쓰노 진(大坂夏の陣) 　　　도요토미씨 멸망 　　　무가제법도(武家諸法度) 제정 **1635** 참근교대제(参勤交代の制) 제정 **1637** 시마바라(島原)·아마쿠사(天草) 농민폭동 **1639** 포르투갈 선박 내항 금지 **1641** 쇄국[10]체제가 굳어짐 　　　네덜란드 상관(商館)을 데지마(出島)로 옮김 **1709** 아라이 하쿠세키의 개혁(新井白石の改革) **1716** 교호 개혁(享保の改革) **1772** 다누마 오키쓰구의 개혁(田沼意次の改革) **1787** 간세이 개혁(寛政の改革) **1792** 러시아 사절 락스만 내항 **1825** 외국선박 추방령[11] **1837** 오시오 헤이하치로의 난(大塩平八郎の乱) **1841** 미즈노 다다쿠니(水野忠邦)의 덴포 개혁(天保の改革) **1853** 페리 내항 **1854** 미일화친조약 체결 **1858** 미일수호통상조약 체결 **1864** 4개국 연합함대의 시모노세키(下関) 포격 **1867** 대정봉환(大政奉還)[12] 　　　왕정복고 대호령(王政復古の大号令)[13]	**1642** 청교도혁명 **1661** 프랑스 루이 14세의 　　　절대왕정 개시 **1688** 영국 명예혁명 **1689** 영국 권리장전 **1775** 미국 독립전쟁 **1789** 프랑스혁명·인권 선언 **1804** 나폴레옹 황제에 오름 **1840** 아편전쟁 **1851** 태평천국의 난 **1857** 인도 세포이 항쟁 **1861** 미국 남북전쟁 **1863** 링컨의 노예해방 선언

9　조선침략: 명나라 정복을 목표로 한 도요토미 히데요시가 조선을 침략. 이 침략으로 인해 수많은 조선인이 일본에 끌려갔다. 또한 공적을 나타내기 위해 코를 잘라내는 등의 행위도 이루어졌다.

10　쇄국: 1641년에 네덜란드 상관을 나가사키로 옮겨 성립했다. 이후, 1853년의 페리 내항까지 조선·류큐·중국·네덜란드를 제외하고 외국과의 교류는 없었다. 기독교의 금지와 무역 통제에 의해 막부의 권위를 강화했다.

11　외국선박 추방령: 18세기 말부터 외국선이 자주 왔기 때문에 일본 연안에 가까워지는 외국선을 찾아내는 대로 공격하고 쫓아낼 것을 명령했다.

12　대정봉환: 쇼군 도쿠가와 요시노부가 정권을 조정에 돌려줄 것을 제안했다.

13　왕정복고 대호령 : 에도 막부를 쓰러뜨리려는 사람들에 의해 계획되어 천황에게 정권이 넘어갔다.

연대	일본		세계	
메이지(明治) 시대	**1868~1912**			
	1868	무진전쟁(戊辰戦争)		
		5개조 서약문		
	1869	판적봉환(版籍奉還)		
	1871	폐번치현(廃藩置県)	**1871**	독일제국 성립
		이와쿠라 사절단(岩倉遣欧使節団) 출범		
	1873	징병령		
		지조(地租) 개정		
	1876	강화도조약	**1877**	영국령 인도 성립
	1879	오키나와현(沖縄県) 설치		
	1885	내각제도 창설	**1886**	미얀마의 영국 편입
	1889	대일본제국헌법 발포	**1887**	프랑스령 인도차이나
	1890	제1회 제국의회 개최		연방 성립
	1894	청일전쟁	**1894**	갑오농민전쟁
	1904	러일전쟁		
	1910	한일합방[14](경술국치, 일제강점)	**1911**	신해혁명
다이쇼(大正) 시대	**1912~1926**			
	1914	제1차 세계 대전	**1914**	제1차 세계대전
	1915	중국에 21개 조약 요구	**1917**	러시아혁명
	1918	시베리아 출병		
		쌀 소동	**1919**	조선 3·1운동
	1920	국제연맹 가입		중국 5·4운동
	1922	전국 수평사(水平社) 결성	**1920**	국제연맹 성립
	1923	간토대지진(関東大震災)		
	1925	치안유지법·보통선거법 제정		
쇼와(昭和) 시대	**1926~1989**			
	1931	만주사변(아시아 태평양전쟁 개시)	**1928**	파리부전조약
	1932	5·15 사건	**1929**	세계공황
	1933	국제연맹 탈퇴	**1930**	런던군축회의
	1936	2·26 사건		
	1937	중일전쟁		
	1938	국가총동원법 공포	**1939**	제2차 세계대전
	1941	태평양전쟁[15] 개시	**1941**	태평양 전쟁
	1945	원폭 투하·포츠담 선언 수락		

---

14 한일합방: 일본에 의한 한국의 식민지화로 1945년까지 계속된다. 신사 참배, 일본어 사용 등을 강제, 고유의 문화를 부정했다. 일본식 성을 강제하는 창씨개명이 이루어졌다.

15 태평양전쟁: 제2차 세계대전의 별칭으로, 중일전쟁의 타개와 동남아시아의 자원을 얻는 것을 목표로 1941년 미국·영국과 개전한다. 1945년에는 오키나와에서 지상전이 되어 많은 사람이 죽었다. 8월에 히로시마·나가사키에 원자폭탄이 투하되어 포츠담선언을 수락하고 항복한다.

연대	일본		세계	
쇼와(昭和) 시대	1946	천황의 인간 선언		
		일본국헌법[16] 공포		
	1947	교육기본법 제정		
	1950	경찰예비대[17] 창설		
	1951	샌프란시스코 평화조약·미일안전보장조약 체결		
	1954	자위대[17] 발족		
	1956	일소 국교 회복		
		국제연합 가입		
	1960	미일안전보장조약 개정		
	1963	부분적 핵실험 정지 조약		
	1964	도카이도(東海道) 신칸센(新幹線) 개통		
		도쿄(東京) 올림픽		
	1965	한일기본조약 체결(한일국교수립)		
	1970	오사카 만국박람회		
	1972	오키나와 일본으로 복귀		
		중일 국교 정상화		
	1978	중일평화우호조약 체결		
헤이세이(平成) 시대	1989~2019			
	1989	소비세 도입	1989	냉전 종결 선언
	1992	PKO협력법 성립	1990	동서독 통일
	1995	한신·아와지대지진(阪神·淡路大震災)	1991	소련 해체
	1997	아이누(アイヌ) 문화 진흥법 제정	1993	유럽연합 발족
		지구 온난화 방지 교토회의	1997	홍콩이 중국에 반환됨
	1998	나가노(長野) 올림픽	2000	남북정상회담
	2002	북일정상회담	2001	9.11 테러
		한일월드컵	2003	이라크 전쟁
	2004	자위대 이라크 파견		
		니가타(新潟)지진		
	2005	아이치(愛知)박람회		
	2006	자위대 이라크 철수		
	2007	니가타(新潟)지진		
	2009	민주당으로 정권 교체	2010	튀니지의 재스민 혁명
	2011	동일본대지진(東日本大震災)		
	2015	안전보장관련법 성립		
레이와(令和) 시대	2019~현재			
	2019	나루히토(德仁) 일왕 즉위(2019.5.1)		

---

16 일본국헌법: 국민 주권·인권 존중·평화주의를 기본으로 하고 있다. 지금까지의 대일본제국헌법에서는 육해군의 통수·선전·강화 등 일왕의 권리가 폭넓게 인정되고 있었다. 그러나 이 헌법에서 일왕은 국민통합의 상징으로 국사행위만 하게 되었다.

17 경찰예비대/자위대: 경찰력을 보충할 목적으로 설립된 치안부대. 맥아더(GHQ)의 지령에 의해 설치되었다. 직접적인 목적은 조선에 출동한 주일미군의 공백을 메우는 것이었다. 이후 일본의 재군비로의 움직임이 계속되면서 1954년에 자위대가 출범했다.

평화박물관·전쟁자료관

沖縄県立平和祈念資料館 오키나와현립 평화기념자료관	沖縄県 오키나와현	오키나와 현민의 눈으로 본 오키나와 전쟁의 모습을 전시. '증언의 방'에서는 주민의 증언을 읽을 수 있다.
ひめゆり平和祈念資料館 히메유리 평화기념자료관	沖縄県 오키나와현	오키나와 전쟁에 동원된 학도들의 사진과 증언을 중심으로 전시.
対馬丸記念館 쓰시마마루 기념관	沖縄県 오키나와현	1944년 쓰시마마루 사건 희생자의 진혼과 평화, 생명의 존귀함을 전한다.
知覧特攻平和会館 지란특공평화회관	鹿児島県 가고시마현	특공대원의 영정·유품·기록 등을 전시.
長崎国際文化会館 나가사키 국제문화회관	長崎県 나가사키현	수많은 원폭 자료를 전시해 핵의 공포를 인식할 수 있다.
広島平和記念資料館 히로시마 평화기념자료관	広島県 히로시마현	군사도시(군도)·피폭도시·평화를 추구하는 도시로서의 전시를 한다.
大久野島毒ガス資料館 오쿠노시마 독가스 자료관	広島県 히로시마현	독가스 제조, 독가스로 인한 후유증 등을 소개.
大阪国際平和センター「ピースおおさか」 오사카 국제평화센터「피스 오사카」	大阪府 오사카부	전쟁 중의 사람들의 생활, 일본군의 침략과 만행, 점령지 민중의 피해 등을 전시.
立命館大学国際平和ミュージアム 리쓰메이칸대학 국제평화박물관	京都府 교토부	전쟁, 전쟁에 반대하는 사람들에 대한 탄압, 전쟁범죄의 실태, 현대의 전쟁 등에 대해서 소개.
丹波マンガン記念館 단바 망간 기념관	京都府 교토부	강제연행·위험한 작업을 하게 된 한반도 사람들을 소개.
舞鶴引揚記念館 마이즈루히키아게 기념관	京都府 교토부	패전 후 식민지·점령지에 남겨진 660만 명 이상의 잔류 일본인의 귀환 사실을 전하고, 평화의 소중함과 평화의 기도를 발신하고 있다.
旧制高等学校記念館 옛 제국 고등학교 기념관	長野県 나가노현	전쟁에 휘말렸던 옛 제국 고등학교의 모습을 알 수 있다.
川崎市平和館 가와사키시 평화관	神奈川県 가나가와현	평화를 오로지 전쟁과 대비하는 관점만으로 파악하지 않고, 핵이나 기아·빈곤·인권까지도 염두에 둔다. 많은 영상을 활용함.
あーすプラザ地球市民かながわプラザ 아스플라자 지구시민 가나가와 플라자	神奈川県 가나가와현	과거의 전쟁을 직시하고, 현재의 난민·환경·개발·빈곤 등 지구 규모의 과제를 이해함으로써, '더불어 사는 평화로운 국제사회'를 지향하고 있다.
東京大空襲・戦災資料センター 도쿄대공습·전재자료센터	東京都 도쿄도	도쿄대공습에 관한 자료 수집·전시를 통해 공습 체험자의 증언과 영상 기록 등을 볼 수 있다.
アクティブ・ミュージアム おんなたちの戦争と平和資料館 액티브 박물관 여성들의 전쟁과 평화자료관	東京都 도쿄도	전시 성폭력, 일본군 '위안부' 문제의 피해와 가해를 전하는, 일본 최초의 자료관.
第五福竜丸展示館 다이고후쿠류마루 전시관	東京都 도쿄도	수소폭탄 실험으로 피폭한 참치원양어선 다이고후쿠류마루와 관련 자료를 전시. 핵무기 폐기를 목표로 한다.
山梨平和ミュージアム・石橋湛山記念館 야마나시 평화박물관·이시바시탄잔 기념관	山梨県 야마나시현	고후(甲府)공습을 피해·가해자의 양 측면에서 접근하여, 세계의 전략폭격의 역사에 다가간다.

埼玉県平和資料館 사이타마현 평화자료관	**埼玉県** 사이타마현	영상·모형·복원물 등의 전시가 많다.
ノーモアヒバクシャ会館 노모어히바쿠샤회관	**北海道** 홋카이도	재차 피폭을 경험하지 않기를 바라는 마음을 가진, 피폭자의 이야기를 들을 수도 있다.

역사교육자협의회 『평화박물관·전쟁자료관가이드북』 (아오키 서점, 2004)

전쟁에 관한 일본 영화

きけ、わだつみの声 들어라 해신의 목소리(1950)	また逢う日まで 다시 만날 날까지(1950)	真空地帯 진공지대(1952)
原爆の子 원폭의 아이(1952)	ひろしま 히로시마(1953)	雲流るる果てに 구름이 흐르는 끝에(1953)
ひめゆりの塔 히메유리의 탑(1953)	二十四の瞳 스물넷의 눈동자(1954)	ビルマの竪琴 버마의 하프(1956)
人間の條件 인간의 조건(1959~1961)	私は貝になりたい 나는 조개가 되고 싶다(1959)	陸軍残虐物語 육군 잔혹이야기(1963)
日本のいちばん長い日 일본에서 가장 긴 하루(1967)	肉弾 육탄(1968)	戦争と人間 전쟁과 인간(1970~1973)
軍旗はためく下に 군기 펄럭이는 아래에(1972)	海軍特別少年兵 해군특별소년병(1972)	サマーソルジャー 여름 솔저(1972)
猫は生きている 고양이는 살아있다(1975)	はだしのゲン 맨발의 겐(1976)	八甲田山 핫코다산(1977)
東京大空襲ガラスのウサギ 도쿄대공습 유리의 토끼(1979)	二百三高地 이백 세 고지(1980)	連合艦隊 연합함대(1981)
東京裁判 도쿄재판(1983)	戦場のメリークリスマス 전장의 메리크리스마스(1983)	海と毒薬 바다와 독약(1986)
ゆきゆきて、神軍 가자 가자, 신군(1988)	火垂るの墓 반딧불이의 묘(1988)	黒い雨 검은 비(1989)
戦争と青春 전쟁과 청춘(1991)	月光の夏 월광의 여름(1993)	きけ、わだつみの声（リメイク版） 들어라, 해신의 목소리-리메이크판(1995)
君を忘れない 너를 잊지 않을거야(1995)	GAMA一月桃の花 가마-겟토의 꽃(1996)	教えられなかった戦争·沖縄編 가르쳐 주지 않는 전쟁·오키나와편(1998)
赤い月 붉은 달(2004)	男たちの大和 남자들의 야마토(2005)	出口のない海 출구 없는 바다(2006)
夕凪の街、桜の国 유나기의 거리, 벚꽃의 나라(2007)	私は貝になりたい（リメイク版） 나는 조개가 되고 싶다-리메이크판(2008)	キャタピラー CATERPILLAR 무한궤도 CATERPILLAR(2010)
永遠の0 영원의 제로(2013)	小さいおうち 작은 집(2014)	この世界の片隅に 이 세상의 한구석에(2016)

기후 연표

평균기온 ● 1981~2010년까지의 평균치(℃)

	1월	2월	3월	4월	5월	6월	7월	8월	9월	10월	11월	12월	연평균
삿포로(홋카이도)	-3.6	-3.1	0.6	7.1	12.4	16.7	20.5	22.3	18.1	11.8	4.9	-0.9	8.9
센다이(미야기현)	1.6	2.0	4.9	10.3	15.0	18.5	22.2	24.2	20.7	15.2	9.4	4.5	12.4
도쿄(도쿄도)	5.2	5.7	8.7	13.9	18.2	21.4	25.0	26.4	22.8	17.5	12.1	7.6	15.4
니가타(니가타현)	2.8	2.9	5.8	11.5	16.5	20.7	24.5	26.6	22.5	16.4	10.5	5.6	13.9
나고야(아이치현)	4.5	5.2	8.7	14.4	18.9	22.7	26.4	27.8	24.1	18.1	12.2	7.0	15.8
오사카(오사카부)	6.0	6.3	9.4	15.1	19.7	23.5	27.4	28.8	25.0	19.0	13.6	8.6	16.9
히로시마(히로시마현)	5.2	6.0	9.1	14.7	19.3	23.0	27.1	28.2	24.4	18.3	12.5	7.5	16.3
다카마쓰(가가와현)	5.5	5.9	8.9	14.4	19.1	23.0	27.0	28.1	24.3	18.4	12.8	7.9	16.3
후쿠오카(후쿠오카현)	6.6	7.4	10.4	15.1	19.4	23.0	27.2	28.1	24.4	19.2	13.8	8.9	17.0
가고시마(가고시마현)	8.5	9.8	12.5	16.9	20.8	24.0	28.1	28.5	26.1	21.2	15.9	10.6	18.6
나하(오키나와현)	17.0	17.1	18.9	21.4	24.0	26.8	28.9	28.7	27.6	25.2	22.1	18.7	23.1

평균습도 ● 1991~2010년까지의 평균치(%)

	1월	2월	3월	4월	5월	6월	7월	8월	9월	10월	11월	12월	연평균
삿포로(홋카이도)	70	69	66	62	66	72	76	75	71	67	67	69	69
센다이(미야기현)	66	64	62	64	71	80	83	81	78	72	68	66	71
도쿄(도쿄도)	52	53	56	62	69	75	77	73	75	68	65	56	65
니가타(니가타현)	72	71	67	65	69	74	77	73	73	71	71	72	71
나고야(아이치현)	64	61	59	60	65	71	74	70	71	68	66	65	66
오사카(오사카부)	61	60	59	59	62	68	70	66	67	65	64	62	64
히로시마(히로시마현)	68	67	64	63	66	72	74	71	70	68	69	69	68
다카마쓰(가가와현)	63	63	64	63	66	72	74	72	73	71	69	66	68
후쿠오카(후쿠오카현)	63	63	65	65	68	74	75	72	73	67	67	64	68
가고시마(가고시마현)	65	65	66	68	71	76	75	73	71	67	67	67	69
나하(오키나와현)	67	70	73	76	79	83	78	78	76	71	69	66	74

평균강수량 ● 1991~2010년까지의 평균치(㎜)

	1월	2월	3월	4월	5월	6월	7월	8월	9월	10월	11월	12월	연평균
삿포로(홋카이도)	113.6	94.0	77.8	56.8	53.1	46.8	81.0	123.8	135.2	108.7	104.1	111.7	1106.5
센다이(미야기현)	37.0	38.4	68.2	97.6	109.9	145.6	179.4	166.9	187.5	122.0	65.1	36.6	1254.1
도쿄(도쿄도)	52.3	56.1	117.5	124.5	137.8	167.7	153.5	168.2	209.9	197.8	92.5	51.0	1528.8
니가타(니가타현)	186.0	122.4	112.6	91.7	104.1	127.9	192.1	140.6	155.1	160.3	210.8	217.4	1821.0
나고야(아이치현)	48.4	65.6	121.8	124.8	156.5	201.0	203.6	126.3	134.4	128.3	79.7	45.0	1535.3
오사카(오사카부)	45.4	61.7	104.2	103.8	145.5	184.5	157.0	90.9	160.7	112.3	69.3	43.8	1279.0
히로시마(히로시마현)	44.6	66.6	123.9	141.7	177.6	247.0	258.6	110.8	169.5	87.9	68.2	41.2	1537.6
다카마쓰(가가와현)	38.2	47.7	82.5	76.4	107.7	150.6	144.1	85.8	147.6	104.2	60.3	37.3	1082.3
후쿠오카(후쿠오카현)	68.0	71.5	112.5	116.6	142.5	254.8	277.9	172.0	178.4	73.7	84.8	59.8	1612.3
가고시마(가고시마현)	77.5	112.1	179.7	204.6	221.2	452.3	318.9	223.0	210.8	101.9	92.4	71.3	2265.7
나하(오키나와현)	107.0	119.7	161.4	165.7	231.6	247.2	141.2	240.5	260.5	152.9	110.2	102.8	2040.8

국립천문대편 「이과연표」 (2016)

유학생을 위한 유용한 사이트

공익재단법인 일본 YMCA 동맹	http://www.ymca.or.jp/ (일본어 · 영어)
법무성 인권옹호국 (외국인을 위한 인권 상담)	http://www.moj.go.jp/JINKEN/jinken21.html (일본어 · 영어)
일본 유학 종합 가이드 (Studying in Japan)	http://www.studyjapan.go.jp/ (다중언어 대응)
독립행정법인 일본학생지원기구 유학생지원 (JASSO)	http://www.jasso.go.jp/ryugaku/index.html (다중언어 대응)
독립행정법인 일본학생지원기구 Gateway to Study in Japan	http://www.g-studyinjapan.jasso.go.jp/ (다중언어 대응)
공익재단법인 아시아학생문화협회 JAPAN STUDY SUPPORT	http://www.jpss.jp/ (다중언어 대응)
공익재단법인 일본국제교육지원협회 (JEES)	http://www.jees.or.jp/ (일본어)
교토부 국제지원센터	http://www.kpic.or.jp/ (다중언어 대응)
공익재단법인 교토시 국제교류협회	http://www.kcif.or.jp/ (다중언어 대응)
유학생 취직 지원 네트워크 (회원 대학 유학생만 이용 가능)	http://ajinzai-sc.jp/ (일본어)

참고문헌·URL

1章 日本

1 日本の国土・資源・人口・特産品
① http://www.gsi.go.jp (国土交通省国土地理院)
② インターナショナル・インターンシップ・プログラムス『イラスト日本まるごと事典 改訂第3版』
　講談社インターナショナル 2010
③ 朝日新聞社編『日本の自然100選』朝日新聞社 1986

2 日本の春・夏
① 林猛「幼稚園年中行事における民族性について(1)(2)(6)」
　『武蔵野短期大学研究紀要』vol.2, vol.3, vol.9 1985~1995
② 窪寺紘一『年中行事歳時記』世界聖典刊行協会 1995
③ 新谷尚紀他『暮らしの中の民俗学2』吉川弘文館 2003
④ http://www8.cao.go.jp/chosei/shukujitsu/gaiyou.html (内閣府大臣官房企画調整課)
⑤ http://www.ningyo-kyokai.or.jp/ (社団法人日本人形協会)

3 日本の秋・冬
① 市川健夫『日本の四季と暮らし』古今書院 1993
② 谷沢永一『日本人のしきたりものしり辞典』大和出版 2000

4 日本の名所
① アニメージュ編集部『ロマンアルバム もののけ姫』徳間書店 1997
② http://bunka.nii.ac.jp (文化遺産オンライン)
③ http://www.bunka.go.jp (文化庁)

2章 日本の生活

1 生活事情
① http://www.soumu.go.jp/ (総務省)
　http://www.env.go.jp/ (環境省)
② http://www.sanyo.co.jp/koho/hypertext4/0404news-j/0426-1.html (SANYOニュースリリース)
③ http://www.meti.go.jp/ (経済産業省)

2 現代の日本食生活
① 宮崎基嘉・鈴木継美編『放送大学教材 食生活論』放送大学教育振興会 1986
② 豊川裕之編『放送大学教材 食生活をめぐる諸問題』放送大学教育振興会 2000
③ 豊川裕之・安村碩之編『フードシステム学全集2 食生活の変化とフードシステム』農林統計協会 2001
④ http://www.wagashi.or.jp/top.htm (全国和菓子協会)
⑤ http://www.gaishokusoken.jp (財団法人外食産業総合調査研究センター)
⑥ http://www.maff.go.jp (農林水産省)

3 交通事情
① 国土交通省編『国土交通白書』㈱ぎょうせい 2016
② 内閣府編『交通安全白書』独立行政法人国立印刷局 2016
③ http://www.jbpi.or.jp/ (自動車産業振興協会)
④ http://www.mlit.go.jp/ (国土交通省)

4 日本の大学
　① 高等教育研究会『大学を学ぶ』青木書店　1996
　② 日本私立大学連盟学生部会『新しい大学のあり方を求めて』開成出版　1997
　③ 清成忠男『21世紀　私立大学の挑戦』法政大学出版局　2001
　④ http://www.mext.go.jp（文部科学省）

5 大学の四年間
　① 田中拓男『大学生活成功の法則―若者たちのキャンパス革命―新しい実践教育と心の知性』文眞堂　1998
　② 島田博司『大学授業の生態誌―「要領よく」生きようとする学生』玉川大学出版部　2001
　③ 武内 清編『キャンパスライフの今』玉川大学出版部　2003

6 留学生のための法律知識
　① 立命館生活協同組合『新生活サポートブック』
　② 財団法人大学コンソーシアム京都パンフレット
　③ http://www.immi-moj.go.jp/（入国管理局）

3章 │ 日本の文化

1 現代日本の音楽・映画
　① 村上世彰・小川典文『日本映画産業最前線』角川書店　1999
　② 三野明洋『よくわかる音楽業界』日本実業出版社　2000
　③ 山田和夫『日本映画の歴史と現代』新日本出版社　2003
　④ http://www.oricon.co.jp/　（オリコン）
　⑤ http://www.ghibli.jp/　（スタジオジブリ）
　⑥ http://www.misorahibari.com/　（美空ひばり公式ウェブサイト）

2 現代日本の大衆娯楽
　① 水谷修・佐々木瑞枝・細川英雄・池田裕編『日本事情ハンドブック』大修館書店　1995
　②『レジャー白書　2015』日本生産性本部　2015
　③『余暇・レジャー＆観光総合統計　2016-2017』三冬社　2015

3 現代日本の若者文化
　① 米川明彦『若者ことば辞典』東京堂出版　1997
　② 岡田朋之・松田美佐『ケータイ学入門』有斐閣　2002
　③ 高山勉『若者ことばの発生・伝播・浸透に関する社会言語学的調査研究』甲南大学総合研究所　2003
　④ http://www.fashion-j.com/　（週刊ファッション情報）
　⑤ http://www.kaomoji.net/index.html　（顔文字ネット）
　⑥ http://bosesound.blog133.fc2.com/　（若者言葉辞典）

4 日本の祭り
　①『別冊歴史読本　日本「祭礼行事」総覧』新人物往来社　1999
　② 倉林正次『祭りのこころ』おうふう　2002
　③ http://www.hgpho.to/home.html（芳賀ライブラリー）

5 日本の芸能
　① 橋本雅夫『サ・セ・宝塚』読売新聞社　1988
　② 野村萬斎『What is 狂言?』檜書店　2003
　③ 三隅治雄・野上圭『3日でわかる歌舞伎』ダイヤモンド社　2003

6 日本の芸道
　① 河野喜雄『さび・わび・しおり』ペリカン社　1982
　② 千宗室『裏千家お茶の道しるべ』主婦の友社　1984

③ Trevor. P. Leggett『日本武道のこころ　The Spirit of Budo』サイマル出版会　1993
④ http://www.kendo.or.jp/ （全日本剣道連盟）

4章 ｜ 日本の社会

1 現代日本の家族
① 関口裕子・服藤早苗・長島淳子・早川紀代・浅野富美枝『家族と結婚の歴史　新装版』森話社　2000
② 浜口晴彦・嵯峨座春夫編『定年のライフスタイル』コロナ社　2001
③ 第一生命経済研究所編『ライフデザイン白書』ぎょうせい　2015
④ http://www.mhlw.go.jp/（厚生労働省）

2 宗教
① 阿満利麿『日本人はなぜ無宗教なのか』筑摩書房　1996
② 宮田登『日本人と宗教』岩波書店　1999
③ 島薗進『ポストモダンの新宗教　現代日本の精神状況の底流』東京堂出版　2001

3 日本の教育
① 天野郁夫『日本の教育システム』東京大学出版会　1996
② 岩波書店編集部編『教育をどうする』岩波書店　1997
③ 遠藤孝夫・笹原英史・朝倉充彦・宮崎秀一『資料で考える子ども・学校・教育』学術図書出版社　2003

4 日本の政治と経済
① 阿部斉・新藤宗幸・川人貞史『概説現代日本の政治』東京大学出版会　1990
② 宮崎勇・本庄真『日本経済図説　第三版』岩波書店　2001
③ 宇留間和基編『新版政治学がわかる。』朝日新聞社　2003

5 働く人々の諸問題
① 猪瀬直樹『なぜ日本人は働きすぎるのか』1988　平凡社
② 高梨昌編『変わる日本型雇用』日本経済新聞社　1994
③ 笹島芳雄『現代の労働問題第2版』中央経済社　1996
④ http://www.bigissuejapan.com/index.html （ビッグイシュー）
⑤ http://www.jcp.or.jp/akahata/ （しんぶん赤旗）

6 日本のあゆみ
① 辛基秀『朝鮮通信使往来　260年の平和と友好』労働経済社　1993
② 歴史教育者協議会編『平和博物館・戦争資料館ガイドブック』青木書店　1995
③ 東野治之『遣唐使船　東アジアのなかで』朝日新聞社　1999

7 現代日本と世界とのつながり
① 井上俊『新版　現代文化を学ぶ人のために』世界思想社　1998
② 岩渕功一『トランスナショナル・ジャパン』岩波書店　2001
③ 21世紀日中メディア研究会『100人@日中新世代』中央公論新社　2002

8 憲法と平和問題
① 憲法教育研究会編『検証・日本国憲法－理念と現実－3訂版』法律文化社　1998
② 小池政行『戦争と有事法制』講談社　2004
③ 芦部信喜『憲法　新版　補訂版』岩波書店　1999

마치며

本書の執筆分担は以下のとおりである (肩書きはいずれも2004年度)。

責任編集	桂島宣弘	(立命館大学文学部教授)
	金津日出美	(大韓民国・新羅大学専任講師)
監修	李豪潤	(日本学術振興会特別研究員・大韓民国)
	金愛景	(立命館大学大学院文学研究科博士後期課程1回生・大韓民国)
	櫻澤誠	(立命館大学大学院文学研究科博士後期課程1回生)

1.	金愛景	(前掲)
2.	橋口由佳	(立命館大学文学部日本文学専攻四回生、以下専攻名のみ記す)
3.	安藤菜都子	(日本文学専攻)
4.	田保智子	(日本史学専攻)
5.	長谷川潤子	(日本史学専攻)
6.	久保智代	(東洋史学専攻)
7.	森脇祥子	(東洋史学専攻)
8.	浜崎清恵	(人文総合科学インスティテュート学際プログラム)
9.	嶋崎敬子	(英米文学専攻)
10.	山本ゆかり	(日本史学専攻)
11.	西川紗希	(英米文学専攻)
12.	千倉千晴	(英米文学専攻)
13.	原田歩美	(英米文学専攻)
14.	西前正興	(地理学専攻・ゼミ長)
15.	津田直毅	(日本史学専攻)
16.	杉山綾	(中国文学専攻)
17.	角谷奈緒美	(中国文学専攻)
18.	戸田貴之	(日本史学専攻)
19.	向井理絵	(中国文学専攻)
20.	高島絵理	(中国文学専攻)
21.	谷いずみ	(中国文学専攻)
22.	植田未香	(地理学専攻)
23.	伊井英夫	(日本史学専攻)
24.	田保智子	(前掲)
25.	中林あずさ	(日本史学専攻)
26.	澤村則子	(日本史学専攻)
27.	木下由來子	(英米文学専攻・副ゼミ長)

英語要旨監修	Yukiko Oya Summerville
中国語要旨監修	章恵菁　于克勤
韓国語要旨監修	李豪潤・金愛景

本書執筆にあたり、以下の方々の特別のご協力を得た (順不同)。

金男恩(京都府立大学大学院文学研究科聴講生・大韓民国)

山下正克(立命館大学国際課職員)

見城悌治(千葉大学国際教育センター助教授)

李永春(京都大学人文科学研究所研究生・中華人民共和国)

重田みち(立命館大学文学部非常勤講師)

北出慶子(立命館大学文学部専任講師)

京都造形芸術大学附属京都国際外国語センターの2003年度学生の方々(氏名は省略させて頂いた)

立命館大学留学生科目「日本の歴史」2003年度受講生の方々(氏名は省略させて頂いた)

立命館大学留学生科目「日本事情特殊講義(文)」2004年度受講生の方々

蔡東(中華人民共和国) ／ 賈雯婷(中華人民共和国) ／ 徐彦(中華人民共和国) ／ 闕玉湘(台湾) ／ 羅慧潔(中華人民共和国) ／ 金奉鉉(大韓民国) ／ 金孥泳(大韓民国) ／ 劉微娜(中華人民共和国) ／ 趙民映(大韓民国) ／ Andre Sven G.(スウェーデン王国) ／ BERMAN Roy M.(アメリカ合衆国) ／ 肖燕嬋(中華人民共和国) ／ 張晶晶(中華人民共和国)

　本書掲載の写真に関しては、各写真下に記載した方々のほかに、とくに断りのない写真については、編者・執筆者・文理閣の提供によるものである。

　このほか、お名前は省略させて頂いたが、アンケート調査においては、全国の国公私立大学の日本事情講義担当者の方々のご協力を、また学生意識調査においては、立命館大学文学部学生の方々のご協力を得た。　なお、本書刊行に際しては、立命館大学人文学会から出版助成金を得ている。　最後に、厳しい出版事情の中で、本書刊行の趣旨をご理解下さり、出版をご快諾頂いたのみならず、校正や推敲、さらに写真提供等においても絶大なご協力を頂いた文理閣代表黒川美富子氏には、心よりお礼申し上げる次第である。

2005年1月10日

立命館大学文学部日本事情テキスト作成ゼミナール
(4回生学生25名、文学部教授・桂島宣弘)

일본을 이해하기 위한 전제조건

일본을 알면 한국의 미래가 보인다

이 책 『사진과 함께 보는 일본사정입문(日本事情入門)』은 한국에서 일본의 생활·관습이나 연중행사 등 일본을 이해하는 가장 정평 있는 입문 교재로 알려져 있습니다. 제가 고려대학교에서 교수 및 교환교수를 역임하신 가나즈 히데미(金津日出美), 가쓰라지마 노부히로(桂島宣弘) 두 분과 인연을 맺은 것은 너무나 소중한 저의 자산이며 학문적 발전에도 크게 공헌을 했다고 생각합니다. 정년퇴임 기념논문집에도 게재 기회를 얻었으며, 더하여 이 책 또한 교류하며 맺은 소중한 결과물입니다.

2005년 초판본이 발행된 이후 10여년이 지난 2015년 한일국교정상화 50주년을 맞아 일본의 대변혁을 반영하는 3.11동일본대지진, 민주당 정권 등 새로운 키워드를 추가하여 개정판을 내고 동시에 영어판도 출간했으면 좋겠다는 편저자의 제안에 흔쾌히 응해주신 덕분에 본서는 빛을 보게 되었습니다. 본서는 당시 고려대학교에서 오랫동안 재직하고 계셨던 가나즈 히데미(金津日出美) 교수가 통계자료 개정 및 수정 집필을 담당하고, 리쓰메이칸대학교(立命館大学)의 가쓰라지마 노부히로(桂島宣弘) 교수가 최종 감수한 책입니다.

잦은 실수를 통해 일본어 및 일본사정에 관한 장인이 되자

제가 1994년 일본 문부성 장학금을 받고 유학을 떠나던 당시만 해도 일본을 소개하는 한일 대역본은 거의 찾아보기 힘들었습니다. 이 책을 읽고 출발했더라면 일본과 일본어에 대한 이해도를 높여, 결과적으로 더 유익한 유학 생활을 만끽할 수 있었을 것입니다. 예를 들어, 본문에서도 소개하고 있는 '절분(세쓰분)'이라는 용어와 관련된 웃지 못할 에피소드가 뇌리를 스칩니다. 일본어가 서툴렀던 유학생 초기, 일본인 친구(高木華織)의 아버님 다카기 긴지(高木欣治) 씨께서 일본의 마쓰리에 가 본 적이 있느냐는 질문에 주저 없이 '셋분(接吻) 마쓰리'라고 답했더니 박장대소하시며 그렇게 좋은 축제가 있느냐며 본인도 가보고 싶다는 말씀을 듣고 의아해했었습니다. 알고 보니 '입맞춤'을 뜻하는 셋분이라는 다른 단어(발음)란 것을 알고 비록 얼굴은 후끈거렸지만, 농담도 잘한다며 격려해 주시고 일본 유학 생활 내내 버팀목이 되어 주셨습니다. 이 자리를 빌어 격려와 다키기 장학금에 감사드립니다.

물론 이외에도 1988년 한일학생포럼(KJSF)을 통해 만난 30년 지기 친구, 오시마 다이스케(大島泰輔, 현재 치요다화공건설 수소사업추진부 팀장) 씨로부터 '스미야키(炭燒) 체험'에 초대받아 도쿄 세타가야구에 있던 유학생회관에서 출발하여 거의 2시간 만에 요코하마 도다공원에 도착했더니 숯불구이 '스미비야키(炭火燒)'는 간 데 없고 정통파 숯만들기 장인(다쿠미 혹은 모노즈쿠리)이 될 뻔한 적도 있습니다. 아무리 착각은 자유라 하지만…… 아무튼 저의 경험에 비추어 볼 때 '언어적 실수가 많으면 많을수록 일본어 실력이 탄탄해질 수 있다'라는 비과학적 제언을 독자들에게 드리는 바입니다. 이는 뒤에서 다시 한 번 강조하겠지만 아는 만큼 즐길 수 있다는 점이며, 이 또한 무지에서 출발하는 것이 아니라 조금이나마 일본에 관해 알고 있어서 하물며 실수라도 할 수 있다는 뜻입니다.

글로벌 시대를 살아가기 위한 타자인식 및 새로운 지식의 습득

일본사정 즉 일본 지역학을 이해하기 위해서는 '정확한 타자에 대한 인식(otherness)'이 중요합니다. 단순히 '주체인식'만을 고집해서는 안 되며, 선입견이나 배타주의에서 벗어나 균형 잡힌 시각을 정립해야 할 것입니다. 그런 의미에서 이 책은 한일 양국에 대해 가장 잘 아시는 지한파로서 대립된 인식이나 사상까지도 포함한 역사적 배경을 숙지하고 있어 객관적으로 자국의 사정(事情)을 소개하는 데 최적임자라 할 수 있습니다. 더구나 새로운 설명변수를 추가하여 설명하는 데에도 신속함과 열의를 보이고 있습니다. 주지하다시피 최근 일본에서는 민주당의 정권 창출(2009년), 3.11동일본대지진(2011년), 자민당으로의 정권교체(2012년), 격차사회의 심화, (초)고령사회의 본격적 도래 등 대변혁을 경험하고 있습니다. 이러한 일본의 사회적 이슈 변화에 관한 개정 및 데이터(논증)의 업데이트야말로 이 책의 특징이자 유용성이기도 합니다.

조금 더 욕심내자면 개인적으로는 향후 다음과 같은 키워드의 추가도 고려해 볼 만합니다. 예를 들어, 4차산업혁명, 소사이어티5.0(Society 5.0), 슈퍼컴퓨터, 과학기술, 노벨과학상, 지역균형발전, 아베노믹스, 위머노믹스, 블록체인(비트코인), 지방창생, 비핵화 프로세스, 납치자문제, 예능 프로그램의 패러다임 변화, 광고, 새로운 직업(상), 잃어버린 일본경제 10년, 20년, 야스쿠니 참배 이슈, 노후경제학, 재해부흥학, 안전학, 한일관계, 일본의 전쟁과 평화, 이노베이션, 탈(脫)지정학, 과학기술인문사회융합학, 시대별 신어유행어 변천사(현대용어의 기초지식), 외래어 vs. 외국어, 지방특산물, 인공지능(AI), 일본의 세계적 장수기업, 도시재생, 빈집대책, 일자리 창출 등입니다. 이에 관해서는 이번 두 번째 개정판에 이은 세 번째 책을 기대해도 좋겠지만 예시되지 않은 일본사정을 포함하여 독자 각자의 호기심을 자극하는 용어를 접할 때마다 여러분 스스로가 이 책의 포맷(구성)에 맞춰 집필자를 상정해 가며 자습해 보는 것도 좋겠습니다.

이는 '가르치는 것이 곧 배우는 것이다'라는 말처럼 '일본사정 입문(入門)'에 더하여 '일본사정 심화(深化)' 학습 과정으로써도 크게 기여할 것입니다.

아는 만큼 더 즐겨보자

이 책을 활용하는 방법으로는 비록 찾아보기(인덱스)가 없지만 우선 목차에서 읽고 싶은 대목을 순서 및 언어(일본어-한글 번역)에 상관없이 가벼운 마음으로 접근할 것을 권합니다. 일본사정이라는 말 그대로 일본어보다 더 중요한 것은 일본에 관한 지식과 경험입니다. 특히 한국과 일본에서 많은 학생, 유학생과의 교류 경험이 고스란히 담겨 있기에 이 책이 탄탄한 지지와 호평을 받고 있는 것으로 평가됩니다. 향후 이 책을 읽고 제대로 일본을 이해하고 나아가 일본 유학이나 국내 대학-대학원에서 심도 있게 공부하여 견실한 일본 지역학 전문가들이 많이 배출되었으면 하는 바램입니다. 또한 다가올 한국인 일본방문객 천만 시대에 걸맞는 일본을 미리 알고 여행을 떠나신다면, 아는 만큼 더 즐길 수 있을 것입니다. 마지막으로 본서가 일본의 대학들이 개설하고 있는 한국어 강의 교과서로도 채택되고, 향후 『일본사정입문(日本事情入門) 해설서』, 『사진과 함께 보는 일본사정입문(日本事情入門) 2』, 『미디어를 통해 본 일본사정입문(日本事情入門)』 등 관련 서적의 간행으로 이어지길 학수고대하는 바입니다.

고려대학교 글로벌일본연구원 교수 김영근

사진과 함께 보는
日本事情入門 개정판

지은이 金津日出美, 桂島宣弘
편저 김영근
역자 정희순
펴낸이 정규도
펴낸곳 (주)다락원

초판 1쇄 발행 2009년 3월 3일
개정1판 1쇄 발행 2019년 6월 20일
개정1판 3쇄 발행 2024년 3월 22일

책임편집 김은경, 송화록
디자인 하태호, 정규옥, 김희정

☑ 다락원 경기도 파주시 문발로 211
내용문의: (02)736-2031 내선 460~465
구입문의: (02)736-2031 내선 250~252
Fax: (02)732-2037
출판등록 1977년 9월 16일 제406-2008-000007호

Copyright © 2019, 金津日出美, 桂島宣弘, 김영근

ISBN 978-89-277-1221-3 13730

http://www.darakwon.co.kr

• 다락원 홈페이지를 방문하시면 상세한 출판 정보와 함께 동영상강좌, MP3 자료
  등 다양한 어학 정보를 얻으실 수 있습니다.

memo

memo